北京大学人文学部主办
北京大学西方古典学中心承办

古典与中世纪研究

— 第二辑 —

彭小瑜　主编
高峰枫　吴天岳　副主编

图书在版编目(CIP)数据

古典与中世纪研究. 第2辑/彭小瑜主编. —北京：商务印书馆，2020
ISBN 978-7-100-18784-8

Ⅰ. ①古… Ⅱ. ①彭… Ⅲ. ①社会科学-文集 Ⅳ. ①C53

中国版本图书馆CIP数据核字(2020)第128397号

权利保留，侵权必究。

古典与中世纪研究
第二辑
彭小瑜　主编
高峰枫　吴天岳　副主编

商务印书馆出版
(北京王府井大街36号　邮政编码100710)
商务印书馆发行
苏州市越洋印刷有限公司印刷
ISBN 978-7-100-18784-8

2020年12月第1版　开本710×1000　1/16
2020年12月第1次印刷　印张17
定价：86.00元

目 录

亨德里克斯·A. M. 范韦理克
　　公元前44—前30年间托勒密王国与罗马的关系史——紧密、友好和敌对　1

王　涛　遥读奥古斯丁的书信集——古典史研究的新思路　24

包倩怡　以谦卑之心，受放逐之苦——修士-主教的"入世"范式　34

康　凯　蛮族之"王"？——试论罗马帝国晚期和中世纪早期的"rex"　58

陈志强　关于拜占庭皇权专制　71

李文丹　《贡赋册》中的13世纪教宗史学　84

黄家镇　神圣罗马帝国帝国法院的法庭汇报技术与德国法学教育
　　　　课程体系的形成　100

蔺志强　英国专制制度的思想奠基？——新宪政史学派对15世纪政治思想的
　　　　重释及其启示　118

栾颖新　属于国王的输水管道——论13至15世纪法国鲁昂方济各会的
　　　　清贫实践及其对清贫理解的变化　134

吴靖远　简谈西方古典学铭刻研究的若干发展与挑战　153

李振宇	攫取世俗权力还是道德改革——英美史学界对"叙任权之争"及教会改革认识的转变	195
李　腾	变化时刻与中世纪欧洲的演进——克里斯·威克姆的新解读	214
杨天江	拉丁文在法理学教学中的运用	226
李　慧	"自然"教学法在北京外国语大学拉丁语专业本科教学中的应用	236
宁　宇	德国中学拉丁语教学计划内容与毕业会考要点分析	253

公元前44—前30年间托勒密王国与罗马的关系史

紧密、友好和敌对

亨德里克斯·A. M. 范韦理克（Hendrikus A. M. van Wijlick）

斯特拉波、塔西佗和苏维托尼乌斯等元首制时期的古代作家都列举过一些与罗马结盟的王国。[1] 它们大小各异，分布在中欧、北非和地中海东部地区等罗马最外围的行省的边缘之处。这些政治实体的统治者们在面对罗马时展现出实实在在的依赖和不对等姿态。这种姿态无疑影响了上述古代作家的写作视角。对于大部分近东地区的中小型王国来说，它们并入罗马势力范围的进程开始于公元前1世纪。在埃及的托勒密王国也有着类似的发展轨迹。然而，在公元前44—前30年罗马内战期间，它与罗马的双边关系走向了一条相对于同类国家而言非常独特的路径。本文旨在通过揭示托勒密王国的最后一位统治者、女王克里奥帕特拉七世与某些罗马派系的利益如何紧密缠绕，来解释这一独特性。同时文章也将讨论到了公元前30年前后，马克·安东尼如何把托勒密王国用作加强罗马对近东地区控制的工具。

公元前273年，埃及国王托勒密二世斐拉德尔弗斯（Ptolemy II Philadelphus，公元前282—前246年在位）与罗马建立了外交往来。在此后的两个多世纪中，托勒密王国和罗马大体上保持着疏远且冷淡的关系。[2] 由第一次际会建立的关系并不意

---

1 Strabo, *Strabonis Geographica* I–III, ed. A. Meineke (Leipzig: Teubner, 1852–1853), 17.3.25; Tacitus, *P. Cornelii Taciti libri qui supersunt I: Annales*, ed. E. Koestermann (Leipzig: Teubner, 1965), 4.5.2; Suetonius, *C. Suetoni Tranquilli quae supersunt omnia*, I–II, ed. C. L. Roth (Leipzig: Teubner, 1893), Aug. 48.

2 关于60年代以前罗马和托勒密王国关系的细节和材料，详见 E. Gruen, *The Hellenistic World and the Coming of Rome* (Berkeley / Los Angeles [CA]: University of California Press, 1986), pp. 672–719; G. Hölbl, *A History of the Ptolemaic Empire*, trans. T. Saavedra (London / New York [NY]: Routledge, 2001)。

味着双方承诺在需要的时候互相支持。[1] 在第一次和第二次布匿战争期间，托勒密统治者们考虑到自己和罗马、迦太基同时保持着良好关系，因而采取了中立态度。反过来，当托勒密统治者们卷入第六次叙利亚战争（公元前170—前168年），与塞琉古国王安条克四世埃皮法内斯（Antiochus IV Epiphanes，公元前175—前164年在位）相对抗时，罗马也没有提供任何物质援助。执政官盖乌斯·波皮利乌斯·莱纳斯（C. Popilius Laenas）于公元前168年在埃琉西斯（Eleusis）的著名外交干涉有效促进了这场战争的结束，但是那只是为了缓和托勒密和塞琉古统治者之间的敌意，避免这种敌意传播到更广阔的地中海地区，从而危及罗马自身的权力地位。与之类似的例子是，在公元前1世纪60年代和50年代托勒密六世斐洛托尔（Ptolemy VI Philometor，公元前180—前145年在位）与托勒密八世奥厄葛提斯二世（Ptolemy VIII Euergetes II，公元前170—前131、公元前127—前116年在位）的内战中，罗马没有进军埃及，仅仅发出了支持后者的官方声明。只有到了70年代和60年代，罗马才逐渐关注起埃及和其财政上捉襟见肘、负债累累的国王托勒密十二世（Ptolemy XII Auletes，绰号奥莱特斯，即"吹笛者"）。由于他的前任托勒密十世亚历山大一世（Ptolemy X Alexander I，公元前107—前88年在位）在诏书中承诺把王国作为遗产赠与罗马人民，另一位国王托勒密十一世-亚历山大二世（Ptolemy XI-Alexander II，公元前80年去世）可能也立下了同样的承诺，因此埃及面临被罗马吞并之命运成为悬在新王托勒密十二世（公元前80—前51年在位）头上的达摩克利斯之剑。

在很长的历史时期里，埃及的前途始终不甚明朗。直至公元前59年，在尤利乌斯·恺撒（Julius Caesar）的协助下他们才获得了盼望已久的罗马的认可。然而，当时国王奥莱特斯在国内的地位并不稳固。一年后他被迫出逃，罗马这才首次动用武力干预托勒密王国的内政。叙利亚总督（Proconsul）伽比尼乌斯（A. Gabinius）收受贿赂，

---

[1] "amicitia"一词在罗马政治生活层面有着特殊的含义，罗马人常用之形容与同盟的关系，但是并不具有亲善、友好等实质意义。这种"友谊"起初可视为一种平等关系，后来随着罗马的实力增长，逐渐发展为一种恩庇关系。参见博睿出版社"新保利百科全书在线"的"amicitia"词条：http://referenceworks.brillonline.com/entries/brill-s-new-pauly/amicitia-e117840?s.num=0&s.f.s2_parent=s.f.book.brill-s-new-pauly&s.q=Amicitia。

在公元前55年拥立这位流亡君主重新上位。[1] 而在奥莱特斯复位七年后，罗马再次卷入了一场内部政治冲突。这次恺撒成功促成了克里奥帕特拉七世（Cleopatra VII）和她弟弟托勒密十三世（Ptolemy XIII）的和解。两人自父亲奥莱特斯在公元前51年去世后以共同统治者的名义即位，但是矛盾始终不断。这一和解是短暂的，两姐弟的关系很快恶化，最终沦落到公开战争的地步。在这场冲突——即我们所知的亚历山大里亚战争中，恺撒展示了自己作为克里奥帕特拉的坚定支持者的姿态。公元前47年，战争以女王获胜、托勒密十三世战死而告终。[2] 其后续是在恺撒的授意下，克里奥帕特拉和她的另一个弟弟托勒密十四世结婚并开始联合统治。[3] 公元前46年，两人被传唤至罗马，恺撒在那里"将他们列为罗马人民的朋友和同盟"[4]。由于史料有限，我们并不清楚前述这些新的罗马与埃及的联合对双方意味着何种程度上的法律义务。无论双方结盟的确切含义是什么，这对王室夫妇至少又在罗马待了两年。直到恺撒遇刺后不久，克里奥帕特拉才返回埃及。[5]

乍看之下，罗马在70年代和60年代开始对托勒密王国的态度的逐渐变化，似乎

---

[1] 关于奥莱特斯在公元前58年被逐和公元前55年复位的更多细节，详见 T.R.S. Broughton, *The Magistrates of the Roman Republic II: 99 B.C.-31 B.C.*, Philological Monographs Published by the American Philological Association 15 (New York [NY] 1952), p. 218, 包括参考文献; R. D. Sullivan, *Near Eastern Royalty and Rome, 100-30 BC* (Toronto: University of Toronto Press, 1990), pp. 237-244; W. Huß, *Ägypten in hellenistischer Zeit, 332-30 v. Chr.* (Munich: C. H. Beck, 2001), pp. 684-697; Hölbl, *A History of the Ptolemaic Empire*, pp. 226-229。

[2] 关于克里奥帕特拉的流亡、复位和亚历山大里亚战争，参见 Sullivan, *Near Eastern Royalty and Rome*, pp. 255-259; Huß, *Ägypten in hellenistischer Zeit*, pp. 705-722; Hölbl, *A History of the Ptolemaic Empire*, pp. 235-237。

[3] Sullivan, *Near Eastern Royalty and Rome*, pp. 259-260; Huß, *Ägypten in hellenistischer Zeit*, pp. 720-721; Hölbl, *A History of the Ptolemaic Empire*, p. 237.

[4] Dio, *Dionis Cassii Cocceiani* I-II, ed. L. Dindorf (Leipzig: Teubner, 1863), 43.27.3: "ἐς τοὺς φίλους σφᾶς τούς τε συμμάχους τοὺς τῶν Ῥωμαίων ἐσέγραψε." 对照 Suetonius, *Iul*. 52.1, 作者记载了克里奥帕特拉的罗马之行，但是没有提及托勒密十四世以及他们成为罗马的朋友和同盟一事; Hölbl, *A History of the Ptolemaic Empire*, p. 238; J. Bingen, *Hellenistic Egypt: Monarchy, Society, Economy, Culture*, ed. with introduction by R. S. Bagnall (Edinburgh: Edinburgh University Press, 2007), p. 47。

[5] Cicero, *Cicero's Letters to Atticus I: 68-59 B.C., 1-45, (Books I and II)*, ed. D.R. Shackleton Bailey (Cambridge: Cambridge University Press, 1965), 14.8; E. Will, *Histoire politique du monde hellénistique (323-30 av. J.-C) II: Des Avènements d'Antiochos III et de Philippe V à la fin des Lagides* (Nancy 1967), p. 452; Sullivan, *Near Eastern Royalty and Rome*, p. 264; Hölbl, *A History of the Ptolemaic Empire*, p. 239.

有些异常，不过考虑到同时在地中海东部地区发生的还有罗马与本都（Pontic）国王米特里达梯六世（Mithridates VI）的决战、庞培与海盗的战役以及他对近东地区政治秩序的重组，这种变化也就合乎情理了。从这一时期开始，罗马与托勒密的利益纽带日渐紧密，不干涉主义（non-interventionism）已成明日黄花，因为埃及的稳定局面同样符合罗马的利益。然而，有些问题仍待商榷：在整个内战期间，直至马克·安东尼和克里奥帕特拉于公元前30年在亚历山大里亚最终败北，罗马和托勒密王国的政治关系究竟发生了怎样的变化？托勒密王国如何变为罗马加强控制近东地区的工具？

一、埃及支持多拉贝拉

公元前44年9月初，刺杀恺撒的两位主谋之一卡西乌斯（Cassius）离开意大利，取道亚细亚行省前往叙利亚，拒绝前往8月刚被分派给他的昔兰尼加行省（Cyrenaica）。在没有元老院许可的情况下，他于公元前43年年初来到叙利亚，并在3月初成功获得了当地所有军队及其将领的支持。[1] 当时卡西乌斯在叙利亚的地位并没有得到元老院的承认，除了西塞罗为此提出过一则请求。[2] 直到4月末，元老院才决定任命他为叙利亚总督。在同一份决议中，元老院还授予他最高军事指挥权，用以

---

1 Livy, *T. Livi ab urbe condita libri*, ed. M. Mueller, Bibliotheca scriptorium Graecorum Teubneriana (Stuttgart: Teubner, 1959), p. 121; Velleius, *C. Vellei Paterculi ex historiae romanae*, eds. C. Stegmann de Pritzwald, H.-D. Blume (Leipzig: Teubner, 1965), 2.62.3; Appian, *Appiani historia romana II*, eds. L. Mendelssohn, P. Viereck (Leipzig: Teubner, 1905), *BCiv*. 3.63; Dio, 46.40.3-4, 47.28.5. 关于卡西乌斯的东方之旅，以及他起初被派往昔兰尼加一事，参见 D. Magie, *Roman Rule in Asia Minor: to the End of the Third Century after Christ* (Princeton: Princeton University Press, 1950), p. 419; Broughton, *The Magistrates of the Roman Republic II*, 320, 327, pp. 343-344, 包括参考文献。

2 Cicero, *M. Tulli Ciceronis orationes II*, ed. A.C. Clark (Oxford: Oxford University Press, 1918), *Phil*. 11.30 提及自己在2月末的元老院会议上建议将叙利亚行省和与多拉贝拉一战中的指挥权交给卡西乌斯，并授予他最高治权（imperium maius）以向多拉贝拉发出讨伐。不过，在3月给卡西乌斯的一封信中，西塞罗明确写到他的提议被驳回了，参见 Cicero, *Epistulae ad familiares I: 62-47 B.C.*, ed. D.R. Shackleton Bailey (Cambridge: Cambridge University Press, 1977), 12.7。

镇压普布利乌斯·科内利乌斯·多拉贝拉（P. Cornelius Dolabella）。后者曾经在公元前44年担任执政官，随后在小亚细亚发动叛乱。¹ 公元前44年4月，在重新给曾任执政官的显贵人士分配行省的过程中，多拉贝拉获得了叙利亚。但是他没有前往指定的行省，而是去了亚细亚行省，并在公元前43年年初处决了总督盖乌斯·特列波尼乌斯（C. Trebonius）。² 这场谋杀的结果是多拉贝拉被元老院宣判为人民公敌，收回了他对叙利亚行省的治权。不顾这一处置，他冒险进军叙利亚，但是没能对卡西乌斯的地位造成重大威胁。到达后不久，他便不得不逃往劳迪西亚城（Laodicea），在那里他被卡西乌斯所围困。³ 狄奥称，多拉贝拉仅仅进行了短暂的抵抗。他在海上能够拥有立锥之地，依靠的正是托勒密女王克里奥帕特拉任他调遣的海军（νῆες）。⁴ 另有说法称，克里奥帕特拉还提供了金钱（χρήματα）援助。对此，阿庇安解释说，女王之所以帮助多拉贝拉，全因她与被刺杀的恺撒之间的亲密关系——多拉贝拉曾经于40年代站在恺撒一边对抗庞培派。⁵ 这个猜测是合乎逻辑的。不过到头来所有这些援助都不过是暂时的"缓刑"。卡西乌斯和他的军队战无不胜。多拉贝拉意识到自己已然身处绝境，最终选择了自杀。⁶

---

1 Cicero, *Phil.* 11.30; Cicero, *Fam.* 12.7.1. 有关元老院授予卡西乌斯叙利亚行省和抗击多拉贝拉时的指挥权这一决定，另见 Broughton, *The Magistrates of the Roman Republic II*, p. 343，包括参考文献。

2 Cicero, *Phil.* 11.4–5, 16, 28; *Fam.* 12.12.1, 12.14.5, 12.15.2, 5; Cicero, *Epistulae ad Quintum Fratrem et M. Brutum*, ed. D.R. Shackleton Bailey (Cambridge: Cambridge University Press, 1980), 2.3.1, 5; Velleius, 2.69.1; Livy, *Per.* 119, 121; Appian, *BCiv.* 3.7–8, 12, 24–27, 61, 64, 4.57–58, 60; Dio, 47.28.5–29.3; Orosius, *Pauli Orosii historiarum adversum paganos*, ed. C. Zangemeister (Leipzig: Teubner, 1889), 6.18.6. 关于公元前44年4月多拉贝拉被分派到叙利亚行省，以及他决定前往亚细亚行省并处死特列波尼乌斯等事件的材料来源，另见 Magie, *Roman Rule in Asia Minor*, pp. 419–420; Broughton, *The Magistrates of the Roman Republic II*, pp. 317, 349–350; F. Rohr Vio, "Publio Cornelio Dolabella, ultor Caesaris primus l'assassinio di Gaio Trebonio nella polemica politica del post Cesaricidio," in *Aevum* 80 (2006): pp. 105–119。

3 Cicero, *Fam.* 12.13.4, 12.14.4, 12.15.7; Velleius, 2.69.2; Strabo, 16.2.9; Livy, *Per.* 121; Appian, *BCiv.* 4.60–62, 5.4; Dio, 47.30.1–5; Orosius, 6.18.13. 关于卡西乌斯的劳迪西亚之围的更多细节，参见 Magie, *Roman Rule in Asia Minor*, p. 421; Broughton, *The Magistrates of the Roman Republic II*, p. 344; M.L. Clarke, *The Noblest Roman: Marcus Brutus and his Reputation* (London: Thames & Hudson, 1981), p. 61。

4 Dio, 47.30.4; Appian, *BCiv.* 4.61.

5 Appian, *BCiv.* 4.61; 2.41, 47; Cicero, *Fam.* 9.9; *Phil.* 2.75; Suetonius, *Iul.* 36; P. Jal, *Florus Oeuvres*(Paris: Les belles Lettres, 2002), 2.13.31; Dio, 41.40.1–2; Orosius, 6.15.8.

6 Strabo, 16.2.9; Velleius, 2.69.2; Livy, *Per.* 121; Appian, *BCiv.* 4.62; Dio, 47.30.5; Orosius, 6.18.13.

二、罗马承认托勒密十五世恺撒里昂

克里奥帕特拉对多拉贝拉的支持似乎不是无偿的。狄奥告诉我们，正因为她向多拉贝拉施以援手，才得以令其子托勒密十五世（Ptolemy XV，更著名的称呼是恺撒里昂[Caesarion]）成为埃及国王。[1] 由于她的弟弟和共治者托勒密十四世已经在公元前44年夏天去世，因此托勒密十五世的登位并不意味着这位共治者遭到废黜。[2] 克里奥帕特拉声称，这位受到罗马承认的国王是尤利乌斯·恺撒的儿子。[3] 大多数学者认为，正是支持多拉贝拉让她获得了扶植恺撒里昂称王的权利。然而这种论断无法在文献中获得支持。[4] 为了厘清这个问题，我们有必要完整引用狄奥《罗马史》中的相关段落。作者首先叙述了卡西乌斯如何惩罚支援过多拉贝拉的塔尔苏斯城（Tarsus），然后详细描写反对卡西乌斯的三头同盟之后赐予这座城市的诸多好处，接着解释了克里奥帕特拉如何通过以前对多拉贝拉的帮助而从三头同盟那里获得奖赏：

塔尔苏斯的人们受到当时已经控制了罗马的三头同盟的表彰，并为有望补偿

---

[1] Dio, 47.31.5.

[2] 我们只能模糊地推断托勒密十四世的崩逝时间。有证据显示公元前44年7月他仍然在位，当时他的统治年数被用来给一份埃及文件纪年。在波菲利的叙述中，托勒密死于他在位的第四个年头，这与克里奥帕特拉在位的第八年相吻合，Porphyry, *BNJ* 260 F2 (17)，尤西比乌斯在《编年史》将之传扬。斯基特认为克里奥帕特拉的统治时期从9月初一直延续到接下来的9月，这意味着托勒密十四世一定是在公元前44年9月初去世的，这一结论也被塞缪尔和沙利文认可，参见 T.C. Skeat, *The Reigns of the Ptolemies* (2nd ed. Munich: C.H. Beck, 1969), pp. 18, 42; A.E. Samuel, *Ptolemaic Chronology* (Munich: C.H. Beck, 1962), pp. 158-159; Sullivan, *Near Eastern Royalty and Rome*, pp. 264-265。波菲利和约瑟夫斯均指出这位年轻的国王是被谋杀的，而策划者正是克里奥帕特拉，Porphyry l.c.; Josephus, *Flavii Iosephi opera* I-VII, ed. B. Niese (Berlin 1885-1895), *Ap.* 2.57-58; *AJ* 15.89。关于这场谋杀的背景，参见 Sullivan, *Near Eastern Royalty and Rome*, pp. 264-265; Hölbl, *A History of the Ptolemaic Empire*, p. 239; Huß, *Ägypten in hellenistischer Zeit*, p. 726。

[3] Dio, 47.31.5。恺撒里昂父亲的身份问题自古代起便始终悬而未决，Suetonius, *Iul.* 52.2; *Aug.* 17.5; Cicero, *Att.* 14.20；对照 Plutarch, *Plutarchi vitae inter se comparatae IV*, ed. I. Bekker (Leipzig: Teubner, 1856), *Caes.* 49.5，后者似乎确定恺撒就是恺撒里昂的生父。现代学者关于恺撒里昂父亲身份的争议参见 H. Heinen, "Cäsar und Kaisarion," in *Historia* 18 (1969), pp. 190-203; Sullivan, *Near Eastern Royalty and Rome*, p. 262; Hölbl, *A History of the Ptolemaic Empire*, p. 238。

[4] Sullivan, *Near Eastern Royalty and Rome*, pp. 265-266; Hölbl, *A History of the Ptolemaic Empire*, p. 239.

损失而欢欣鼓舞；克里奥帕特拉也因她向多拉贝拉派遣援军，而获得了将其子立为埃及国王的权利。她为儿子取名为托勒密，伪称是和恺撒所生，因此又唤他恺撒里昂。[1]

狄奥阐明，克里奥帕特拉给予多拉贝拉军事援助一事，是她得以将其子立为国王的关键因素。他没有说清由谁主导了这次授权，不过暗示可能是三头同盟而非多拉贝拉自己。声称自己是恺撒之子的托勒密十五世对屋大维是一种潜在威胁，因为后者是作为"神圣的尤利乌斯之子"被收养的，前者可以被看作是后者的竞争对手。不过这一层关系并没有妨碍屋大维参与将托勒密十五世立为埃及国王的共同决定。其实，由于"国王"（rex）一词内植的、对罗马人来说明确的负面含义，他获得的王位使得他不再可能在罗马共和国获得如同恺撒那样的地位，当然更不可能谋取更高的地位了。

我们尚不清楚克里奥帕特拉何时获得立其子为埃及国王的权利，但是狄奥在公元前 42 年的记载中提到了此事。也许是女王自己向罗马请求封恺撒里昂为埃及国王。对此，现存史料没有给出确切答案。罗马承认恺撒里昂的埃及国王身份，至少说明了在它的政治意识中，它认为自己在多大程度上可以正当干涉一个名义上独立的国家的内政。当它做出这一决定的时候，托勒密王国也就被看作罗马"帝国"的一部分。

克里奥帕特拉后来被证明是公元前 44 至前 42 年间唯一一位支持多拉贝拉的近东统治者。她在做此决定时，全然不在意卡西乌斯和马库斯·尤尼乌斯·布鲁图斯（M. Iunius Brutus）在地中海东部地区有着至高无上的势力。这种立场无疑是危险的。公元前 42 年，卡西乌斯准备发动一场针对她的战争。不过因其同谋布鲁图斯在接到三头同盟前往希腊的警报后急忙召唤他的缘故，这一计划被迫搁置了。随着两位刺杀

---

[1] Dio, 47.31.4–5: "Ταρσεῖς ἐπαίνους τε παρὰ τῶν τριῶν ἀνδρῶν (ἐκεῖνοι γὰρ τὰ πράγματα ἤδη τὰ ἐν τῇ Ῥώμῃ εἶχον) καὶ ἐλπίδα ἀντιλήψεσθαί τι ἀντὶ τῶν ἀπολωλότων ἔλαβον· ἥ τε Κλεοπάτρα διὰ τὴν συμμαχίαν ἣν τῷ Δολαβέλλᾳ ἔπεμψεν, εὕρετο τὸν υἱόν, ὃν Πτολεμαῖον μὲν ὠνόμαζεν, ἐπλάττετο δὲ ἐκ τοῦ Καίσαρος τετοκέναι καὶ κατὰ τοῦτο Καισαρίωνα προσηγόρευε, βασιλέα τῆς Αἰγύπτου κληθῆναι."

恺撒的主谋在腓力比城（Philippi）战败，以及之后安东尼掌控了地中海东部地区，克里奥帕特拉的身边有了同盟。我们将在下文衡量罗马与托勒密王国关系时考虑上述情况。

三、在西里西亚的安东尼和克里奥帕特拉

公元前42年的腓力比战役之后，罗马和埃及在公元前41年再次建立国家间的关系。当时身处小亚细亚的安东尼正忙于处置布鲁图斯和卡西乌斯的旧部。为了解决意大利的退伍士兵的供给问题，他还在向一些城市筹措资金。[1] 就在这时，他召唤克里奥帕特拉到西里西亚的塔尔苏斯城来见他。托勒密女王只能遵从这一命令，因为她曾经在卡西乌斯与安东尼和屋大维作战时支持前者，而不是支持三头同盟。这一行为后来遭到指控，她必须对此做出解释。[2] 虽然普鲁塔克认为，这些指控只是安东尼设计出来与克里奥帕特拉相会的借口，但是其他因素也起到了一定作用。比如赫尔布指出，这次会面的真正目的是"保证……托勒密女王对迫在眉睫的帕提亚战争的支持"[3]。根据普鲁塔克在另一则叙述中的说法，公元前41年安东尼在西里西亚召见埃及女王的同时也在为出征帕提亚做准备，所以这个观点似乎是有说服力的。[4] 没有其他证据可以反驳此说，不过现存的史料表明，针对帕提亚的军事作战计划此时最多处于

---

[1] Velleius, 2.74.1; Josephus, *AJ* 14.301–323; *BJ* 1.242; Suetonius, *Aug.* 13.3; Plutarch, *Ant.* 23; Appian, *BCiv.* 5.3–7; Dio, 48.1–3. R. Syme, *The Roman Revolution* (Oxford: Oxford University Press, 1939), p. 206; Magie, *Roman Rule in Asia Minor*, 427 ff.; Broughton, *The Magistrates of the Roman Republic II*, pp. 358, 371; H. Bengtson, *Marcus Antonius. Triumvir und Herrscher des Orients* (Munich: C.H. Beck, 1977), pp. 155 ff.; K. Christ, *Krise und Untergang der römischen Republik* (3rd ed. Darmstadt: Wissenschaftliche Buchgesellschaft, 1993), p. 439; E.G. Huzar, *Mark Antony* (London / Sydney / Dover [NH]: University of Minnesota Press 1978), pp. 129–130.

[2] Plutarch, *Ant.* 25.1; cf. Appian, *BCiv.* 5.8; Huß, *Ägypten in hellenistischer Zeit*, pp. 729–731; Sullivan, *Near Eastern Royalty and Rome*, pp. 266–267; Hölbl, *A History of the Ptolemaic Empire*, p. 240.

[3] C. Pelling, *Plutarch. Life of Antony* (Cambridge: Cambridge University Press, 1988), pp. 185, 193; Sullivan, *Near Eastern Royalty and Rome*, p. 267; Hölbl, *A History of the Ptolemaic Empire*, p. 240.

[4] Plutarch, *Ant.* 25.1. Dio, 48.2.3.

预备阶段。[1] 例如阿庇安称，在公元前 41 年可供安东尼调遣的只有六个军团的步兵和一万名骑兵。[2] 以最乐观的估计来看，这些军团大约总共包括三万名士兵。当年克拉苏准备远征帕提亚时大概有四万到四万四千名士兵（其中包含军团士兵、其他骑兵和轻装部队）。安东尼为了避免重蹈公元前 53 年在卡莱的覆辙，可能希望集结更多军队。[3] 最终在公元前 36 年出征之际，他召集了约莫七万罗马军队和三万辅助军队。因此，可以确定的是，如果公元前 41 年安东尼还在为入侵帕提亚做准备，那么这些计划是远远不够的，也许仅处于最初阶段。虽然这一结论还不能排除安东尼为了后来的帕提亚战争而在公元前 41 年与克里奥帕特拉结盟的可能性，但是目前也无法证实这一点。所以他将克里奥帕特拉召到西里西亚的主要原因，最有可能还是要求澄清对她的指控，即她帮助了卡西乌斯对抗安东尼和屋大维。

根据阿庇安的记载，克里奥帕特拉声称自己曾经在多拉贝拉和卡西乌斯于叙利亚的战争中支持过前者，而且原来也试图派舰队来援助与刺杀恺撒者交战的三头同盟，未料船舶被风暴摧毁。由此她洗刷了身负的罪名。[4] 尽管作者没有提到安东尼是否被她的辩词说服，但是很显然她成功了。埃及女王和安东尼之间的恋情似乎正是从那时开始的，足以证明她自辩成功。[5] 会面结束后，克里奥帕特拉返回埃及，安东尼也来到亚历山大里亚与她团聚，并在那里度过了公元前 41 和前 40 年之交的冬天。[6]

---

1 对照 Pelling, *Plutarch. Life of Antony*, pp. 193-194。作者似乎认为安东尼于公元前 41 年围攻帕尔米拉（Palmyra）（参见 Appian, *BCiv*. 5.9-10）的意图是将之作为出征帕提亚的前奏，假如他没有决定在埃及度过公元前 41 和前 40 年之交的冬天的话。然而，阿庇安或其他作家没有给出任何提示，用以证明帕尔米拉之围是与帕提亚交战的开始。正如我们所见，当阿庇安论及第 5 章第 1 节的文本时，他只告诉读者，这场突袭的借口是帕尔米拉在选择支持帕提亚还是罗马时摇摆不定，而真正的原因是安东尼希望攫取战利品。因此，阿庇安的叙述不能用来证明在公元前 41 年，安东尼已经开始酝酿发动一场针对帕提亚的先发制人的袭击。这也是黑克斯特和凯泽的观点，他们同样需要解决这段备受争议的文本的其他问题，O. Hekster, T. Kaizer, "Mark Antony and the raid on Palmyra: reflections on Appian, *Bella Civilia* V. 9," in *Latomus* 63 (2004), pp. 74-75。

2 Appian, *BCiv*. 5.3; Dio, 48.2.3; Huzar, *Mark Antony*, pp. 129-130.

3 B.A. Marshall, *Crassus: a Political Biography* (Amsterdam: Adolf M. Hakkert, 1976), pp. 143-144.

4 Appian, *BCiv*. 5.8.

5 Appian, *BCiv*. 5.8-9; Dio, 48.24.2; Plutarch, *Ant*. 25.1-4; A.M. Gowing, *The Triumviral Narratives of Appian and Dio* (Ann Arbor: University of Michigan Press, 1992), pp. 113-118.

6 Appian, *BCiv*. 5.10-11; Dio, 48.24.3; Plutarch, *Ant*. 28.1; Sullivan, *Near Eastern Royalty and Rome*, p. 267; Broughton, *The Magistrates of the Roman Republic II*, p. 371.

四、暗杀阿尔西诺伊

不过，在安东尼于公元前41年年底到达埃及之前，还发生了其他几起涉及罗马和托勒密王国关系的事件。在西里西亚会面的时候，或者可能在稍晚一些的时候，克里奥帕特拉向安东尼提出了几个请求。其一是请他杀死她的妹妹阿尔西诺伊（Arsinoe）——后者曾经在公元前48年被恺撒授权统治塞浦路斯；[1] 其二是要求铲除塞拉皮翁（Serapion）——公元前43和前42年布鲁图斯和卡西乌斯在东方筹钱征兵之际，他正是驻守塞浦路斯的埃及总督（στρατηγός）。安东尼听从她的主张，在以弗所的阿尔忒弥斯神庙杀了阿尔西诺伊，在提尔（Tyre）杀了塞拉皮翁。两场暗杀似乎都发生在公元前41年年末安东尼前往埃及之前。[2] 不幸的是，古代作家都忽略了克里奥帕特拉要求剪除阿尔西诺伊的根本动机。尽管有此缺漏，史料中所载的其他事件也许可以提示我们探求此事的背景。托勒密女王可能是担心阿尔西诺伊构成了对王位的潜在威胁，因而想要清除她。[3] 阿尔西诺伊不但在公元前48和前47年的亚历山大里亚战争中支持托勒密十三世及其随从，对抗恺撒和克里奥帕特拉，甚至还自称女王，与克里奥帕特拉对峙。[4] 恺撒获胜之后，阿尔西诺伊被押送到罗马，成为公元前46年其凯旋式上的一大焦点。后来她又被流放至以弗所，作为阿尔忒弥斯神庙的乞援人（suppliant）定居于此。[5] 虽然这时阿尔西诺伊已经失势，克里奥帕特拉或许仍将她视为潜在的对手，势必斩除之。而对于暗杀塞拉皮翁的决定，我们需要做出不同的解释。阿庇安称这位塞浦路斯的总督在公元前42年的战争中站在卡西乌斯一边，与

1　Dio, 42.35.5; Sullivan, *Near Eastern Royalty and Rome*, p. 258; Hölbl, *A History of the Ptolemaic Empire*, p. 235.

2　Josephus, *AJ* 15.89; *Ap.* 2.56-58; 对照 Dio, 48.24.2, 他错误地称克里奥帕特拉的弟弟从以弗所的阿尔忒弥斯神庙中被拖出来；对照 Appian, *BCiv.* 5.9, 此处将以弗所的神庙误作位于米利都的神庙；根据狄奥提到的两次执政官任命和阿庇安文中的叙述，这两场暗杀的时间可被推定为公元前41年。Sullivan, *Near Eastern Royalty and Rome*, p. 267; Hölbl, *A History of the Ptolemaic Empire*, p. 241.

3　类似的解释参见 Sullivan, *Near Eastern Royalty and Rome*, p. 265; Huß, *Ägypten in hellenistischer Zeit*, pp. 730-731。

4　Dio, 42.39.1; Sullivan, *Near Eastern Royalty and Rome*, p. 259; Hölbl, *A History of the Ptolemaic Empire*, p. 236.

5　Josephus, *AJ* 15.89; Dio, 43.19.2-3: 阿尔西诺伊曾经出现在恺撒的一个著名凯旋式上。对照 R.L.A. du Pontet, *C. Iuli Caesaris Commentariorum pars posterior qua continentur Libri III De bello civili cum libris incertorum auctorum De bello Alexandrino Africo Hispaniensi*, Oxford Classical Texts (Oxford: Routledge, 1901), *B.Alex.* 33, 这里提到阿尔西诺伊被赶下台一事；Hölbl, *A History of the Ptolemaic Empire*, p. 237。

三头同盟对立。克里奥帕特拉可能被塞拉皮翁对卡西乌斯的援助触怒,她在卡西乌斯要求支援时拒绝了他,大概希望自己的下属总督也能追随她的决定。[1] 也许是塞拉皮翁的不忠令克里奥帕特拉起疑,加速了他的垮台。

如前所述,克里奥帕特拉没有亲自安排铲除阿尔西诺伊和塞拉皮翁的行动,而是请求安东尼处死他们。由此产生的问题是,她为什么将这个任务交给安东尼,而非亲自动手呢?唯一合理的原因是,克里奥帕特拉认为自己无权处置这两个敌人。他们在提尔和以弗所避难,两个城市均位于罗马疆域内。虽然我们不清楚安东尼如此行事是否得到了法律允许,但是她一定以为他可以,而安东尼甘愿顺应她的请求。约瑟夫斯、阿庇安和狄奥似乎都把安东尼的顺从视作他热恋女王的结果。[2] 然而考虑到这些作家多少受到帝国时代宣传的安东尼形象的影响,这种解释的可靠性是值得怀疑的。在我看来,他的顺从背后存在着更具说服力的因素:首先,埃及内部冲突并不符合安东尼的利益,也许他同意克里奥帕特拉的意见,即应该剪除对其王位造成潜在威胁的阿尔西诺伊。其次,塞拉皮翁在卡西乌斯与三头同盟的战争中支持前者,与安东尼等人敌对。这就足以促使安东尼听从女王的要求,处死这位塞浦路斯前总督。正如我们已经提及的,克里奥帕特拉可能是在公元前41年与安东尼在塔尔苏斯相会时提出了杀塞拉皮翁和阿尔西诺伊的请求。尽管材料中没有记载他们实际被杀的时间,但是我们可以假定这些提议很快就得到了落实。

五、安东尼在公元前 37 或前 36 年赠与埃及领土

在公元前 41 和前 40 年之交的冬天或接下来的春天,帕提亚军队渡过幼发拉底河,占领了叙利亚和小亚细亚的广袤土地,远至爱奥尼亚西海岸。随后,总督普

---

[1] Appian, *BCiv.* 5.9: 塞拉皮翁援助卡西乌斯;*BCiv.* 4.61: 卡西乌斯向克里奥帕特拉要求支援; Sullivan, *Near Eastern Royalty and Rome*, p. 267; Hölbl, *A History of the Ptolemaic Empire*, p. 241; Huß, *Ägypten in hellenistischer Zeit*, p. 731。

[2] Josephus, *AJ* 15.88–89; Dio, 48.24.2; Appian, *BCiv.* 5.9.

布利乌斯·文提狄乌斯·巴苏斯（P. Ventidius Bassus）在公元前39年率军发起了反攻。安东尼根本没有干涉这些战役，因为他当时正与屋大维一起抗击塞克斯图斯·庞培（Sextus Pompeius），后者一度威胁到意大利的粮食供给。[1] 直到公元前38年金达鲁斯战役（Battle of Gindarus）之后，帕提亚军队被逐出叙利亚，安东尼才返回近东地区，并投入到处理各种事务、在该地区重建罗马权威的工作中。曾经在帕提亚入侵未果后向帕提亚士兵提供庇护的科马吉尼（Commagenian）国王安条克（Antiochus）是第一个表示顺从罗马的统治者。在文提狄乌斯的煽动下，一场针对这个王国的征伐之前已经开始了，而安东尼到达黎凡特（Levant）后，接任了这场军事行动的指挥权。虽然不知他与安条克会晤的具体结果，但是很显然这位国王保住了王位。[2] 不过喀尔基斯（Chalcis）的统治者吕萨尼亚斯（Lysanias）似乎就没那么幸运了，他被克里奥帕特拉指控在公元前40年引入了帕提亚军队。[3] 不管安东尼有没有被这番说辞打动，他最终还是废黜了吕萨尼亚斯，并在30年代中期将他处死；随后他的领土被判给了克里奥帕特拉。[4] 有些反面印着女王肖像的喀尔基斯铜币是在她统治的第21年（从公元前52或前51年开始）铸造的，另一些的铸造发生在她于公元前37或前36年启用新纪元后的第6年。这些钱币证明托勒密埃及吞并了喀尔基斯。[5]

然而，喀尔基斯的领土赠与并非孤例。除了吕萨尼亚斯的领土，狄奥和约瑟夫斯

---

1 三头同盟与塞克斯图斯·庞培的冲突后来导向了公元前39年的《米塞努姆条约》和公元前38年双方的矛盾复燃，详见 Broughton, *The Magistrates of the Roman Republic II*, pp. 382-383, 386-388, 390-392，包括参考文献。

2 更多细节参见 H. Buchheim, D*ie Orientpolitik des Triumvirn M. Antonius. Ihre Voraussetzungen, Entwicklung und Zusammenhang mit den politischen Ereignissen in Italien* (Heidelberg: Carl Winter Universitätsverlag, 1960), pp. 74-81。

3 Josephus, *AJ* 15.92.

4 Josephus, *AJ* 15.92; *BJ* 1.440; Dio, 49.32.5. 对照 Porphyry, *BNJ* 260 F2 (17)，此处他似乎误把吕萨尼亚斯记成了吕西马库斯（Lysimachus）。

5 H. Seyrig, "Antiquités syriennes, 42: sur les ères de quelques villes de Syries: Antioche, Apamée, Aréthusa, Balanée, Épiphanie, Laodicée, Rhosos, Damas, Béryte, Tripolis, l'ère de Cléopâtre, Chalcis du Liban, Doliché," in *Syria* 27 (1950), pp. 43-46; T. Schrapel, *Das Reich der Kleopatra. Quellenkritische Untersuchungen zu dell "Landschenkungen" Mark Antons* (Trier: Trierer historische Forschungen, 1996), pp. 178-180. 波菲利证实了建立新纪元一事，Porphyry, *BNJ* 260 F2 (17)。

还列举出，其他几处地中海东部地区的土地也被移交给克里奥帕特拉。现代历史学家和古代作家都关注到克里奥帕特拉获赠领土这一现象。他们的讨论主要集中在赠与时间问题上。由于史料中的证据自相矛盾，所以我们只能艰难地推断这一时间。不过，大部分学者都过于自信，没有仔细推敲史料中存在的问题。他们相信这些领土赠与事件发生的时间点落在下面的时间框架里面：从公元前37和前36年之间的冬天到整个公元前34年。而且这些赠与是同时发生的。[1] 而我的目的是通过采取一种更加细致的材料分析法，来更加精确地判断赠与发生的时间。这轮考证的结果或许能帮助我们在内战背景下更好地理解这些赠与。当然，在聚焦于这个任务之前，我们理应就那些被确认为克里奥帕特拉获赠的土地，做一概述。

关于安东尼赠给埃及女王的那些领土，普鲁塔克和狄奥提供的信息最多。初看之下，两位作家提到的完全是不同的领土，但是通过对具体文本的细致复核，可以明确狄奥和普鲁塔克提到的大多数领土都是重合的。命名差异在很大程度上只是因为两人的写作时代不同，以及他们的描述在细致程度上不同，或者有细节上的差异。下面我将完整引用普鲁塔克为安东尼所写的传记和狄奥《罗马史》中的相关段落。在描述完公元前37年的《塔兰图姆条约》（奠定了三头同盟又一个五年任期的统治）以及安东尼如何回到亚细亚行省之后，普鲁塔克接着写道：[2]

> 很长一段时间以来，那可怕的魔鬼，即安东尼对克里奥帕特拉的情欲，似乎已经沉沉入睡。人们认为他运用理智驱逐并平息了它。然而当他接近叙利亚时，

---

[1] Syme, *The Roman Revolution*, pp. 260–261; Sullivan, *Near Eastern Royalty and Rome*, pp. 270–271; Hölbl, *A History of the Ptolemaic Empire*, p. 242.

[2] Plutarch, *Ant.* 36.1–2: "Εὕδουσα δ' ἡ δεινὴ συμφορὰ χρόνον πολύν, ὁ Κλεοπάτρας ἔρως, δοκῶν κατευνάσθαι καὶ κατακεκηλῆσθαι τοῖς βελτίοσι λογισμοῖς, αὖθις ἀνέλαμπε καὶ ἀνεθάρρει Συρίᾳ πλησιάζοντος αὐτοῦ. καὶ τέλος, ὥσπερ φησὶν ὁ Πλάτων τὸ δυσπειθὲς καὶ ἀκόλαστον τῆς ψυχῆς ὑποζύγιον, ἀπολακτίσας τὰ καλὰ καὶ σωτήρια πάντα Καπίτωνα Φοντήιον ἔπεμψεν ἄξοντα Κλεοπάτραν εἰς Συρίαν. ἐλθούσῃ δὲ χαρίζεται καὶ προστίθησι μικρὸν οὐδὲν οὐδ' ὀλίγον, ἀλλὰ Φοινίκην, κοίλην Συρίαν, Κύπρον, Κιλικίας πολλήν· ἔτι δὲ τῆς τε Ἰουδαίων τὴν τὸ βάλσαμον φέρουσαν καὶ τῆς Ναβαταίων Ἀραβίας ὅση πρὸς τὴν ἐκτὸς ἀποκλίνει θάλασσαν. αὗται μάλιστα Ῥωμαίους ἠνίασαν αἱ δωρεαί."

这份激情死灰复燃了。正如柏拉图所说,灵魂宛如执拗而难以驾驭的野兽。最终,他不顾所有有益和高尚的劝阻,派丰提乌斯·卡皮托(Fonteius Capito)将克里奥帕特拉接到叙利亚。等她到达以后,他送了她一份礼物,使她添了不少土地,包括腓尼基、科艾勒叙利亚(Coele Syria)、塞浦路斯、西里西亚的大部分地区,更远的还有犹太(Judaea)的香脂产地,以及向外海延伸的阿拉伯纳巴泰(Nabataea)的全部地区。这些赠礼实实在在地惹恼了罗马人。

狄奥则写到,安东尼承认自己是克里奥帕特拉的三个孩子的父亲,即亚历山大·赫利俄斯(Alexander Helios)、克里奥帕特拉·塞勒涅(Cleopatra Selene)和托勒密·斐拉德弗斯(Ptolemy Philadephus)。在此叙述之后,他提到了这些土地赠与。[1] 关于这些礼物,狄奥称:

> 安东尼赠与他们(克里奥帕特拉及其子女)阿拉伯的广袤领土,以及马里库斯(Malichus)和伊图莱亚人(Ituraeans)的土地——安东尼以支持帕科鲁斯(Pacorus)为由,处死了他自己在那里封立的国王吕萨尼亚斯。此外安东尼还给了他们腓尼基和巴勒斯坦的大片区域,克里特岛的一部分,以及昔兰尼(Cyrene)和塞浦路斯。[2]

如果我们暂且不管狄奥叙述的一个特点,即他把克里奥帕特拉的子女也算作领土重新分配的受惠者,那么关于两位作家所叙述内容的一致之处,可以确定的有塞浦路斯岛、腓尼基以及纳巴泰和犹太的部分土地。[3] 两人之中,普鲁塔克的记载更为具

---

[1] Dio, 49.32.4. 对照 Plutarch, *Ant*. 36.3, 后者只提及安东尼承认亚历山大·赫利俄斯和克里奥帕特拉·塞勒涅作为他的孩子,但是没有谈到托勒密·斐拉德弗斯。

[2] Dio, 49.32.5: "πολλὰ μὲν τῆς Ἀραβίας τῆς τε Μάλχου καὶ τῆς τῶν Ἰτυραίων (τὸν γὰρ Λυσανίαν, ὃν αὐτὸς βασιλέα σφῶν ἐπεποιήκει, ἀπέκτεινεν ὡς τὰ τοῦ Πακόρου πράξαντα) πολλὰ δὲ καὶ τῆς Φοινίκης τῆς τε Παλαιστίνης, Κρήτης τέ τινα καὶ Κυρήνην τήν τε Κύπρον αὐτοῖς ἐχαρίσατο."

[3] Plutarch, *Ant*. 36.2; Dio, 49.32.5.

体,他解释授予克里奥帕特拉的纳巴泰地区包括"向外海延伸的"土地。鲍尔索克令人信服地指出,普鲁塔克可能用"外海"(τὴν ἐκτὸς θάλασσαν)一词来指代亚喀巴湾(Gulf of Aqaba)和红海。因为地中海以"内海"著称,而死海则由于其内陆属性,不太可能被视为"外海"。所以克里奥帕特拉获得的土地多半是在亚喀巴湾和汉志地区(Ḥejāz)北部。[1] 这片区域对纳巴泰人来说有着重要经济意义,因为从阿拉伯南部到佩特拉的香料贸易之路正经过此地。尽管没有其他证据表明这些红海沿岸地区被赠送给克里奥帕特拉,但是参考约瑟夫斯的《犹太古史》和《犹太战争》,至少可以确定这位托勒密女王获得了纳巴泰的部分领土。[2]

有关送给克里奥帕特拉的"犹太的香脂产地",普鲁塔克没有向我们提供更多细节。幸运的是,约瑟夫斯在这个问题上给了我们一些启示。他说明所谓的香脂产地位于杰里科(Jericho)附近。他还告诉读者,托勒密女王没有亲自统治这一地区。据他描述,她把自己得到的杰里科附近以及部分阿拉伯半岛(即纳巴泰)的地区以每年200塔兰特的租金租给了希律(Herod),还让希律为纳巴泰国王马里库斯每年给她

---

[1] G. Bowersock, *Roman Arabia* (Cambridge [MA]: Harvard University Press, 1983), p. 41. 沙利文支持相同观点,但是没有展开论证, Sullivan, *Near Eastern Royalty and Rome*, p. 212. 哈克尔、热尼和施奈德认为不能确定克里奥帕特拉获赠的具体地区,但是猜测它可能位于红海附近, U. Hackl, H. Jenni, C. Schneider, eds., *Quellen zur Geschichte der Nabatäer: Textsammlung mit Übersetzung und Kommentar* (Freiburg / Göttingen: Vandenhoeck & Ruprecht, 2003), p. 580. 对照林德纳的看法,他认为这些领土位于死海东岸, M. Lindner, "Die Geschichte der Nabatäer," in *Petra und das Königreich der Nabatäer: Lebensraum, Geschichte und Kultur eines arabischen Volkes der Antike,* ed. M. Lindner (Munich: Delp, 1970), p. 96. 斯塔基对以上两种观点持开放态度, J. Starcky, "Pétra et la Nabatène," in *Dictionnaire de la Bible* Suppl. VII (Paris: Letouzey & Ané 1966), p. 910。

[2] 约瑟夫斯称安东尼应克里奥帕特拉要求,将一部分阿拉伯人(Ἄραβες)的土地送给了她, Josephus, *AJ* 15.92-96, *BJ* 1.360-362. 虽然我们的古代文献对于"阿拉伯人"这一民族的定义不尽相同,但是在这些具体段落中,约瑟夫斯指的似乎是纳巴泰人,尤其因为普鲁塔克清晰说明了纳巴泰的领土被赠与克里奥帕特拉,以及狄奥把阿拉伯半岛(Ἀραβία)部分地区归为马里库斯所有,而他正是当时的纳巴泰国王。关于"阿拉伯人"和"阿拉伯半岛"这两个术语被用以指代"纳巴泰人"和"纳巴泰",参见 M.C.A. Macdonald, "Arabs, Arabias, and Arabic before Late Antiquity," in *Topoi* 16 (2009), pp. 277–332. 对照 J. Retsö, *The Arabs in Antiquity: Their History from the Assyrians to the Umayyads* (London: Routledge, 2003), pp. 364–392, 特别是 pp. 371–378, 作者区分了阿拉伯人和纳巴泰人两个概念,但是未能证明这一区别。扬对经由阿拉伯半岛的贸易路线作了一篇综述, G.K. Young, *Rome's Eastern Trade: International Commerce and Imperial Policy, 31 BC-AD 305* (London: Routledge, 2001), pp. 90–96. 鲍尔索克根据汉志和亚喀巴湾周边地区的经济重要性,推测安东尼最有可能把这块领土送给克里奥帕特拉, Bowersock, *Roman Arabia*, p. 41。

200塔兰特的岁贡一事做担保。[1]

至于克里奥帕特拉在腓尼基得到的土地，狄奥和普鲁塔克也没有提供任何细节。在这方面，约瑟夫斯的叙述再次显得更加精确。他告诉我们安东尼赠与克里奥帕特拉"艾琉瑟鲁斯河（Eleutheros River）与埃及之间的城市，除了提尔和西顿（Sidon），因为他知道这两个城市自古以来就拥有独立地位"[2]。其他沿海城市的赠与，更准确地说包括特里波利斯（Tripolis，坐落在阿卡[Arca]的正南方）、贝里图斯（Berytus）、多利买（Ptolemais）和多拉（Dora），则被当地的铜币所证实——其正反面都铸有克里奥帕特拉的半身像。这些钱币的铸造时间可以被追溯到公元前37或前36至前31年之间的多个年份。这些钱币的铸造年份同时使用克里奥帕特拉原来的在位纪元，以及在公元前37或前36年启用的新纪元。[3]

普鲁塔克和狄奥就赠与克里奥帕特拉塞浦路斯一事的叙述有些奇怪。自公元前47年恺撒立托勒密十四世和他的妹妹阿尔西诺伊（同为克里奥帕特拉的兄弟姊妹）为塞浦路斯的共同统治者以后，这座岛屿就归托勒密王国所有。[4] 直到亚克兴战役之前，这一局面始终保持不变。因此，关于克里奥帕特拉在30年代中期获得包括塞浦路斯在内的上述领土的记载在逻辑上存在谬误，应该是不正确的。

同样的问题出现在授予克里奥帕特拉西里西亚部分土地的记载中。在萨拉米斯（Salamis）发现的一份铭文底部提到了一个名叫第欧根尼（Diogenes）的人，他时任西里西亚和塞浦路斯联合行省的总督，具体任期可以追溯到公元前39年9月到前38年8月。据此，米特福德提出了一个颇有说服力的推论，即至少到公元前38年夏末为止，西里西亚的部分土地是属于托勒密王国的。正如米特福德所说，安东尼可能在公元前40或前39年时已经将西里西亚部分领土给了克里奥帕特拉，同时也将小亚细

---

1 Josephus, *AJ* 15.96, 107, 132; *BJ* 1.362.
2 Josephus, *AJ* 15.95: "τὰς ἐντὸς Ἐλευθέρου ποταμοῦ πόλεις ἄχρις Αἰγύπτου χωρὶς Τύρου καὶ Σιδῶνος, ἐκ προγόνων εἰδὼς ἐλευθέρας." 对照 *BJ* 1.361，表述不同但是含义类似。
3 T. Schrapel, *Das Reich der Kleopatra. Quellenkritische Untersuchungen zu den 'Landschenkungen' Mark Antons*, pp. 175–177, 184–188, 190–197.
4 Dio, 42.35.5–6.

亚的其他土地赐与当地统治者。普鲁塔克没有详细说明西里西亚的哪些部分归属托勒密统治，但是根据斯特拉波的《地理学》，我们可以推测给予克里奥帕特拉的土地至少涵盖了科拉凯西乌姆（Coracesium）、阿尔西诺伊（Arsinoe）和位于山地西里西亚（Cilicia Tracheia）沿海一带的哈马科西亚（Hamaxia）。斯特拉波没有指明这份赠土在多大程度上超出上述三个城镇，延伸至西里西亚其他土地。米特福德认为"也许可以恰当地理解为一直延伸到东边的广袤区域"[1]。

除了西里西亚的某些土地，普鲁塔克和约瑟夫斯还记载了托勒密女王获得的科艾勒叙利亚。[2] "科艾勒叙利亚"一词曾经被用来指代近东的各种领土，由于其他材料的缺失，我们不能确定克里奥帕特拉获赠领土一事中的科艾勒叙利亚是指哪块地区。不过当公元前47年叙利亚的罗马总督塞克斯图斯·恺撒（Sextus Caesar）任命希律为科艾勒叙利亚和撒玛利亚（Samaria）的地方长官时，他提及的那些城市可能处于外约旦（Transjordan），一般被称为德卡波利斯（Decapolis）。或许这一地区现在也被授予了克里奥帕特拉。[3] 送给克里奥帕特拉的领土还包括狄奥提到的另外两处领土，即克里特岛和昔兰尼的部分土地。[4]

讨论完托勒密王国获赠领土的详细情况后，我们将接着处理这些赠与的时间问题。如前所述，对此我们并不十分清楚。据狄奥记载，赠与事件发生于公元前36年。[5] 在普鲁塔克笔下，纳巴泰、犹太、塞浦路斯、西里西亚、科艾勒叙利亚和腓尼基的易主，以及其他一些事件，发生在公元前37年年末或者公元前36年年初，这确证了狄奥的说法。[6] 相反，约瑟夫斯在《犹太古史》和《犹太战争》中认为犹太、纳巴泰、腓

---

[1] Plutarch, *Ant*. 36.2; Strabo, 14.5.3, 14.5.6; T.B. Mitford, "Roman Rough Cilicia," in *ANRW* II.7.2 (Berlin / New York [NY]: De Gruyter, 1980), pp. 1241-1242.

[2] Plutarch, *Ant*. 36.2; Josephus, *AJ* 15.79.

[3] 相似的观点参见 T. Schrapel, *Das Reich der Kleopatra. Quellenkritische Untersuchungen zu den 'Landschenkungen' Mark Antons* (Trier 1996), chapter 6.3.

[4] Dio, 49.32.5. 克里特岛和昔兰尼不在近东范围内，关于送给克里奥帕特拉的这两个地区的具体组成部分，参见 Schrapel, *Das Reich der Kleopatra*, pp. 17-87.

[5] Dio, 49.32.5.

[6] Plutarch, *Ant*. 36.2.

尼基和科艾勒叙利亚之馈赠发生在公元前 34 年——更准确地说,是在那年安东尼与亚美尼亚王国交战之前。[1] 虽然没有其他史料可以否定后者,但是我们更倾向于前者。因为首先它能够解释克里奥帕特拉在公元前 37 年 9 月启用新纪元一事。其次,公元前 34 年另有一些土地被赠与克里奥帕特拉的子女,而约瑟夫斯忽略了此事。[2] 不过也有例外情况,正如我们已经指出的,塞浦路斯和山地西里西亚的部分土地在公元前 38 年夏末已经归托勒密王国所有。此外,希律开始租借杰里科附近的香脂产地、克里奥帕特拉得到纳巴泰部分地区的时间都不明确,但是最有可能是在公元前 36 年安东尼发动帕提亚战争和公元前 34 年远征亚美尼亚之间的某个节点。[3]

关于赠与克里奥帕特拉领土一事的时间问题,我们可以得出的结论是:大部分地区也许在公元前 37 年年末或前 36 年某时都已被赠出,除了塞浦路斯和一部分西里西亚的土地。在本文的后续部分,我们将看到公元前 34 年又有其他土地被授予托勒密统治家族——主要是给克里奥帕特拉的子女。狄奥暗示说,她子女在公元前 37 年或前 36 年的领土赠与中就已经获益。这几乎是不可能的。我们很难判断是什么原因促使安东尼送出所有这些领土。古代作家只是草草勾勒了馈赠的大致背景。比如约瑟夫斯称,克里奥帕特拉怀抱扩张领土的雄心,而安东尼对她百依百顺,甚至到了答应她全部要求的地步。[4] 类似的解释出现在普鲁塔克为这位三头同盟之一的执政官所写的传记中,即安东尼因迷恋克里奥帕特拉,所以将上述领土全都送给了她。[5] 把这种无法抑制的激情作为领土赠与原因,长期以来是占主导地位的说法,不过其他解释也许更有说服力。例如,这些赠与或可视为安东尼为其公元前 36 年远征帕提亚计划所做的准备工作之一。也就是说,它们最有可能在夏天远征开始之前就被落实了。他

---

1 Josephus, *AJ* 15.79, 92–96; *BJ* 1.360–363.
2 关于约瑟夫斯可能错记赠与时间,参见 J. Kromayer, "Forschungen zur Geschichte des II. Triumvirats," in *Hermes* 29 (1894), pp. 572–576; Sullivan, *Near Eastern Royalty and Rome*, p. 270; C. Pelling, *Plutarch. Life of Antony*, p. 218. 有关公元前 34 年的领土赠与见本文第六部分。
3 Josephus, *AJ* 15.96; *BJ* 1.362.
4 Josephus, *AJ* 15.88, 92–93; *BJ* 1.359–360.
5 Plutarch, *Ant.* 36.1–2.

不仅为着士兵和军备的供给，需要与国王或小君主结盟，还必须确保在远征途中不会发生威胁三头同盟地位的地方起义和罗马人的叛乱。为了留下一处安全且稳定的腹地，他将小亚细亚和近东地区的许多土地赠与克里奥帕特拉。由于她不是这些地区的土著统治者，需要完全依赖安东尼来保障其地位，安东尼对她的忠诚比较有把握。地中海东部地区国王和君主的忠诚对征途中的安东尼来说非常重要。我们从喀尔基斯统治者吕萨尼亚斯之死就可以认识到这一重要性。如前所述，吕萨尼亚斯的罪名是在公元前40年支持帕提亚入侵者。

然而，这一领土赠与不仅仅是安东尼的筹划。我们已经提到，约瑟夫斯认为埃及女王是馈赠背后的驱动力，但是安东尼对克里奥帕特拉言听计从的这种形象，可能是奥古斯都成功开展反安东尼宣传运动的结果之一。这些宣传影响了许多历史学家的作品，包括希律的宫廷史家、与奥古斯都交情匪浅的大马士革的尼克劳斯（Nicolaus of Damascus），而他的作品正是约瑟夫斯两部史书的主要材料来源。不过，克里奥帕特拉确实可能希望将其统治扩展到近东和小亚细亚诸多地区，进而重整其祖先托勒密二世和托勒密三世在公元前3世纪统治的疆土。[1]

六、公元前34年的"亚历山大里亚赠礼"

至少在公元前34年安东尼结束亚美尼亚战争之前，克里奥帕特拉于公元前40至前36年间获得的土地基本都保持在埃及控制之下。随着亚美尼亚战争的结束，安东尼修改了早先的一些处置方案，在克里奥帕特拉和他们的孩子之间重新分配了东方的部分领土。狄奥和普鲁塔克为我们提供了关于这次领土重新分配的信息。前者先描述了公元前34年安东尼在亚历山大里亚庆祝他对亚美尼亚国王阿尔塔瓦斯德斯

---

[1] 有关这两位国王的统治，参见 Hölbl, *A History of the Ptolemaic Empire*, pp. 35–76; Huß, *Ägypten in hellenistischer Zeit*, pp. 251–380。

（Artavasdes）的胜利，接着写到他如何在宴会上宣布重新分配领土一事：

> 安东尼设宴款待亚历山大里亚人，并在宴会上让克里奥帕特拉和她的孩子们坐在他身旁；在向人们致辞的过程中，他命令他们称呼克里奥帕特拉为众王之女王，称呼托勒密（即恺撒里昂）为众王之王。随后他重新划分了这些行省，赠与两人埃及和塞浦路斯。作为此举的理由，他言之凿凿地说托勒密是恺撒之子，并称他这样做是为了恺撒的缘故。不过他真正目的是找恺撒·屋大维的麻烦，因为后者只是恺撒的养子而非亲生。除了这一分配之外，他承诺将以下地区送给他和克里奥帕特拉的孩子们：托勒密（即斐拉德弗斯）得到的是叙利亚和幼发拉底河以西直到赫勒斯滂海峡（Hellespont）的全部地区；克里奥帕特拉（即塞勒涅）得到的是利比亚的昔兰尼；他们的兄弟亚历山大（即赫利俄斯）得到的是亚美尼亚和幼发拉底河以东直到印度的其他国家。他甚至口头上赠出最后提到的那些领土，仿佛它们已是他的囊中之物。[1]

狄奥阐明，克里奥帕特拉和恺撒里昂被指派统治埃及本身和塞浦路斯。送给托勒密·斐拉德弗斯的是叙利亚和和幼发拉底河以西直到赫勒斯滂海峡的全部地区，给克里奥帕特拉·塞勒涅的是昔兰尼，而亚历山大·赫利俄斯获得了幼发拉底河以东直到印度的土地。克里奥帕特拉得到"众王之女王"的头衔，恺撒里昂被尊为"众王之

---

1 Dio, 49.41.1-3: "ὁ Ἀντώνιος τούς τε Ἀλεξανδρέας εἱστίασε, καὶ τὴν Κλεοπάτραν τούς τε παῖδας αὐτῆς ἐν ἐκκλησίᾳ παρεκαθίσατο, δημηγορήσας τέ τινα ἐκείνην τε βασιλίδα βασιλέων καὶ τὸν Πτολεμαῖον, ὃν Καισαρίωνα ἐπωνόμαζον, βασιλέα βασιλέων καλεῖσθαι ἐκέλευσε. καὶ αὐτοῖς καὶ τὴν Αἴγυπτον τήν τε Κύπρον, ἄλλην διανομήν τινα ποιησάμενος, ἔδωκε· τοῦ τε γὰρ προτέρου Καίσαρος τὴν μὲν γυναῖκα τὸν δὲ υἱὸν ὄντως γεγονέναι ἔλεγε, καὶ ἐς τὴν ἐκείνου δὴ χάριν ταῦτα ποιεῖν ἐσκήπτετο, ὅπως τὸν Καίσαρα τὸν Ὀκταουιανὸν ἐκ τούτου, ὅτι ποιητὸς ἀλλ' οὐ γνήσιος αὐτοῦ παῖς ἦν, διαβάλλοι. ἐκείνοις μὲν δὴ ταῦτ' ἔνειμε, τοῖς δὲ δὴ αὐτοῦ παισὶ τοῖς ἐκ τῆς Κλεοπάτρας οἱ γεγονόσι, Πτολεμαίῳ μὲν τὴν τε Συρίαν καὶ τὰ ἐντὸς τοῦ Εὐφράτου μέχρι τοῦ Ἑλλησπόντου πάντα, Κλεοπάτρᾳ δὲ τὴν Λιβύην τὴν περὶ Κυρήνην, τῷ τε ἀδελφῷ αὐτῶν Ἀλεξάνδρῳ τήν τε Ἀρμενίαν καὶ τἆλλα τὰ πέραν τοῦ Εὐφράτου μέχρις Ἰνδῶν δώσειν ὑπέσχετο· καὶ γὰρ ἐκεῖνα ὡς ἔχων ἤδη ἐχαρίζετο."

王"。关于公元前34年安东尼在亚历山大里亚向托勒密统治家族赠送领土一事，普鲁塔克为我们呈现的也是一个类似的版本：

> 安东尼把人群集中到运动场上，在银制的席位上摆放了两个黄金王座，一个给自己，另一个给克里奥帕特拉，其他更低处的座位则留给他的儿子们。首先他宣布克里奥帕特拉为埃及、塞浦路斯、利比亚和科艾勒叙利亚的女王，她和恺撒里昂实行共治，后者被认为是恺撒和克里奥帕特拉的遗腹子。其次，他封自己与克里奥帕特拉的儿子们为众王之王，将亚美尼亚、米底亚和即将征服的帕提亚赐给亚历山大，赠与托勒密腓尼基、叙利亚和西里西亚。同时他还让儿子们出列，亚历山大身着米底亚装束，包括一顶冠冕和竖直的头饰；托勒密穿着靴子、短斗篷，头戴一顶宽檐帽，上面还有一个王冠。因为后者打扮成亚历山大（即亚历山大大帝）的继承者的样子，而前者则穿戴上了米底亚人和亚美尼亚人的服饰。[1]

普鲁塔克称克里奥帕特拉和她的共治者恺撒里昂被授予对埃及、塞浦路斯、利比亚和科艾勒叙利亚的统治权。亚历山大·赫利俄斯获得亚美尼亚、米底亚（阿特罗帕特尼［Atropatene］）和帕提亚，托勒密获得腓尼基、叙利亚和西里西亚。安东尼和克里奥帕特拉的儿子们被冠以"众王之王"的头衔。一些学者驳回了狄奥和普鲁塔克的说法，认为他们对克里奥帕特拉所获领土的描述过于夸张，因为大部分声称被赠与托勒密家族的领土都仍然处于罗马总督或当地王公贵族的统治下。[2] 这一观点或许属实，

---

1 Plutarch, *Ant.* 54.3–5: "ἐμπλήσας... ὄχλου τὸ γυμνάσιον καὶ θέμενος ἐπὶ βήματος ἀργυροῦ δύο θρόνους χρυσοῦς, τὸν μὲν ἑαυτῷ, τὸν δὲ Κλεοπάτρᾳ, καὶ τοῖς παισὶν ἑτέρους ταπεινοτέρους, πρῶτον μὲν ἀπέφηνε Κλεοπάτραν βασίλισσαν Αἰγύπτου καὶ Κύπρου καὶ Λιβύης καὶ κοίλης Συρίας, συμβασιλεύοντος αὐτῇ Καισαρίωνος, ὃς ἐκ Καίσαρος ἐδόκει τοῦ προτέρου γεγονέναι Κλεοπάτραν ἔγκυον καταλιπόντος · δεύτερον δὲ τοὺς ἐξ αὑτοῦ καὶ Κλεοπάτρας υἱοὺς βασιλεῖς βασιλέων ἀναγορεύσας Ἀλεξάνδρῳ μὲν Ἀρμενίαν ἀπένειμε καὶ Μηδίαν καὶ τὰ Πάρθων, ὅταν ὑπαγάγηται, Πτολεμαίῳ δὲ Φοινίκην καὶ Συρίαν καὶ Κιλικίαν. ἅμα δὲ καὶ προήγαγε τῶν παίδων Ἀλέξανδρον μὲν ἐσθῆτι Μηδικῇ τιάραν καὶ κίταριν ὀρθὴν ἔχούσῃ, Πτολεμαῖον δὲ κρηπῖσι καὶ χλανίδι καὶ καυσίᾳ διαδηματοφόρῳ κεκοσμημένον. αὕτη γὰρ ἦν σκευὴ τῶν ἀπ' Ἀλεξάνδρου βασιλέων, ἐκείνη δὲ Μήδων καὶ Ἀρμενίων."

2 C. Pelling, *Plutarch. Life of Antony*, p. 248; Hölbl, *A History of the Ptolemaic Empire*, p. 292.

但是全然否定赠与本身却也矫枉过正。亚美尼亚在公元前34年成为罗马的附属国，不再属于国王阿尔塔瓦斯德斯。[1] 而后到了公元前33年，安东尼让亚历山大·赫利俄斯与阿特罗帕特尼国王阿尔塔瓦斯德斯的女儿联姻，从而确保未来托勒密家族对这个王国的控制权。[2]

我们很难确定这份给克里奥帕特拉及其子女的慷慨馈赠背后的真正动机是什么。近来，斯特罗曼提出了一个颇有见地的主张，认为领土赠与的用意，是安东尼借托勒密王国之手来提高罗马对近东地区的掌控力，而安东尼和托勒密王国则因为他是克里奥帕特拉三个孩子的父亲这层关系而紧密相连。[3] 近东地区的一大特点，就是随着公元前2世纪下半叶塞琉古王国渐趋分裂，许多脱胎于此的小王国多元并立。为了增加该地区的稳定性，安东尼希望将之置于依附罗马的托勒密王国治下，从而使整个地区受到罗马的间接控制。通过这种方式，罗马还可以节约维系一个行省本来需要付出的成本。[4]

不过，无论"亚历山大里亚赠礼"背后的确切理由是什么，这一领土分配方案从未被执行过。在安东尼于亚历山大里亚庆祝战胜亚美尼亚的三年后，亚克兴之战终结了他在东方建立的帝国。克里奥帕特拉确实向安东尼提供了重要的军事支援，但是这种援助并没有能够扭转冲突的结局。[5]

结 论

在恺撒遇刺后的两年中，克里奥帕特拉是目前已知的唯一一位支持三头同盟的近东统治者。我们不甚清楚她是否参与了腓力比之战。通过一览公元前44至前30年

---

[1] 对此可见 H. Buchheim, *Die Orientpolitik des Triumvirn M. Antonius. Ihre Voraussetzungen, Entwicklung und Zusammenhang mit den politischen Ereignissen in Italien*, pp. 90–91。

[2] Dio, 49.40.2; Plutarch, *Ant.* 53.6.

[3] R. Strootman, "Queen of Kings: Cleopatra VII and the Donations of Alexandria," in *Kingdoms and Principalities in the Roman Near East*. eds. T. Kaizer, M. Facella (Stuttgart: Franz Steiner Verlag, 2010), pp. 139–157.

[4] Strootman, "Queen of Kings," pp. 156–157.

[5] Plutarch, *Ant.* 65–68; Dio, 50.31–35.

之间内战阶段的诸多事件，我们可以看出罗马和托勒密王国的多种互动类型。首先，克里奥帕特拉通过派遣军舰和赠送金钱的方式，在多拉贝拉与卡西乌斯对抗时支持前者。其次，罗马（或者可能就是三头同盟）承认恺撒里昂作为埃及国王的身份。我们不能肯定克里奥帕特拉是否明确表达过对这一认可的请求，但是恺撒里昂被承认为埃及国王一事，至少展示了罗马在多大程度上可以随意干涉其他王国或附属国的内政。腓力比战役之后，克里奥帕特拉请求她的情夫安东尼为其处理其国家内部事务。安东尼对近东领土进行了大规模的重新分配，克里奥帕特拉以及她与安东尼所生的子女获赠大量领土。此举甚至使得庞培在60年代进行的政治重组黯然失色。对此，我们很难给出一个笼统的、能够满足所有人好奇心的解释。安东尼这样做的一个原因是，他希望借此将整个近东和小亚细亚地区置于臣服罗马的这一托勒密王国的统治之下，从而建立一个稳定的、罗马占据霸权地位的地缘政治格局。在亚克兴，女王和她的海军一起现身，但是她的援助并没有改变安东尼的命运。总之，由前面的论述，我们可以得出如下结论：在安东尼获得对东方各行省统治权的时候，埃及的托勒密王国变得越来越依赖罗马；罗马对托勒密王国的干预政策，也就变成了安东尼的情人、女王克里奥帕特拉的政策。

（本文作者为北京大学历史学系长聘副教授）

遥读奥古斯丁的书信集

古典史研究的新思路

王 涛

国内古典史研究在最近几年取得了长足进步。古典史研究论文在《历史研究》等一流期刊上的发文量领先于其他学科[1]，许多研究者已经能够通过直接阅读拉丁语、希腊语等原始文献开展研究，推出了具有中国视角的成果。不少海外名校学成归国的优秀人才分布在国内高水平大学，让我们有了丰厚的后备人才储备。各种原典的资料建设也有条不紊地开展[2]，为古典学的持续发展奠定了坚实的根基。

在这样一个局面之下，古典史的进步还可以从方法论上有所突破。例如数字人文的方法在古典史研究层面的应用，也是值得探索的话题。

实际上，数字人文一开始就跟古典学有深刻的渊源。大家公认的"数字人文之父"，意大利人罗伯特·布萨（Roberto Busa），本身就是研究托马斯·阿奎那的著名学者，也是修会的修士。在计算机诞生之初，早至20世纪40年代，他就敏锐发现了"计算"的方法对传统人文研究的促进作用。他利用IBM的计算机编撰阿奎那作品的索引，开创了数字人文的新领域。[3]

---

[1] 笔者统计了2010至2017年《历史研究》的发文情况，8年间，《历史研究》共发文607篇，其中世界史学科论文140篇，古典史论文43篇，占总发文量的7%，占世界史论文的30%。

[2] 北京大学图书馆在马克垚、彭小瑜等先生的努力下，建成了国内规模最大的古典文献收藏；西南大学在2015年开始建设"拉丁文经藏研究所"，致力于西学经典的收集、翻译与整理，也颇具规模，参见网址：http://ilatina.swu.edu.cn/s/ilatina。

[3] 关于布萨在数字人文领域的地位，参见 Susan Hockey, "The History of Humanities Computing," in *A Companion to Digital Humanities*, eds. Susan Schreibman, Ray Siemens, and John Unsworth (Oxford: Blackwell, 2004)。

在很长时间里，数字人文一直致力于文献的数字化工作，人文学者同技术专家一道，建设了各种门类的数据库。在古典学领域最重要的数据库珀耳修斯数字图书馆（Perseus Digital Library）[1]，得益于古典学教授格雷格利·克雷恩（Gregory Crane）的领衔与深度参与。在数字人文教育推广方面的活跃人物，伦敦大学学院（UCL）数字人文中心主任西蒙·马奥尼（Simon Mahony）也是古典学专业出身，他一直是伦敦大学古典研究学院（伦敦大学高级研究学院）的副研究员，同时还是《数字古典学者》（*The Digital Classicist*）刊物的创始编辑，古典学的出身并没有妨碍他成为数字人文课程体系的重要设计者。[2]

具体到奥古斯丁研究，数字技术与奥古斯丁似乎具有天然的亲缘性。许多研究机构很早就开始整理奥古斯丁全集的电子版，德国维尔茨堡大学奥古斯丁研究中心主持下的工作组在梅尔（Cornelius Petrus Mayer）推动下开展的项目"奥古斯丁作品全集"（Corpus Augustinianum Gissense, the CAG）[3]，成为一个标杆性产品。另外，研究奥古斯丁学者无法绕开的重要工具书《奥古斯丁辞典》（Augustinus-Lexikon）虽然还没有完成，但是配套的电子版已经在2018年上线。[4]虽然还不是开源的数据库，但能够提供检索、分析的功能，用技术手段给奥古斯丁研究插上翅膀。奥古斯丁的研究者获得这些电子资料，料想会如虎添翼，结出各种研究硕果。

在数字人文汹涌来袭的潮流下，国内学者不应缺位。我们试图用奥古斯丁的书信集为例，展示数字方法对古典史研究的补充与启示。正如马克垚先生的新著《古代专制制度考察》展现出中国学者的学术自觉[5]，试图让中国的世界史研究走出一条中国风格的研究路径一样，我们的古典史研究如果有新方法的武装，亦能够让"中国学派"走出书斋，与国际同行对话。

笔者在先前的研究中，用传统的方法处理奥古斯丁的书信集，试图研究希波主教

1　网址：http://www.perseus.tufts.edu/hopper/。
2　其履历见：https://www.ucl.ac.uk/information-studies/simon-mahony。
3　网址：www.cag-online.net。
4　网址：https://www.al-online.ch/。
5　马克垚：《古代专制制度考察》，北京大学出版社2017年。

的人际交往关系。[1] 现在,在数字人文技术的辅助下,要厘清奥古斯丁的人际关系更加便利。我们用社会网络分析(Social Network Analysis, SNA)来做一番审视。

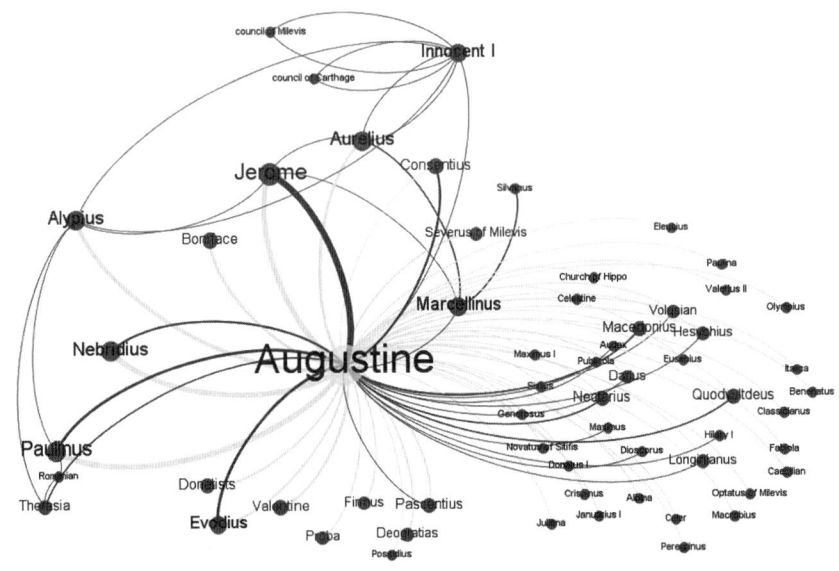

图 1 奥古斯丁的通信圈

通过 SNA 的可视化制图,我们非常清晰地看到在"书信空间"中奥古斯丁的中心地位,在对入度(这里指收到的信件数量)与出度(发出的信件数量)进行计算后,也能够找出与奥古斯丁保持密切联系的人物。最突出的无疑是杰罗姆(Jerome),他与奥古斯丁的书信往来最为频繁。奥古斯丁与内布利提乌斯(Nebridius)有深厚的个人情谊[2],而他与保利努斯(Paulinus)的联系则是这位希波主教作为福音传播者的分内之事。

尤其值得关注的是社会网络分析对网络结构的一些术语描述,比如"间距中心度",我们可以用它来发现网络结构中的枢纽。通过计算发现,英诺森一世(Innocent I)

---

[1] 王涛:《主教的书信空间》,南京大学出版社 2011 年。
[2] 王涛:《内布利乌斯的双面孔》,载于《基督教思想评论》第 4 辑,上海人民出版社 2006 年,第 88—100 页。

在网络中有较高的间距中心度，而我们恰好可以看到，奥古斯丁与英诺森一世的通信往来集中讨论了关于如何处置伯拉纠派（Pelagian）的问题。我们将这个事实与网络分析结合起来考察，可以认为，一方面作为教宗的英诺森一世在维护教会统一的事件中发挥着举足轻重的作用，另一方面也说明伯拉纠派问题在北非教会的特殊性。毫无疑问，社会网络分析的方法对发现问题有非常直观的协助作用。

除此之外，我们还可以用"遥读"（distance reading）的思路来分析奥古斯丁的书信集。这里涉及的自然语言处理技术以"主题模型"为主。关于主题模型的内涵和原理，我已经在其他文章里有过介绍，在此不再赘述。[1] 我们在这里是首次用统计语言学的方法来处理古典拉丁语文献，传统史料与现代技术融合后，会有什么样的灵感迸发出来呢？

需要强调的是，用自然语言处理方法对拉丁语进行整理，存在一个天然的劣势。我们都知道拉丁语是一种高度屈折的文字，有三种词性、七种名词的格、四种动词的变位、六种时态、三种人称、两种语态等复杂的变化。不论是名词、形容词的性数格，还是动词的变位，都需要用词尾的变化来体现。对于不懂拉丁语的电脑程序而言，每一种变化都可能被计算为一个新词，在这样的基础上进行词频统计等分析，将会面临难题。尽管我们可以用"异形转化"（lemmatisation）的方式对拉丁词汇的各种变化强制退回到原形，但是由于拉丁语的动词、名词的变化实在太多，虽然可以借助一些软件包来进行转化工作，结果仍然不是十全十美。

好在主题模型有很强的宽容度，它的优势不在于对每个细节的把握，而是对文献整体面貌的刻画。所以，异形转化的差错虽然在所难免，但还不至于影响我们对结果的判断。这恰好体现了"遥读"的独特之处。

我们省略繁碎的文本清洗、异形转化等技术实践的环节，直接来看结果如何。

奥古斯丁的书信具有极强的功能性，这是由其作为希波主教的身份决定的。关于奥古斯丁如何利用书信行使其作为神职人员的职责，我们在《主教的书信空间》中已

---

[1] 有兴趣的读者，可以参见王涛：《18世纪德语历史文献的数据挖掘：以主题模型为例》，《学海》2017年第1期，第206—216页。

经有了充分的研究。[1] 所以，书信具有劝导、管理、布道的功能，是我们甚至不去细读奥古斯丁的书信，就可以想象得出的内容。这种状况，刚好可以跟我们使用"遥读"方式得到的结果进行验证。比如，用最简单的词频统计的方式，就能够获得关于奥古斯丁书信的一个直观印象。

表 1　书信排名前 30 的词汇列表

5120	dico	1615	scribo	1231	corpus
4211	deus	1602	alius	1194	volo
2563	facio	1487	bonus	1154	lego
2441	dominus	1435	ito	1143	gratia
2219	video	1363	sicut	1090	pecco
2051	homo	1346	ecclesia	1076	tantus
1868	noster	1283	nitor	1064	filius
1721	verus	1269	credo	1036	magnus
1714	omne	1245	sancio	1005	debeo
1641	habeo	1233	neo	960	fio

从这个列表来看，虽然给出的词汇算得上是拉丁语中的常用词，但体现了文体的特性和宗教的特性。Dico、scribo、volo 等词的存在，是书信体的最好证据；而 deus、dominus、ecclesia、sancio 等词，则流露了浓厚的基督教色彩。

我们用主题模型的主流算法 LDA 的算法对 300 多封书信进行主题模型构建，设置主题数目为 25，这个参数也是在我们多次尝试之后得到的一个最佳值。根据算法，我们随机尝试了 40、35、30 等不同主题数目作为参数，结果发现主题数目大于 25 的时候，主题词的分布过于稀疏，无法反映奥古斯丁书信集的面貌。

基于 25 个主题数目，能够看到奥古斯丁在书信中讨论了如下内容：教会建设与功能、基督教仪式、信徒的修行等。这些主题，都是我们通读奥古斯丁的书信能够总

---

[1] 王涛：《主教的书信空间》，第 103—140 页。

结出来的内容。但是，LDA 的算法，极大地提升了我们的工作效率。

我们还可以对每个主题下面的主题词词频分布做一个可视化的呈现，从而看到不同主题具有的个性特征。25 个主题可以分别用十多个主题词进行表达，也即主题词云，但从整个书信集的维度来看，每个主题的重要性并不相同，我们可以用算法将这种特性暴露出来；与此同时，可以看到每个主题之内，主题词的权重也是不一样的。这些参数能够从另类的角度描述书信集的特质。

在整个书信集中比例比较高的主题包括主题 2，其比例达到了 0.817。不过，根据组成主题的词汇分布来看，主题 2 的核心内容比较模糊，或者具有较强的普遍性。主题 2 的主题词包括 edo、dico、verus、credo、video 等，我们其实看不到主题能够呈现的具体所指，也许，它们仅仅是在说明我们所处理的文献具有书信体的属性。同理，另外一个分布概率较高的主题，主题 14，其概率为 0.716，包含的主题词为 dominus、noster、frater、scribo、littera 等，也是非常通用的内容，可以把这一主题理解成信徒与上帝的互动与交流。这当然也是奥古斯丁书信集的核心内容。

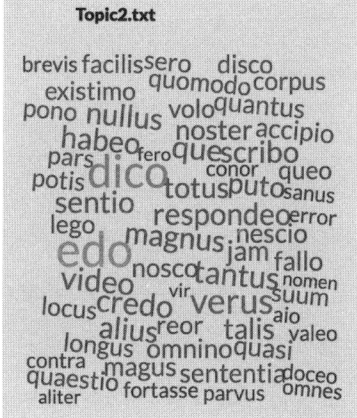

图 2　主题模型结果

与此相反，如果主题的分布概率比较低，则能够透露更加直接的内容。主题 17 包含的词汇为 sabbatum、domnius、dies、jejunium、dius 等涉及宗教节日的内容，有非常具体的所指。它的分布概率是 0.049。另外一个主题 12，分布概率为 0.079，包含主题词 unitas、malus、vester、christi、separo，则让我们马上可以联系到信徒与耶稣基督的关联。这两个主题虽然分布概率低，但都非常具体，涉及的书信也相对集中。与主题 17 相关的书信编号为 36，而主题 12 的书信编号为 54。[1] 这个结果提示给我们主题模型算法的一个功能。如果研究者恰好对某个主题有兴趣，正好可以循着算法的结果回溯到文本，快速定位源头，发现更多内容和细节。

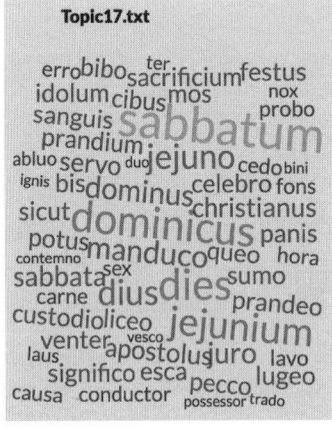

图 3　主题模型结果

通过主题词云，我们还发现了一个有趣的现象。主题词云可以把一个主题之中权重更大的词用大字号呈现，让我们对主题词的重要性一目了然；反之，则意味着主题词之间的重要性比较接近。前者的例子如主题 16，重要的词汇包括 video、corpus、deus 等，而其他的词渐次变小，说明它们的重要性渐次减弱。后者的例子如主题 24，主题词之间的变化非常微小，说明它们的重要性比较对等，相对重要的主题词为 omne、severus、episcopus、vester、patria 等，亦是与教会功能相关联的词。

1　书信的英文翻译，参见 *The Works of Saint Augustine: a translation for the 21st Century*, Part II, Vol. 1 (New York: New City Press, 2001)。

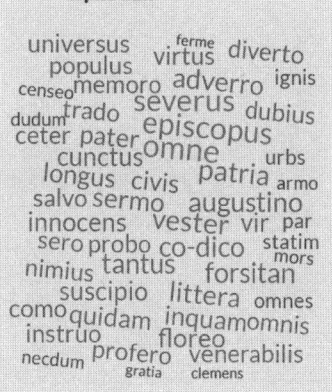

图 4　主题模型结果

另外一个体现奥古斯丁在书信中讨论的主题相对集中的证据在于，尽管我们用 LDA 的算法只求解了 25 个主题，这是相对较低的主题数目，但是仍然发现了某些主题具有相似性。比如主题 6、8、19、22 等，反复出现 servo、ecclesia、baptismum、ordino、episcopus 等词汇，与教会的功能、组织、结构等内容密切相关。而主题 11 包含了 imperator、pax、episcopus、terra、catholicus 等词汇，透露的似乎是政教关系的话题。这些主题也是被多位学者的研究证明的内容。[1]

最后，我们还可以用词向量的形态，来表现奥古斯丁在书信文本中隐藏的特质。词向量具有良好的语义特性，是表示词语特征的常用方式。关于词向量的内涵，我们可以简单理解为，将词汇的句法和语义特征放置到空间维度上进行表达。2013 年，Google 公司开放了 word2vec 这一款用于训练词向量的算法[2]，能够有效地将一个词语表达成向量形式，让词向量的算法变得通俗易懂，方便人文学者体验和使用，为古典文献的应用研究提供了新的工具。我们可以通过一个试验来验证词向量的有效性，即用 word2vec 的算法寻找不合群的词。比如，在 deus、homo、dominus、ecclesia 等几个

---

[1] Lee Bacchi, *The Theology of ordained Ministry in the Letters of Augustine of Hippo* (San Francisco: International Scholars Publications, 1998).

[2] 关于词向量的概念，参见郑捷：《NLP 汉语自然语言处理原理与实践》，电子工业出版社 2017 年，第 433—439 页。

拉丁词汇中，人类读者一眼可以看出 ecclesia 属于不一样的词。Word2vec 的算法能够精准挑选出来吗？

```
In [2]:  1  #寻找不合群的词
         2  model.doesnt_match('deus homo dominus ecclesia'.split())

Out[2]:  'ecclesia'
```

图 5　word2vec 模型

结果看上去还不错，电脑比较准确地将不合群的词挑选了出来。这完全基于冰冷的算法，而没有任何人为因素的参与。在这个基础上，我们可以透过词向量来了解奥古斯丁书信文本中某些特定词汇的内在含义。比如，我们想考察奥古斯丁在"书信空间"中谈论 voluntas 的时候，究竟在谈论什么。我们用 word2vec 的算法，找到了 15 个密切相关的词汇：corpus、debeo、facio、dico、dominus、ago、omne、nullus、venio、totus、sicut、volo、animo、puto、sentio。虽然都是一些比较常见的词汇，但也能透露奥古斯丁关于"自由意志"的思考，它一定是一种 volo（意愿），作用于信徒的 corpus、animo（身、心），虽然有 dominus（天父），但也要有信徒自身的 puto（思考）和 sentio（感知）。[1] 总之，这些概念都是我们在理解奥古斯丁的"自由意志"时，需要深度挖掘的关键词。

小　结

用技术手段对拉丁语文献进行挖掘，本质上是使用新工具的尝试。这种新方法一方面受限于自然语言处理技术本身的进步与优化，另一方面也要基于研究者对拉丁语文本的熟悉程度。两者都是有门槛的，或许会影响到"遥读"的方式部署到古典史研

---

[1] 吴天岳：《意愿与自由：奥古斯丁意愿概念的道德心理学解读》，北京大学出版社 2010 年。

究的领域。不过,量化方法的介入,如果不把它理解成一种侵犯或者取代,而是辅助与促进,或许能够让传统的古典学研究者用更加客观的态度看待这种趋势。实际上,我们一直强调,使用"遥读"的方式对拉丁语进行分析,并不具有排他性,它同样需要结合传统的"细读"来对"遥读"的结果进行解释和调整。具体到奥古斯丁的书信集,"遥读"只能对书信的整体面貌进行勾画,而要深入文本上下文的内容辨析,传统细读的方法仍然不能抛弃。

(本文作者为南京大学历史学院教授)

以谦卑之心,受放逐之苦

修士-主教的"入世"范式

包倩怡

格里高利一世(Gregorius I,590—604 年在位)是罗马教会历史上第一位修道士出身的教宗。作品以解经集与布道辞为主,多带有浓厚的个人宗教体验色彩,描绘默观生活(vita contemplativa)之美好,以将世人导向默观(contemplatio,即观天主)为目的。他强调主教是牧灵者,应该以自己有恩德的生活(vita meritorum)教导与引领信众。格里高利在 590 年 9 月被罗马人选为教宗。上任后到 591 年年初,他常有书信谈论到教宗工作令自己重入尘世,远离修道院的静谧生活,令灵魂置于危险之中。这些书信,特别展现了这位修士-主教[1]对默观的向往和对无法回归修院生活的感伤。

格里高利深知修道士与主教这两种角色之间存在冲突,进入圣阶或许需要以牺牲默观为代价。[2]然而,起用修道者担任教会要职,却是他建设理想教会的关键。他将教会比喻为洪水之中的方舟,教会统领是成舟之木。正如原木必得经过采伐与打造,方可堪用,教会统领人(rector)需要经过拣选与锻造。他们必须告别世俗生活,经历修道,完成皈依,内心纯净,信仰坚贞,以追求至善为目标。他们需要为信众进行代祷,

---

[1] "修士-主教"在本文中主要指修道士出身的主教,也包括修道士出身的司铎。罗马城中有 28 座冠名教堂,其主管司铎地位特殊,有资格参加教宗主持的地方主教会议。

[2] 关于修道士与主教两种角色的冲突,以及在格里高利之前基督教思想家的相关讨论,参见 Henry Chadwick, "Bishops and Monks," in *Studia Patristica*, Vol. 24 (1993), pp. 45-61; R. A. Markus, *Gregory the Great and His World* (Cambridge and New York: Cambridge University Press, 1997), pp. 17-19; R. A. Markus, *The End of the Ancient Christianity* (New York: Cambridge University Press, 1990), pp. 183-197。

因此必须能够默观，并在默观的前提下俯就，在信众中进行聆听与布道。实现了生活转变的皈依者，被格里高利称为"坚定而守善的灵魂"。按照这个设想，当这样的人成为教会领导者，承担起守护他人的职责，那么，教会这艘方舟就可以有效地保护大家，令信众避免遭受罪的吞噬。[1] 为实现这个理想，上任之初，格里高利迅即开始倡导修士-主教模式，推行一系列以重用修道人士为主要特征的人事变革。

格里高利由一名本该不问世事的修行者迅速成为锐意进取的改革者，一面怀念修行生活的静谧，表达自己迫不得已才接过权柄，一面却将与他有着相同修道经历的人推上教会领导岗位，让业已出家、一心向道的修道者，告别隐修，进入教会权力结构，担任重要职能。其结果是，原本隐世的修道者进入教阶，形成一支新的教会领导力量，打破了罗马教会中原有的权力结构。格里高利去世后的数十年间，出身修道院与教阶内成长的神职人员分别轮流执掌教宗之位。它标志着，在罗马教会中，由这位修道士出身的教宗创立的修士-主教传统得到延续。[2]

格里高利的教会政策与他在诸多书信中流露的默观情结相互矛盾。研究中常常将他的这种情结视为"个人私事"，与作为"公务"的教会政策相分离。[3] 关联"私事"与"公务"的研究，则常将相关书信理解为他个人发展道路的转折。例如，理查斯指

---

[1] 601年，耶路撒冷新主教艾萨克（Issac）上任，向罗马发来牧首函。格里高利在复函中阐述了他的这一教会观。"...seruata ueritate historiae, quid est aliud quod diluuii tempore humanum genus extra arcam moritur, ad uitam uero in arca seruatur, nisi hoc quod aperte nunc cernimus, quia infideles quosque extra ecclesiam peccati sui unda peremit et fideles suos in fide atque caritate sanctae ecclesiae unitas quasi arcae compago custodit? Quae arca uidelicet de imputribilibus lignis compingitur, quia de animabus fortibus atque in bono suo perseuerantibus aedificatur. Et cum a saeculari uita unusquisque conuertitur, quasi adhuc ligna de montibus succiduntur; cum uero ad sanctae ecclesiae ordinem ad aliorum custodiam deducitur, quasi de excisis atque compositis lignis ad seruandam uitam hominum arca aedificatur. Quae profecto arca cessante diluuio in monte requieuit, quia huius uitae corruptione cessante, cum malorum operum fluctus transierint, in caelesti patria sancta ecclesia uelut in excelso monte requiescit." *Reg.* 11.28, p. 914. *Reg.* 是《书信录》缩写，所用版本：Dag Norberg, ed., *S. Gregorii Magni Registrum Epistularum, Corpus Christianorum: Series Latina* (CCSL), Vols. 140, 140A (Turnhout: Brepols, 1982)。参阅英译本：*The Letters of Gregory the Great*, trans. John R. C. Martyn, 3 vols. (Toronto: Pontifical Institute of Mediaeval Studies, 2004)。

[2] Theodorus Mommsen, ed., *Liber Pontificalis: Pars Prior, Monumenta Germaniae Historica (MGH), Gesta pontificum Romanorum,* tom. 1 (Berolini: Apud Weidmannos, 1898), pp. 163–177.

[3] 研究中往往存在一种两分倾向，将格里高利的世界分割为思想与教宗工作两个彼此独立的部分。这个问题，利泽做出过形象的描述："格里高利对修道的皈依与圣经释读，原则上被视为个人私事，几乎没有光照他的公务。" Conrad Leyser, *Authority and Asceticism from Augustine to Gregory the Great* (Oxford: Clarendon Press, 2000), p. 141.

出,教宗佩拉吉二世(Pelagius II,578—590年在位)突然死于瘟疫,格里高利临危受命,突如其来的变化让他从情感上抗拒教宗的职务,直到591年1月方才说服自己,接受既成现实。[1] 马库斯认为相关书信表达出刚上任的格里高利面临着激烈的内心冲突。他将格里高利定位为"生于乱世的默观者",毕生以默观为最高追求,却迫于无奈出任教宗。任职初年,教宗工作的忙碌令其深陷默观理想与服务教会的矛盾中。为了与自身所处的境况进行和解,化解矛盾,他最终诉诸"谦卑"的品质,提出人应当"无条件地服从天主召唤",并由此梳理出修士-主教理念。[2] 利泽则质疑已有的种种解释,称格里高利上任之初的情感表达属于"不情愿之说"(rhetoric of reluctance),是古代世界中所有登上权位的人都会采用的话语,与是否有过修道经历并无干系。利泽认为格里高利的"不情愿之说"有其特定深意。它是权力角逐的手段,为罗马教会中立足未稳的"新生的虔修一派"扭转弱势,巩固地位。[3]

笔者认为,从现有史料看,格里高利接替佩拉吉二世出任教宗,并非完全不可预期。将"不情愿之说"简单归纳为对教宗职务的抗拒,可能夸大了担任教宗这个事件对格里高利思想观念的影响。利泽的立论显示出他敏锐地捕捉了到这个问题。然而,利泽提出,早期教宗书信透露的"张力"无关灵魂问题,却是一种比较武断的结论。[4] 在分析中,利泽的选材过于侧重格里高利陈述与感慨教宗工作繁重,造成沉重负担,却对书信中占据更多篇幅的向往默观之情未予足够重视,而默观却是贯穿格里高利所有文献的主题。失去修道者追求默观的支撑,格里高利的话语很容易沦入权力斗争的漩涡。本文旨在通过分析格利高里自身经历转变和相关书信的联系,说明所谓的"不

---

1 Jeffrey Richards, *Consul of God: The Life and Times of Gregory the Great* (London, Boston and Henley: Routledge & Kegan Paul, 1980), pp. 41-43.

2 R. A. Markus, *Gregory the Great and His World*, pp. 1-21. 引自第20页。

3 Conrad Leyser, "Expertise and Authority in Gregory the Great: The Social Function of *Peritia*," in *Gregory the Great: A Symposium*, ed. John C. Cavadini (Notre Dame and London: University of Notre Dame Press, 1995), p. 40. 利泽的论文发表先于马库斯的专著《大格里高利与他的世界》(1997年)。他于2000年出版的专著《从奥古斯丁到大格里高利的权威与苦修》,沿用并发展已有观点,提出格里高利继承并整合了西部教会源自奥古斯丁与加西安的两大传统。为了能够在罗马教会权力角逐中确立自己的权威,格里高利基于修道文化宣传了道德权威,从而将加西安传统中修道对道德的锤炼,带出了修道院,应用于整个教会。

4 Conrad Leyser, "Expertise and Authority in Gregory the Great: The Social Function of *Peritia*," p. 40.

情愿之说"记录与解释一名修道士出身的教宗告别修道生活,登上权位后的心境。它不仅记载格里高利的个人情感,同时还作为公开资料,塑造了以默观为基础的修士-主教特有的虔诚形象。同期作品《牧灵规章》(*Regula Pastoralis*)对"不情愿之说"予以进一步阐释,使之成为格里高利教会论的组成部分,成为修道者进入教阶的范式。

一、书信中的"放逐之苦"

利泽所指的"不情愿之说",在马库斯看来恰恰表达了"撕裂灵魂"的内在冲突,是格里高利初任教宗时的真实感受。[1] 当时,四方来函道贺,回复贺信,迫使新教宗表明对职务的态度。格里高利将自己被选为主教,并得到皇帝的批准,解读为他的天主替他和教会做出安排,并非出自个人意愿。[2] 他同时表达了对告别修道生活的遗憾。不仅如此,格里高利还指出,担任统领教会的圣职,会对默观形成干扰,令他承受"放逐之苦"。[3]

熟悉格里高利其他文献的读者都无法忽略默观对这位教宗的意义。格里高利认定它为唯一可资拯救灵魂的途径,是他宗教思想中的核心概念,也是"贯穿所有著作的主题"[4]。著作中专门论述如何实现默观,如何修道的有《约伯道德书》(*Moralia in Iob*)和

---

[1] R. A. Markus, *Gregory the Great and His World*, p. 20.

[2] 例如,他对萨罗纳(Salona)主教说:"因此,您的问候让我略微找回点喜悦。我告诉您,我们都知道,我以沉痛的心情接受这个荣誉的负担。但是,因为我无法抗拒神的决定,出于需要,我将心灵唤回到略高兴的状态。也正因此,我恳请尊贵的主教阁下,为我们和托付给我们看牧的基督徒们祷告,令我们在您坚定的支持中,战胜时下的风暴。"(Idcirco nos, salutis tuae causa redditi laetiores, nostram conscientiam indicamus, ipsius honoris onera me aegro animo suscepisse. Sed quia diuinis iudiciis non poteram resultare, necessarie mentem meam parti laetiori reuocaui. Pro qua re reuerentiam uestram epistulario sermone deposcimus ut tam nos quam christianus grex, curae nostrae commissus, orationis uestrae solaciis perfruamur, quatenus ea ualeamus praesidii firmitate procellas temporum superare.) *Reg.* 1.20, p. 19.

[3] R. A. Markus, *Gregory the Great and His World*, pp. 13-14; Conrad Leyser, *Authority and Asceticism from Augustine to Gregory the Great*, p. 14.

[4] Bernard McGinn, *The Growth of Mysticism: Gregory the Great through the 12th Century* (New York: A Herder and Herder Book, 1994), p. 50. 马库斯持同样观点。他认为格里高利的目的是要将所有教会中人导向默观:R. A. Markus, *Gregory the Great and His World*, p. 33。

《厄则克耳书布道辞》(*Homiliae in Hiezechihelem Prophetam*)。前者以 579 至 586/587 年间格里高利担任教宗使节长驻君士坦丁堡期间的讲经布道记录为基础,后者则是根据 593 至 594 年间罗马城里小规模布道讲经的集录整理而成。它们显示,无论早年在帝都君士坦丁堡,还是后来在罗马城里,格里高利都曾经开坛讲经,受到修道人士的尊奉。尤其是《约伯道德书》,合 35 卷,是为巨著。它是格里高利担任教宗之前的思想集成。在书中,格里高利基于个人宗教体验,解释为什么好人约伯要受苦,基督徒如何成为同约伯一样的好人与圣人。书中,默观天主被定义为人被造之初的生命状态。[1] 格里高利将此世的生命解释为放逐之旅。所谓"放逐"(exsilium),是对基督教原罪的阐释,指人的意志选择了背离默观,于是由原初的状态堕落。[2] 灵魂由此成为肉身的"居者"(habitator),受到肉身的负面影响与制约。[3] 格里高利将人世间设定为灵魂的放逐之地,同时也将人的一生理解为回归之旅,视之为对人之本初的默观状态的回归。[4]

默观在格里高利的世界观中占据中心地位。修道者将默观设定为人生唯一的合理目标。对他们而言,承担无关默观的教会管理工作,可能会阻碍自身修行;由此将教会职务视为负担,不足为奇。带有这样的世界观,格里高利将自己告别修道院,荣任教宗的过程比作一个远离避风港,走入风暴的行为。[5] 由此产生不堪重负的抱怨与不情愿的说辞,并不必然按利泽推理的那般"反映出罗马教会内部盘根错节的教士派系与新近形成的虔修一派进入新的敌对高潮"[6]。时任君士坦丁堡牧首约翰四世(582—595 年在位),曾经同样出家修行,也以虔诚著称,素有"断食者"之号。他出任牧首

---

[1] *Mor.* 8.10.19, p. 395. *Mor.* 是《约伯道德书》的缩写,所用版本:Marcus Adriaen, ed., *S. Gregorii Magni Moralia in Iob*, CCSL, vols. 143, 143A, 143B (Turnhout: Brepols, 1979–1985)。

[2] *Mor.* 7.2.2, p. 335. 关于格里高利论原罪的讨论,参见 Carole Straw, *Gregory the Great: Perfection in Imperfection* (Berkeley: University of California Press, 1988), pp. 107–127; George E. Demacopoulos, *Gregory the Great: Ascetic, Pastor, and First Man of Rome* (Notre Dame: University of Notre Dame Press, 2015), pp. 32–34; R. A. Markus, *Gregory the Great and His World*, pp. 21–22。

[3] *Mor.* 19.6.12, p. 964. *Mor.* 21.2.4, p. 1065. Carole Straw, *Gregory the Great: Perfection in Imperfection*, pp. 45, 129.

[4] *Mor.* 7.2.2, p. 335.

[5] 回复劝勉他安于教宗之位的信件时,格里高利会指出这种勉励并非出自对他真正的爱护。*Reg.* 1.20, p. 19; *Reg.* 1.26, pp. 34–35; *Reg.* 1.31, p. 38. 参见 R. A. Markus, *Gregory the Great and His World*, p. 13。

[6] Conrad Leyser, "Expertise and Authority in Gregory the Great: The Social Function of *Peritia*," p. 40.

时，有过与格里高利同样的感受。格里高利回复约翰贺函，还特别提到这段经历，说约翰也曾经与他一样想要逃离主教的职位。为此，他借用耶稣教导要爱人如己的道理，向约翰抱怨道："我知道您当时是以怎样的急切，怎样的努力，……您自己不愿意接手的负担，却要加诸我，这不是您爱我不像爱自己一样吗？"[1]

当然，格里高利是在罗马城内忧外患之际，临危受命，工作的艰巨可能尤在帝都牧首之上。罗马城于589年发生水灾，继而引发瘟疫。教宗佩拉吉二世因疫病过世。按都尔主教格雷戈里（Gregorius Turonensis，538—594年）记载，格里高利尚未进行教宗荣任仪式，也应该未曾获得皇帝批复，就已经主持了一场为期三天的宗教祈祷活动。[2] 他上任之时罗马城面临的危机，并不仅限于瘟疫。更严峻且持久的威胁来自侵占与盘踞意大利半岛的伦巴第人。他们是悬在罗马人头上的刀剑。[3] 城市与城民的安危，给格里高利造成困扰。他对即将追随其主前往罗马赴任的幕僚，一名叫作保罗的文士（Paulus Scolasticus）说："……当你将来也被你的职务捆绑，当你意识到自己为罗马所制，你会明白我现在正经历着怎样的痛苦与悲伤。"[4] 这位保罗，被格里高利称为是"了解我最渴求什么，并相信我曾有所成就的人"[5]。他告诉保罗："对我而言，最高的提携，我最渴望实现的，倘若能如我所愿，亦如你早已了解的，必然是能够进入

---

[1] "Quo enim ardore, quo studio episcopatus pondera fugere uoluerit scio, et tamen haec eadem episcopatus pondera ne mihi deberent imponi non restitit. Constat ergo quia non me sicut uos diligitis, qui illa me uoluistis onera suscipere quae uobis imponi noluistis." *Reg.* 1.4, p. 4.

[2] *HF*, X.1, p. 478–482. *HF* 是《历史十书》(通译《法兰克人史》)缩写，使用版本：*Gregorii Episcopi Turonensis Libri Historiarum X*, tom. 1, pars 1, ed. Bruno Krusch et Wilhelmus Lesvison, *MGH*, *Scriptorves Rerum Merovingicarum* (Hannover: Weidmann, 1951)。

[3] *Reg.*1.3, pp. 3–4. *Reg.* 6.61, p. 435. *Reg.*14.12, pp. 1082–1083.

[4] "...et cum ipse quoque tuo honore religatus retineri roma conceperis, quid maeroris, quid amaritudinis ego patiar agnosces." *Reg.* 1.3, p. 3.

[5] "...qui desiderium meum plenissime scitis et tamen profecisse me creditis." *Reg.* 1.3, p. 3. 文士（*Scolasticus*）在罗马共和国时期用来指受过修辞学训练的人。它自4世纪时成为某种头衔，是律师或演说家的代称，并且常常用于自称。在格里高利时期，"文士"已俨然成为法律领域的职称。获得它，不仅要经过修辞学的训练，还需四年的法学训练。但是，"文士"并不活跃于法庭，也并非职业名称。他们常常出任高官的法律顾问。格里高利在书信推测保罗肯定会随着前任执政官利奥到任罗马，可以推断保罗是利奥的幕僚。Alexander P. Kazhdan, *The Oxford Dictionary of Byzantium*, Vol. 3 (Oxford: Oxford University Press, 1991), p. 1852; A. H. M. Jones, *The Later Roman Empire 284–602* (Oxford: Basil Blackwell, 1964), p. 999; T. S. Brown, *Gentlemen and Officers: Imperial Administration and Aristocratic Power in Byzantine Italy, A. D. 554–800* (Rome: British School at Rome, 1984), p. 80.

并留驻在那心之所向的宁静中。"¹

忙于尘世的人，内心难以恢复宁静，无法起观天主，这是格里高利在《约伯道德书》中就陈述的结论。他说，世人都喜欢世间的荣耀，每每想着为自己的名利添砖加瓦，却完全不懂得人在这样的操劳中正走向死亡。肉身都在迈向它的终点，而人们的欲望不止，直到生命不再。² 忙碌是默观的障碍，它令人心浮躁。忙碌过后，试图祷告的人们往往发现："心灵无法抬升，见不到天堂。因为，世间挂碍之负荷令它下坠。"³ 按照格里高利的逻辑，默观是唯一的拯救之法。职务的升迁，以及随之而来的忙碌喧嚣，阻挠他个人的救赎进程，确实可谓"放逐"。遭受放逐，是承担刑罚。这种放逐之刑，格里高利对远在君士坦丁堡的旧友，修行的平信徒纳尔塞斯（Narsus）⁴说，是因罪而获，"从自己宁静的制高点坠落，在外在的晋升高位中跌入了最低点。因为我的罪：我在繁忙的事务中被放逐，见不到天主的面……哦，良善的人，我，如同死了儿子，在俗务中丢了义之工"⁵。

曾经差点成为多明我会修士的学者马库斯说，格里高利对主教职位的抗拒是我们可以"深深感受得到的"⁶。关于抗拒教宗之职，最引经据典的表达，也最为声情并茂的，是写给皇帝的姐姐迪奥克提斯塔（Theoctista）的信。⁷ 格里高利与迪奥克提斯塔

---

1 "Summus enim mihi prouectus fuerat, si potuisset impleri quod uolui, si uoluntatem meam, quam dudum cognitam habetis, perficere optatae quietis perceptione ualuissem." *Reg.* 1.3, p. 3.

2 *Mor.* 10.23.41, p. 566.

3 "... nequaquam se mens ad caelestia erigit, quia pondus hanc terrenae sollicitudinis in profundum mersit..." *Mor.* 10.29, p. 558. 在尘世俗务上，格里高利上任教宗之前的《约伯道德书》与上任之后的《厄则克耳书布道辞》之间呈现出一定的矛盾。后者显示，当上教宗之后的格里高利对尘世的事务有更多的接纳。

4 纳尔塞斯与皇家关系密切，曾跟格里高利分享个人默观的收获。格里高利与纳尔塞斯交情深厚，曾委托御医狄奥多西（Theodorus）加以照拂。*Reg.* 5.46, pp. 338–340.

5 "Penso enim, ab alto quietis meae culmine corruens, ad quam deiectum exterioris prouectus culmen ascendi. Et pro culpis meis in occupationis exsilium a facie Dominantis missus quasi destructae Iudaeae uocibus cum propheta dico: qui consolabatur me longe recessit a me.... Ego enim, bone uir, quasi filios perdidi, quia per terrenas curas recta opera amisi." *Reg.* 1.6, pp. 7–8.

6 R. A. Markus, *Gregory the Great and His World*, p. 13.

7 这是教宗所有书信中最亲切感人的一封，仅669个词，却大量引用圣经，并且文辞活泼生动。从文法上看，用了五组并列结构，三处双关，三处首语重复，和数个对仗。书信的英译者马尔丁称此信的风格"幽默而充满情感"，John R. C. Martyn, *The Letters of Gregory the Great*, Vol. 1, p. 124。

私交甚笃。格里高利居住君士坦丁堡期间，迪奥克提斯塔曾帮忙翻译文献。[1] 多年之后，当后者遭受诟病，教宗还拟了一封长信，援引《圣经》及个人经历，加以劝慰。[2] 据格里高利陈述，迪奥克提斯塔曾经向皇帝进言，反对他出任教宗。这封信中，格里高利称她真正了解自己，明白他心之所向[3]，并对自己经历的"长久驱逐"做出了最为细致的描述：

> 因此，在主教的表象之下，我被重新带回了尘世，成为尘世俗务的奴隶，亦如记忆中过俗人生活时从不曾摆脱的状态。我失去了宁静的高度与欢乐，在外看来是攀升，在内却是下落。我由是哀叹自己长久地被驱逐，见不到造物主的面。我曾每日那么努力，力图置身尘世之外，远离人欲，令所有有形的虚妄远离心灵之目，去见那无形的至高的欢乐；我不仅以言语，也在心灵深处，当着天主的面，说："我的心对你说，我曾经寻求你的仪容。上主，我当寻求你的仪容。"[4]

格里高利力图说明，他想要的是默观生活。因为在默观中，他可以"寻求上主的仪容"。出任教宗，是迫于无奈，非他本意，也无法因此喜悦。职务升迁，对一心修道的他而言，毫无意义，因为所有一切属于此世的存在都不过是身外之物，他在意的却只有内在灵魂的救赎。不仅如此，他曾经努力想将一切属世的都抛在脑后。但是，现在随着他被重新带回尘世，一切似乎又卷土重来。就灵魂救赎而言，这不是高升，而是退步。当上教宗之后，他再也回不到向往的默观生活。这令他忧虑。终日处理繁杂

1　*Reg.* 7.27, p. 485.
2　该信写于 601 年，长达 2821 个字词。*Reg.* 11.27, pp. 902–913.
3　*Reg.* 1.5, p. 5.
4　"...in qua sub colore episcopatus ad saeculum sum reductus, in qua tantis terrae curis inseruio, quantis me in uita laica nequaquam deseruisse reminiscor. Alta enim quietis meae gaudia perdidi et intus corruens ascendisse exterius uideor. Vnde me a conditoris mei facie longe expulsum deploro. Conabar namque cotidie extra mundum, extra carnem fieri, cuncta fantasmata corporum ab oculis mentis abigere et superna gaudia incorporaliter uidere, et non solis uocibus, sed medullis cordis ad Dei speciem anhelans dicebam: *Tibi dixit cor meum, quaesiui uultum tuum, uultum tuum Domine requiram.*" *Reg.*1.5, p. 5. 格里高利修改了《圣咏集》(27:8) 的文字，原文是："Tibi dixit cor meum quaesivit vultus meus faciem tuam, Domine et requiram."（论及你，我心中时常在想："你应当寻求他的仪容。"上主，我在寻求你的仪容。）

的事务,犹如被风暴中的怒涛所席卷;而即使事毕,也无法静心。格里高利形容说:"在诸事之后,我渴望重回本心,却被杂乱无谓的念头所阻隔,再也回不去。"¹

倘若因循格里高利的逻辑,相信他对文士保罗所说,曾经"有所成就",在灵修中可以实现某种程度的默观,那么,担任教宗之后,从可观到不可观,对修道之人而言当数巨大的退步,也确实可谓"放逐"。被迫放逐的结果与感受,或许正如他对另一名修士-主教阿纳斯大修一世(Anastasius I,561—571、593—599年在位)²描绘的那样:"直接拖下了尘世,以至于彻底失了心灵之义,没了默观之目。我说——并非出自先知之灵,而是得自我的体会:'我身已佝偻,心已谦卑。'"³

二、出入世与宗教虔诚问题

格里高利的早期书信,塑造了一名虔诚、执着、有天赋的修道者形象。他在早年宣讲经文时,宣扬默观之善,认为只有以默观为中心的修道才算得上是基督徒真正的皈依。⁴ 然而,最终他却选择放弃默观生活的堡垒——修道院,将自己置于"俗务的

---

1 "Redire post causas ad cor desidero, sed uanis ab eo cogitationum tumultibus exclusus redire non possum." *Reg.* 1.5, p. 6.
2 阿纳斯大修有很高的神学造诣。他曾在561至571年间任安条克牧首,因反对不朽幻象论(Aphthartodocetae),被罢免并驱逐出教区。阿纳斯大修与格里高利相互欣赏。格里高利形容读阿纳斯大修的书信,有如沐春风之感。阿纳斯大修被驱逐期间,格里高利依旧待之以牧首之礼,并积极游说皇帝,在他恢复牧首之职的过程中起到重要作用。阿纳斯大修将格里高利的《牧灵规章》翻译成希腊语。*Reg.* 1.7, p. 9. *Reg.* 1.24-25, pp. 22-34. *Reg.* 1.27, p. 35. *Reg.* 12.6, p. 976. Evagrius Scholasticus, *The Ecclesiastical History*, IV. 39, trans. Michael Whitby (Liverpool: Liverpoole Univeriosity Press, 2000), pp. 250-251, 327.
3 "Sed durum ualde fuit quod secutum est, quia amor uester terrena me portare onera praecepit, et quem prius spiritaliter diligebatis, post, ut aestimo, temporaliter amantes, usque ad terram me superposito onere depressistis, ita ut mentis rectitudinem funditus perdens contemplationis que aciem amittens, non per prophetiae spiritum sed per experimentum dicam: incuruatus sum et humiliatus sum usque quaque." *Reg.* 1.7, p. 9. 其中所引的《圣咏集》37:9,版本为 *Vetus Latina Hispana*。
4 格里高利不曾明确界定"皈依"的概念,《约伯道德书》全书阐释了何为皈依。其中,较为概括性的是:"……念及自己的每一宗罪,他想要挣脱一切世间的桎梏,沿着皈依的康庄大道,走上天主之路;将沉重的凡尘俗念的负累抛下,在自由服役中套上上主的轻盈之轭。"(... cum sua unusquisque peccata considerans, curarum saecularium uult compedes rumpere, et uiam Dei per spatium securae conuersationis ambulare; desideriorum temporalium graue onus abicere, et leue iugum Domini libera seruitute portare.) *Mor.* 24.11.25, p. 1205.

海洋",身陷繁重的教会公务之中。[1] "不情愿之说"书写失落与痛楚。但是,与此同时,教宗推行新政,让专注于默观生活的修行者,步其后尘,背负尘世的负担。格里高利倡导修士-主教模式,让修道士出身的主教成为教会统领人,肩负牧灵布道的使命。这个模式注重布道者个人宗教体验,依靠主教言传身教提升他所领导的教会团体的道德水准与虔诚程度,以期最终将信众导向默观。换而言之,格里高利以提高民众信仰水平的名义进行着教会改革。这场改革以修道士可以示范他们的虔诚为理由,将出家人推上教会牧灵之权位。

虔诚,是格里高利改革的旗号。虔诚的重要性与身为修士-主教的示范性,令格里高利自身的虔诚问题备受瞩目。尤其是,他还曾经担任过罗马城总长,曾是罗马城里世俗领域的最高长官;后又放弃高官,遁入空门,以修道为最虔敬的生活方式;最后,还离开修道院,入职教会,成为罗马城里最高的圣职"统领"。教宗个人的曲折经历,特别容易招致对其以默观为最高生活理想的怀疑,并进而给他的虔诚打上问号。由出世到再度"入世",是否意味着他本无意坚持默观生活?那么,他所倡导的修士-主教模式,究竟是以虔诚之心改革教会,还是出于个人野心进行权力布局?

19、20世纪的一些学者倾向于后者。他们关注和揣测格里高利放弃高位,转而投入空门的原因,认为个人抱负在这个抉择中起到重要作用。例如,吉本认为格里高利选择了一条"精明且有野心的政治家会选择"的道路。尽管吉本承认,促使格里高利走上这条道路的原因是"宗教虔诚"(devotion),但是对于这种"虔诚",吉本特别加上修饰语"有可能是真挚的"——虽为肯定,却也表达出相当程度的怀疑。[2] 半个世纪之后,英语学界大格里高利研究的奠基人达顿将怀疑的矛头指向出家的动机。达顿判断,当时伦巴第人进逼威胁罗马城,格里高利在城市总长的

---

1 *Mor.* "Ad Leandrvm," pp. 1–2.
2 Edward Gibbon, *The History of the Decline and Fall of the Roman Empire*, Vol. 8, p. 26. Online Library of Liberty: http://oll.libertyfund.org/title/1376, accessed Feb. 3, 2020. 使用版本:Edward Gibbon, *The History of the Decline and Fall of the Roman Empire,* ed. J.B. Bury with an introduction by W. E. H. Lecky, Vol. 8 (New York: Fred de Fau and Co., 1906)。

位置上独木难支，对世俗权力有所幻灭。作为一名贵族高官，在世俗领域遇挫之后，自然地转向另一个可供自己实现抱负的领域——教会。[1] 按照这个逻辑，进入修道院实际上成为格里高利入职教宗的一个台阶。尽管达顿并未怀疑格里高利的宗教虔诚，但是他所做的关于格里高利出入世动机的分析，却指向对虔诚是否纯粹的质疑。

达顿的推测，或许符合现代人逻辑，但是却并不符合当时罗马城的状况。格里高利时期，罗马城总长仍是这个城市的最高行政长官，但他可以履行的市政职能却早已萎缩。对于这条路能走多远，格里高利早在上任总长之前就应该清楚知晓。倘若进入教会管理层有助于实现个人野心，那么凭借他的出身门第，不需要走仕途这条弯路。他出生贵族之家。家族在罗马教区享有崇高地位，而且百年之前就出过一名教宗。格里高利称教宗斐理克斯三世（Felix III, 483—492 年在位）为"祖父的祖父"（atavus）[2]。另一名教宗阿格丕一世（Agapetus I, 535—536 年在位），可能是他父亲的一位远房堂兄弟。他的家族百年来一直服务于罗马教会，甚至未见有成员进入仕途的记录。[3] 如果进入教会可以更好地实现个人抱负，那么格里高利完全可以像与他同时代的都尔主教格雷戈里那样，从一开始就进入教阶，然后按资历逐渐升职。

进入修道院，也并非登上教宗之位的捷径。在格里高利之前，罗马教会从未有过出自修道院的教宗。修道士是被教会管理的对象，论地位，并不比平信徒高。平信徒不可以直接成为司铎与主教，修道士也不能。杰拉斯一世（Gelasius I, 492—496 年在位）时期，受到战乱影响，教会急需司铎。在这种情况下，为保证宗教仪式可以正常

---

1 F. Homes Duddon, *Gregory the Great: His Place in History and Thought*, Vol. 1 (London: Longmans, Green, and Co., 1905), pp. 104-106.

2 格里高利在《对话录》中记录了一个斐理克斯的神迹，并说明这位教宗是他的祖辈："Huic per uisionem Felix atauus meus, huius romanae ecclesiae antistes..." Grégoire le Grand, *Dialogues*, intro., texte critique et notes par Adalbert de Vogüe, trad. par Paul Antin, *Sources Chrétiennes*, Vol. 265 (Paris: Les Éditions du Cerf, 1979-1980), p. 69.

3 R. A. Markus, *Gregory the Great and His World*, pp. 8, 10; Carole Straw, *Gregory the Great*, p. 8; J. R. Martindale, *The Prosopography of the Later Roman Empire*, Vol. 3A (Cambridge: Cambridge University Press), p. 23.

进行，教宗允许平信徒进入教士队伍作为司铎培养，在特殊情况下甚至可以让修道士进入教士队伍。修道士除了要与平信徒一样由基层做起，还需要接受进入修道院之前的生活调查。[1] 这个政策显示，修道士在罗马教会中地位不高，无法与教士相提并论。修道士进入教阶，还特别容易遭人怀疑。毛瑞德（John Moorhead）分析了古代晚期教宗们任职之前的职业生涯，得出的结论是，按照已有的罗马教会传统，出家修道之举，反而可能令格里高利与教宗之位无缘。[2]

早期格里高利研究特别关注他曾经担任罗马城市总长的经历，认为在罗马城遭受伦巴第人持续威胁的条件下，城市总长的治世经验是罗马城民选举他出任教宗的原因。现存史料并不支持这个解释。记载格里高利当选教宗的唯一史料，是都尔主教格雷戈里撰写的《历史十书》（*Decem libri historiarum*）。格雷戈里的执事从罗马迎取圣物，恰好亲历佩拉吉二世病故，格里高利履新。按照《历史十书》的记载，当时的罗马城并未陷入世俗统治瘫痪的境地。罗马城里还有总长日耳曼努斯（Germanus）进行治理。格里高利成为教宗，离不开总长支持。[3] 罗马人对格里高利的看重，也似乎无关他曾经的总长经历。当然，执事的描述，带有教会人士自身的视角，但他在道听途说中收集的信息，在一定程度上还是反映了当时罗马人选举格里高利的理由：

> 因为天主之教会不可一日无主，人们一致选举执事格里高利出任教宗。他出生于显赫的元老贵族之家，年轻时起就敬畏天主，在西西里的私产上建了六座修道院，在罗马城内建了第七座。他分给修道院的土地如此之多，足以维持他们的日常生活。余下的土地及家里的物件，他全数变卖，分给了穷人。他曾经习

1　Gelasius I, "Epistola 9," *Epistolae et decreta*, in *Patrologiae Latina*（下称 *PL*）, ed., J. P. Migne, tomus 59 (Paris: Imprimerie Catholique), p. 49; *The Letters of Gelasius (492–496): Pastor and Micro-Manager of the Church of Rome*, trans. Bronwen Neil and Pauline Allen (Turnhout: Brepols, 2014), pp. 146–147.

2　John Moorhead, "On Becoming Pope in Late Antiquity," in *Journal of Religious History*, Vol. 30 (2006), p. 292.

3　都尔的主教格雷戈里，根据执事口述，在《历史十书》里记载了一个在罗马百姓中传播甚广的故事：格里高利被选为教宗之后，向皇帝递交了一封书信，试图推却职务。这封信被罗马城总长日耳曼努斯截获，代之以他伪造的信件，才有后来皇帝顺利批复格里高利的任命。通常认为，伪造书信一事应该只是传言，并不可信。*HF*, X.1, p. 478.

惯披丝绸外袍，佩贵重饰品，现在却着便宜的衣衫。他被祝圣服务于天主的圣坛并作为第七执事协助教宗。格里高利饮食节制，祷告守夜持久，断食坚毅，致使胃异常虚弱，难以支撑。他的文法、逻辑和修辞是如此娴熟，据信在城中无出其右。[1]

都尔主教的关注点——或许也是罗马人的理由——除了格里高利的贵族出身、文辞学养，最主要的是他的虔诚，尤其是通过出家与苦修表现出来的虔诚。倘若说，"个人抱负"是促成格里高利成为教宗的一个要素，那么想必格里高利和当时的人们会对这种"抱负"书写属于那个时代的定义。格里高利自己将进入修道院的原因解释为宗教虔诚。在担任教宗之后的第五年，他向西班牙主教雷昂达赠送讲经集《约伯道德书》，回顾自己走过的历程，讲述自己进入修道院的缘由，是出于对"圣洁生活"的感召：

> ……曾经有很长一段时间，我无视让我皈依的恩典，已经有过圣洁生活的感召，却自认为过平信徒的生活更好。我业已得到启示，应该追求永恒的爱，然而生在凡尘所积累的习气捆绑了我，使我未能改变外在的积习。我的心迫使我，至少在外在表面，服务于这个世界，而在服务世间的过程中，许多因素开始作用于我，将我捆绑在尘世，不仅仅在外表上，更为严重的，是捆绑了我的心灵。最后，

---

[1] "Sed quia eclesia Dei absque rectorem esse non poterat, Gregorium diaconem plebs omnis elegit. Hic enim de senatoribus primis, ab adulescentia devotus Deo, in rebus propriis sex in Sicilia monasteria congregavit, septimum infra urbis Romae muros instituit; quibus tantum delegans terrarum copiam, quantum ad victum cotidianum praebendum sufficeret, reliqua vindedit cum omni praesidio domus ac pauperibus erogavit; et qui ante syrico contextu ac gemmis micantibus solitus erat per urbem procedere trabeatus, nunc vili contectus vestitu, ad altaris dominici ministerium consecratur septimusque levita ad adiutorium papae adsciscitur. Tantaque ei abstinentia in cibis, vigilantia in orationibus, strinuitas in ieiuniis erat, ut, infirmato sthomaco, vix consistere possit. Litteris grammaticis, dialecticisque ac rethoricis ita est institutus, ut nulli in Urbe ipsa putaretur esse secundus;..." *HF*, X.1, pp. 477-478. 参阅汉译：都尔教会主教格雷戈里著：《法兰克人史》，寿纪瑜、戚国淦译，商务印书馆2012年，第514—518页。

> 在诸般焦虑中,我逃入了修道院之门,自认为——现在证明是多么虚妄——抛弃一切世间之物,我,赤条条,已经逃离了世间生活这艘行将沉没的残舟。[1]

这段高度宗教性的经历,旁人无法印证。然而,出家修行在他的家族并非特例。这个基督教家族似乎享有虔诚之名。[2] 格里高利的父亲在罗马教会担任"护卫者",从事事务性工作,提供法务服务。父亲的三个姐妹,都是作为家族"敬献天主的童贞女"(Sacrae virgines)教养。他的母亲在丈夫去世后,也同样选择了居家修行。[3]

事实上,在古代晚期,格里高利及其家人的"虔信"或者"愚信",并非孤立的个人现象,而是当时基督教精英的共有特点。近年间涌现了大量关于古代晚期圣人现象和修道主义的研究成果。受其影响,当代格里高利研究者大多倾向于接受这位教宗的自述,认为他出家是基于宗教虔诚。[4] 不仅如此,针对早期研究过于世俗化的问题,20世纪下半叶以来,新研究侧重从格里高利灵修思想的角度解释他个人最终选择"入世"与推广修士-主教模式的原因。

相关研究的突破始于法国学者达让。达让敏锐地捕捉到格里高利思想的特质:个

---

[1] "...omne in tuis auribus, quod mihi de me displicebat, exposui, quoniam diu longe que conuersionis gratiam distuli et postquam caelesti sum desiderio afflatus, saeculari habitu contegi melius putaui. Aperiebatur enim mihi iam de aeternitatis amore quid quaererem, sed inolita me consuetudo deuinxerat, ne exteriorem cultum mutarem. Cum que adhuc me cogeret animus praesenti mundo quasi specie tenus deseruire, coeperunt multa contra me ex eiusdem mundi cura succrescere, ut in eo iam non specie, sed, quod est grauius, mente retinerer. Quae tandem cuncta sollicite fugiens, portum monasterii petii et relictis quae mundi sunt, ut frustra tunc credidi, ex huius uitae naufragio nudus euasi." *Mor.* "Ad Leandrvm," p. 1.

[2] Theodorus Mommsen, ed., *Liber Pontificalis*, LXVI, p. 161. An anonymous monk of Whitby, *The Earliest Life of Gregory the Great*, 1, ed. and trans. Bertram Colgrave (Lawrence: The University of Kansas Press, 1968), p. 72.

[3] Raymond Étaix, ed., *Homiliae in Evangelia*, 38.15, *CCSL*, Vol. 141 (Turhout: Brepols, 1999), p. 374. Johnnes Diaconus, *Sancti Gregorii Magni Vita*, 4.83, *PL*, tomus 75, pp. 239–240. 她们即为家族敬献天主的童贞女(Sacrae virgines)。关于"敬献天主"(sacer)的讨论,参见 Kim Bowes, *Private Worship, Public Values, and Religious Change in Late Antiquity* (New York: Cambridge University Press, 2008), pp. 18–27。

[4] 马库斯认为,格里高利做事认真,罗马城总长的工作让他焦虑,焦虑令他尤为担忧让本该洁净的内心受到沾染。斯爵同样将出家归因于焦虑,与马库斯不同的是,斯爵提出,格里高利出任城市总长之时曾以为可以兼顾在外履行公民义务和在内响应天主的召唤,但后来发现难以两全,于是他进入了修道院,以求修复因失败而破败的"船骸"。R. A. Markus, *Gregory the Great and His World*, pp. 9–10; Carole Straw, *Gregory the Great* (Andershot and Brookfield: Variorum and Ashgate, 1996), p. 4.

人宗教体验。他借鉴结构主义研究路径,从内在性(intériorité)与外在性(extériorité)两个方面,勾勒格里高利思想中的皈依模式。他论证在格里高利的思想体系中,修道士生活存在内外对立,因而要求默观落实到服务教会的行动,并在牧灵生活中实现内外二者统一。[1] 延续结构主义路径,斯爵进一步提出,格里高利践行与倡导的修士-主教模式根源于他的世界观。它将灵性(spiritalis/spiritual)与肉身(carnalis/carnal)属性视为道德天平上相互制约、互为补充的两端。这种平衡关系要求基督徒寻求默观生活与行动生活的平衡,行动生活是默观的基础,默观必须回归服务他人的行动才能真正带给人灵性上的提升。因此,走上布道牧灵的主教(教宗)之位,是格里高利实现自我提升的内在要求。[2] 德玛考普鲁斯(George E. Demacopoulos)从牧灵神学的角度加以阐释,提出格里高利的修道观本就以牧灵为指向,并称其为"利他虔修"(an asceticism for others),利他虔修,以牧灵布道、服务他人为灵修生活的最高状态,尤其推崇"积极行动的默观者"(an active contemplative)。[3]

无论是结构主义路径,抑或是牧灵神学,都将格里高利思想视为一个有机整体。此类研究,从一个侧面印证了修士-主教观念并不形成于教宗任内。确实,格里高利在80年代解读《约伯传》时就已经充分肯定布道对个人修行的重要意义。《约伯道德书》对布道的圣人做出过相当诗化的比喻。它将世界比喻为寒冬,生活在世间的人们困于其中,僵化麻木;将神圣布道者的心灵比喻为水。尘世中的水,在默观中得到抬升,上到高处,因略观至善而得以坚定,凝成雪花。出于邻人之爱,已经达到高处的他,放下身段,谦卑地去俯就邻人,将默观所得与他人分享。此举如同雪花飘落,化为雪水,滋润大地。水循环往复,洁净自身,布道的圣人同样在默观与服务的往复中,提升自我。[4]

在格里高利的观念世界里,默观与布道是基督教精英生活中的两个内容。对修道者讲解《约伯传》,他提出得道者当布道牧灵。在成为教宗之后,他强调主教需要行默

---

[1] Claude Dagens, *Saint Grégoire le Grand: Culture et expérience chrétiennes* (Paris: Édudes Augustiniennes, 1977).
[2] Carole Straw, *Gregory the Great: Perfection in Imperfection*.
[3] George E. Demacopoulos, *Gregory the Great*, 引自第28和78页。
[4] *Mor.* 27.24.44–45, pp. 1363–1366.

观生活并切实履行布道职能。格里高利自身所处环境的转变，带来使用语词的转换。修士-主教实际上是进入教阶的布道圣人，都需要以默观与布道为生活内容。《牧灵规章》用以规范的教会主教们，与《约伯道德书》中的布道圣人一样，都需要实践并布道虔敬的生活。[1] 值得关注的是，当选教宗，对格里高利而言未必是个突发事件。从查士丁尼一世（Iustinianus I，527—565 年在位）收复意大利半岛开始，派驻过君士坦丁堡，得到皇帝青睐的罗马执事，往往成为继任教宗最有力的人选。[2] 佩拉吉二世派格里高利出使君士坦丁堡，应该被视为有意扶持之举。后者在君士坦丁堡居留时期建立起广泛的人脉，并成为皇帝毛瑞斯（Mauricius，582—602 年在位）长子的教父，当选后获得皇帝肯定的批复，并无悬念。[3] 换而言之，格里高利接任佩拉吉二世出任教宗，

---

[1] 不同的是，布道的圣人以灵修为主，默观为辅；而修士-主教，无法专注于灵修，因而必须由修道有成者，即走出修道院的"圣人"担当。

[2] 最早的先例，当数维吉里（Vigilius，537—555 年在位）。约翰二世（533—535 年在位）任命维吉里为执事，并曾定立他为自己的接班人。这一决定遭到罗马教会内部的反对，被迫撤销。接任约翰二世的是阿格丕一世。阿格丕也将维吉里派往君士坦丁堡。阿格丕去世，罗马人选出了新教宗西尔维（Silverius，536—537 年在位）。维吉里从君士坦丁堡赶回来，凭皇帝的书信，在贝利撒留（Belisalius，505—565 年）的帮助下登上了教宗之位。在格里高利之前的例子还有佩拉吉一世（Pelagius I，556—561 年在位），格里高利之后的两位继任教宗萨比尼昂（Sabinianus，604—606 年在位）和卜尼法斯（Bonifatius，607 年在位）都曾担任罗马教会驻君士坦丁堡使节。格里高利的前任佩拉吉二世未曾驻守君士坦丁堡，实属特例，因为佩拉吉二世的前任教宗本笃一世（Benedictus I，574—578 年在位）去世的时候，伦巴第人入侵，切断了罗马与拉文纳（Ravenna），也即罗马与君士坦丁堡的联系。参见 Andrew Ekonomou, *Byzantine Rome and Greek Popes: Eastern Influences on Rome and the Papacy from Gregory the Great and Zacharias, A. D. 500-752* (Lanham, Boulder: Lexington Books, 2007), p. 30, n. 97; John Moorhead, "On Becoming Pope in Late Antiquity," pp. 279-293。

[3] 作为教宗使节，格里高利承担沟通君士坦丁堡宫廷与罗马教廷的职责。他深得皇室成员的认可，与不少皇室成员熟稔，其中包括时任皇帝提比略二世（Tiberius II，578—582 年在位）的女儿，即继任皇帝毛瑞斯的皇后康斯坦娜（Constantina），毛瑞斯的姐妹迪奥克提斯塔，亲眷迪奥克提斯图斯（Theoctistus）。结交的宫廷廷丞与将领里，包括纳尔塞斯、御医狄奥多西、禁卫军统领菲利普（Phillippicus, comites scubitorum）和帝国征讨阿尔瓦人的两大主帅之一普利斯库斯（Priscus）、曾任君士坦丁堡城总长的阿里斯托布鲁斯（Aristobulus）和大法官约翰（Johannus, quaestor）等。此外，格里高利还与同在君士坦丁堡的其他地方教会精英人士建立了友谊，包括后来接任君士坦丁堡牧首的西利亚库斯（Cyriacus，595—606 年在位）；当时的米兰教会执事，后出任米兰主教的康斯坦丢（Constantius，593—600 年在位）；前任安条克牧首，后得复职的阿纳斯大修一世；西班牙塞维利亚主教雷昂达等。参见 R. A. Markus, *Gregory the Great and His World*, p. 11-12; John R. C. Martyn, *The Letters of Gregory the Great*, pp. 7-11, 152, 269; Matthew Dal Santo, "Gregory the Great, the Empire and the Emperor," in *A Companion to Gregory the Great*, ed. Bronwen Neil, Matthew Dal Santo (Leiden and Boston: Brill, 2013), pp. 59-65。

是个可预期的结果，不应该令格里高利感到意外。甚至，不能排除可能，在君士坦丁堡讲述《约伯传》的时候，他就已经被列为教宗的后备人选。也正因此，从《约伯道德书》到《牧灵规章》，从布道圣人到修士-主教，修道与布道，始终是真正皈依的基督徒虔诚生活的表现。这个观念，并未因出任教宗而有变化。

三、"私事"与"公务"

教宗任上经历的忙碌、喧嚣，以及"身居尊位的浮华"[1]，或许远超格里高利的心理预期，因而他似乎尤感"放逐之苦"。这个阶段的教宗书信，多个人情感表达。它们情真意切，确实极富感染力。它们描绘出一位向往修道生活，抗拒教会权位，因失去默观而长久伤悲的教宗形象。这种虔诚，非他人可以企及。它是修士-主教特有的虔诚，建立于其独特的修道体验之上，不为其他教阶内人士共有。在这个意义上，不可否认，这种描述，实际上有效地确立起修士-主教的独有特质。

修士-主教的虔诚，不为教会中其他人共享。在外敌入侵、瘟疫肆虐、人们惶恐末世来临时，有可能转化为他们的独有权威。格里高利上任之际的罗马城，正处于这种状况之下。战争、饥荒、天灾与瘟疫，为当时的罗马城民勾勒出一幅末世图景。罗马古时的辉煌，彼时已经只是文字与传说构建的历史记忆。[2] 意大利半岛经历过哥特战

---

1 《历史十书》记载："他竭尽全力地想要逃离这个高位，唯恐身居尊位的浮华，会令重回尘世的他再次被那曾经弃置的一切吞噬。"（"... hoc apicem adtentius fugire temptans, ne, quod prius abicerat, rursum ei in saeculo de adepto honore iactantia quaedam subriperit."）*HF*, X.1, p. 478.

2 关于格里高利生活时期，即6世纪下半叶到7世纪初的罗马城与意大利，参考文献有：T. S. Brown, *Gentlemen and Officers*; Bryan Ward-Perkins, *From Classical Antiquity to the Middle Ages: Urban Public Building in Northern and Central Italy, AD 300–800* (Oxford: Oxford University Press, 1984); John Moorhead, "The Byzantines in the West in the Sixth Century," and "Ostrogothic Italy and the Lombard Invasions," and Andew Louth, "The Byzantine Empire in the Seventh Century," in *The New Cambridge Medieval History*, Vol. 1, c.500–c.700, ed. Paul Fouracre (Cambridge: Cambridge University Press, 2005), pp. 118–161, 291–316; Peter Llewellyn, *Rome in the Dark Ages* (London: Faber and Faber, 1970); Chris Wickham, Chris Wickham, *Early Medieval Italy: Central Power and Local Society 400–1000* (Ann Arbor: The University of Michigan Press, 1989)。

争蹂躏,尚且未及恢复,自568年开始又遭受伦巴第人入侵。[1] 经年战乱,以及伴随战争而至的饥荒与瘟疫,让意大利人苦不堪言。578至579年间,伦巴第人围困罗马城,致使罗马与外界交通中断,城内发生严重饥荒。[2] 马库斯评述这个时代,不无感慨地说:"倘若说6世纪30年代是'希望的年代',那么,40年代开始了灾难性的倒转。此后的半个世纪是希望幻灭与不见光明的岁月……"[3] 格里高利的文献,往往透露出末世将至的急切感:相信这个世界必将很快走到它的终点,相信基督会很快带来末日审判并且惩罚一切罪。[4] 成长、生活于一个艰难时世,他将人们遭受的种种苦难,理解为天主对基督徒的最后救赎。这种对末世的"坚定信念",是"那个多灾多难的时代"的缩影。[5] 在饱受创伤的社会群体中,个人与人们信奉的天主之间的距离远近,成为衡量虔诚的尺码。"有所成就"的修道者,在基督教信众看来,是拯救他们的力量。格里高利怀念修道生活的文字,折射了他的灵修经历与经验,令读者不免相信,正是因其"心灵之义",打开了他的"默观之目",得见"天主之面"。这样的话语,对于因末世之相而坚贞信仰的人们而言,实际上,塑造了修士-主教的圣人形象,将教会权威导向道德权威。重灾之下的特殊时期,在基督教社会中,人们对修士-主教的信赖,可以成为团结一致,共渡艰难的力量。格里高利关于自身修道经历与修道虔诚的描述,有助于提

---

1 T. S. Brown, *Gentlemen and Officers*, p. 6.
2 时任教宗佩拉吉二世向作为使节驻守君士坦丁堡的格里高利紧急发函,请他游说帝国派兵将增援,陈述伦巴第人给罗马城民"带来的灾难和痛苦,无以言表"。Paul Ewald and Ludwig Hartmann, eds., *Gregorii I papae Registrum epistularum*, in *Monumenta Germaniae Historica, Epistulae*, App. 2, tom. II (Berolini: Apud Weidmannos, 1899), pp. 440–441.
3 R. A. Markus, "Gregory the Great's Europe," in *Transactions of the Royal Historical Society*, 5th series, Vol. 31(1981), p. 21.
4 几乎所有研究格里高利的学者都注意到了这一点。关于格里高利的末世论,主要的著述有:Claude Dagens, "La fin des temps et l'église selon saint Grégoire le Grand," in *Recherches de science religieuse*, Vol. 58 (1970), pp. 273–288; Robert E. McNally, "Gregory the Great (590–604) and His Declining World," in *Archivum Historiae Pontificiae*, Vol. 16 (1978), pp. 7–26; R. A. Markus, *Gregory the Great and His World*, pp. 51–67; Kevin L. Hester, *Eschatology and Pain in St. Gregory the Great: The Christological Synthesis of Gregory's 'Morals on the Book of Job'* (Eugene and Oregon: Wipf & Stock, 2007); Jane Baun, "Gregory's Eschatology," in *A Companion to Gregory the Great*, pp. 157–176。
5 Brian E. Daley, *The Hope of The Early Church: A Handbook of Patristic Eschatology* (Cambridge, New York & Melbourne: Cambridge University Press, 1993), p. 214.

高他自身权威，也抬升修士-主教的整体地位。

布道辞显示，格里高利确实在教宗之位上宣传修道话语。[1] 修道思想的广泛传播会进一步提升以格里高利为中心的修道一派人员在教会中的权威。但是，这并不必然意味着格里高利以修道话语为工具，进行权力运作。利泽借助现代话语分析的方法，将话语（discourse）视为权力斗争的工具，提出"不情愿之说"是教会权力角逐中有意识的权威话语建构，以使"虔修一派"在权力斗争中立于不败之地。[2] 这种解释，有将"现代性"的思维投射到古人之嫌。尽管如此，此说还是较为充分地论证了高度强调道德的修道文化对实现权力统一有其效用。倘若将利泽的著述视为对马库斯论点的修正，那么同样从文本入手，解释古代世界基督教教会文化变迁，利泽的专著不失为一种补充。但是，有助于巩固权威的效用并不能够推导出格里高利以权力斗争为建构话语的初衷。利泽的相关论述并不充分。[3] 事实上，该时期的史料严重不足。[4] 利泽用以论证格里高利限于权力斗争的直接论据——《列王纪卷一释义》，业已被证明为12世纪意大利修道士作品，并非出自格里高利之手。[5]

利泽试图从话语建设用以推动权力斗争的角度，搭建格里高利上任时强调修道话语与教宗公干之间的关联。此说的另一个问题是，"公"与"私"两大领域的区分同样是相当现代的观念。它尤其不适用于格里高利研究。格里高利的牧灵观深受修道主义影响，强调主教当以"有恩德的生活"引领信众，生活的方方面面都是教程，完全不存在现代意义上的"公"与"私"之分。[6] 格里高利认为，主教以牧灵为己任，只有自

1　Raymond Étaix, ed., *Sancti Gregorii Magni Homiliae in Evangelia*.

2　Conrad Leyser, *Authority and Asceticism from Augustine to Gregory the Great*, pp. 131-187.

3　Conrad Leyser, "Expertise and Authority in Gregory the Great: The Social Function of *Peritia*," pp. 54-56.

4　尽管古代晚期研究显示，罗马教会曾长期受到地方家族势力的左右，但是现有史料仍然不足以绘制格里高利时期罗马教会与罗马城内的权力谱系。

5　《列王纪卷一释义》曾被当作格里高利一世作品，1998年，《基督教文献》系列中《列王纪卷一释义》的编译者德沃盖（Adalber de Vogüé）从《维诺萨编年志》（*Chronicle of Venosa*）中找到证据，论证了它的作者是12世纪卡瓦地区的修道士彼得。参见 Adalber de Vogüé, "L'auteur du Commentaire des Rois attribué À Saint Grégoire: Un Moine de Cava?" in *Revue Bénédictine* Vol. 106 (1998), pp. 319-331; "Fragments de La Vieille Version Latine Du Livre de Tobie," in *Revue Bénédictine*, Vol. 108 (1998), pp. 58-60。

6　*Mor.* 16.22.30, pp. 815-816. *Mor.* 24.8.16, p. 1199.

己过真正的基督徒生活，方能"时刻以有德的生活，展现理性在其灵魂之重"[1]。这个职务要求它的承担者宣讲至善（summa dicere）；那么作为宣讲者，主教首先必须言行一致，示范至善（summa monstrare）。[2] 主教的生活本身，就是牧灵布道的工具。595年，格里高利还力主罗马主教会议通过决议，以"牧灵者应该时刻以其生活给弟子提供榜样"为由，下令此后改由教士或修道士打理教宗食宿，"以期在位之人有目击证人。这些人可以亲眼见证他私下的生活，并从所见获得勤勉的榜样"[3]。这个案例显示，格里高利完全摒除了主教的工作与生活中存在"私人领域"的可能，主教的一言一行，无一不是可供效仿的公开示范。

格里高利观念中没有"公""私"概念之分。但是，修士-主教的布道模式之下，现代意义上隶属私人领域的个人情感，需要承担起隶属"公务"的示范职能。实际上，教宗书信本就不是严格意义上的私人信件。此类书信需要经由教宗档案室誊抄与归档；部分书信，当时还有副本传抄。出身贵族、曾任罗马城市总长的格里高利，必然深知教宗书信的"公务"属性，甚至有可能曾经亲自参与书信的整理、删选与归档。[4] "不情愿之说"对职务的态度，虽是格里高利的个人感受，却也是他作为教会统领以言行布道的一部分。

在通过书信传递"不情愿之说"的同时，格里高利还撰写了《牧灵规章》。这是一部主教工作指导手册，同时也是修士-主教模式下的教会论阐释。此书写给统领教会和教牧信众的牧灵者，即主教们。[5] 它分成四个部分，分别讨论主教的资格问题、生活

---

[1] "... ex grauitate vitae semper debet ostendere quantam in pectore rationem portet. *Reg.* 1.24, p. 23.

[2] *Reg.* 12.1, pp. 967-968.

[3] "...cum pastoris vita esse discipulis semper debeat in exemplo, plerumque clerici, qualis in secreto sit vita sui pontificia, nesciunt, quam tamen, ut dictum est, saeculares pueri sciunt. De qua re praesenti decreto constituo, ut quidam ex clericis uel etiam ex monachis electi ministerio cubiculi pontificalis obsequantur, ut is qui in loco est regiminis testes tales habeat talesque viri eius in secreto conersationem videant, qui ex visione sedula exemplum profectus sumant." Paul Ewald and Ludwig Hartmann, eds., *Gregorii I papae Registrum epistularum*, in *Monumenta Germaniae Historica, Epistulae*, 5.57a, tom. I (Berolini: Apud Weidmannos, 1891), p. 363.

[4] Conrad Leyser, *Authority and Asceticism from Augustine to Gregory the Great*, pp. 139-140. 然而，马库斯基本否定了格里高利自己整理归档的可能，R. A. Markus, *Gregory the Great and His World*, p. 15。

[5] Grégoire le Grand, *Règle Pastorale*（下称 *RP*），ed. Bruno Judic and Floribert Rommel, trans. Charles Morel, SC 381, 382 (Paris: Editions du Cerf, 1992); St. Gregory the Great, *The Book of Pastoral Rule*, trans. George E. Demacopoulos (New York: St. Vladimir's Seminary Press, 2007).

要求、教牧方法，以及强调主教进行自省的必要性。其中的第三部分较为特殊，不仅篇幅最长，还带独立前言，且无论内容还是行文风格均与其他章节有所不同。它的成文时间很可能早于其他章节，写作于格里高利任职教宗之前。[1] 第一、二、四部分，偏重主教个人素养，具有较高的整体性，有可能完成于担任教宗初年。[2] 其中的第一部分，共十一个章节，论述"当以何种方式上到最高权位"。[3] 此书附函说明，它应该是格里高利对主教约翰（Joannus）[4]的回应。格里高利被罗马人选为教宗之后，曾向皇帝毛瑞斯递交过一封书信，恳请后者不要批准罗马人的选举结果。[5] 针对教宗试图"逃遁"的举动，约翰在来函中提出了批评。[6] 格里高利用长达十一个章节的篇幅予以回应。这部分内容可以视为他对"不情愿之说"的理论阐释。

格里高利谈到，主教是所在教会的最高统领（culmen regiminis），从事的牧灵工作是"艺术中的艺术"（ars artium）。[7] 主教也因其宗教身份，往往为世人敬仰，享有独特的荣耀与权威。[8] 尊位的荣耀会腐蚀人心。它充满诱惑，极容易令人滋生傲慢，甚至可能使经过潜心修道的持重之人都难以抵御。[9] 教会却是以谦卑为尊，要求在位者以谦卑为治。[10] 主教职务自身的特殊性，对主教人选提出高要求，要求承担职位的人自省

---

1 马库斯和斯爵谈论《牧灵规章》成书时间与缘由时，均未将第三部分视为独立成稿的章节。马库斯认为，此书在格里高利担任教宗之后书写，并与同期部分书信的用语有雷同。斯爵认为，这本小册子是为回应拉文纳主教批评格里高利试图逃离岗位而作，成书时间为590年9月至591年2月，R. A. Markus, *Gregory the Great and His World*, p. 15; Carole Straw, *Gregory the Great*, pp. 44–45.
2 这部分内容与《牧首函》有部分重合，且均在591年2月发出，理当是同一时期所作。
3 "AD CVLMEN QVISQVE REGIMINIS QVALITER VENIAT," *RP*, p. 128.
4 格里高利未予具体说明，通常认为指时任主教拉文纳。
5 *Reg.* 1.5, pp. 5–7.《历史十书》也记载了这个故事。*HF*, X.1, pp. 477–478.
6 *RP* Epist. Praef., p. 124.
7 "Ab imperitis ergo pastorale magisterium qua temeritate suscipitur, quando ars est artium regimen animarum." *RP* 1.1, p. 128.
8 *RP* 1.1, p. 130.
9 "Nam plerumque aduersitatis magisterio sub disciplina cor premitur, quod si ad regiminis culmen eruperit, in elationem protimus usu gloriae permutatur." *RP* 1.3, p. 138.
10 "Nam sunt nonnulli, qui eximia uirtutum dona percipient, et pro excitatione ceterorum magnis muneribus exaltantur, qui susceptum curae pastoralis officum ministrare digne tanto magis nequeunt, quanto ad humilitatis magisterium ex sola elation peruenerunt,..." *RP* 1.1, p. 130.

自知，高度审慎。以何种方式、何种态度上到权位，特别体现个人素养，是检验此人是否有资格担任主教的标尺。格里高利认为，渴望拥有领导他人的权力，是隶属尘世的欲望，应该严格摈弃。[1] 首先，凡有谋求权位举动的，受权势吸引，为名望所惑，定然是傲慢之人，不适合当主教。[2] 其次，有理论，却不践行善的生活者，属于"知"而不"行"，最具蛊惑性，也最具破坏性，最不该担任主教。[3] 最后，知行合一的主教懂得谦卑，践行谦卑；真正谦卑的人明白"人心因昌荣而败坏，却在苦难中得洁净"，会试图逃避尊位。[4] 因而，按照谦卑的道德要求，人不可以主动求取主教之位；在被选为主教时，心有抗拒是唯一正确的态度。

但是，一味地拒绝出任，同样不正确。这是因为，人的美德本就不为个人独享。有些人生活洁净，修行坚定，饱读经文，谦卑、威严、仁爱、坚守正道。他们被赋予种种美德，是为了让他们去宣扬美德以唤醒更多的人。领受了上述恩典的人，倘若当选主教，却不肯出任，那是因一味贪求虔修之静谧而逃离布道邻人的责任。这样的人，实际上只关注私利而不尽对他人的义务，会因此失去原有的善。[5]

《牧灵规章》谈到，对于职务晋升，人应该采取的正确态度，是在被选上时不情愿，却仍然不得已而为之。[6] 逃避职务，是出于自省自知，了解牧灵责任重大，深知权位带来诱惑，并因此心有惶恐。然而，一旦得到任命，尽管不情愿，也不可以一味固执己见，否则会犯下"顽固之罪"。在无法推却的情况下，应当"违背自己的意愿，服从安排"。[7] 有逃离之心，但不逃避责任，在格里高利的观念中，是对权位唯一正确的态度。

1　*RP* 1.3, pp. 136–138.

2　*RP* 1.1, p. 130.

3　*RP* 1.2, p. 132–134. 格里高利的"知行"标准纳入了能起观、可代祷。在他的教会观念中，主教需要履行代祷职能。"业已实践并体验祷告，从中学会了如何从上主处获得他的所求。上主对他以音声相回应，仿佛是说：'你若哀求，他必答说："我在这里！"'（《依撒意亚》58:9）"（Qui orationis usu et experimento iam didicit, quod obtinere a Domino quae poposcerit, possit, cui per effectus uocem iam quasi specialiter dicitur: Adhuc loquente te, dicam: *Ecce adsum.*）*RP* 1.10, p. 162.

4　"... quia et ista saepe per tumorem cor inquinant, et illa per dolorem purgant." *RP* 1.3, p. 138.

5　*RP* 1.5, p. 144–148.

6　*RP* 1.7, p. 152.

7　"Sed diuinis dispositionibus subditus, atque a uitio obstinationis alienus, cum sibi regiminis culmen imperator, si iam donis praeuentus est, quibus et aliis prosit, et ex corde debet fuere, et inuitus obedire." *RP* 1.6, p. 150.

《牧灵规章》与书信中的"不情愿之说"可谓互为表里。"不情愿之说"怀念默观，讲述教宗工作令格里高利面临失去默观的危机，突出表明默观在人生中的重要意义。在对待教宗工作的态度方面，它以格里高利担任教宗之后的体验，印证了初始想要逃离的合理性。《牧灵规章》为"不情愿之说"提供了理性阐释，详解格里高利虽不情愿却仍然上任教宗的转变缘由。通过"不情愿之说"的叙述与《牧灵规章》的解读，格里高利自身当选教宗、推拒职位、接受任命、怀念默观、痛心感伤的心路历程，成为修道有成者接任圣职的心理范式，演绎出修士-主教"低下心灵之项去服从"的谦卑品质。[1]

小 结

获得职务晋升时，表示客套，或许是全球通行的礼仪，古代世界也不例外。然而，格里高利一世的"不情愿之说"，谈到教宗工作繁重，自己受到职务"捆绑"，论及升任教宗之所失——"心灵之义"、"默观之目"，以及荣任教宗之所感——"身已佝偻，心已谦卑"，述说内容详实，并有《牧灵规章》辅以理论，难以将其简单划归为"客套"用语。[2] "不情愿之说"，同样不应该视作格里高利在个人境况与思想观念方面的双重转折。他作为罗马教会执事，被派驻君士坦丁堡之时，已经成为教宗的后备人选；在帝都的表现，尤其是得皇室器重、受兄弟教会首脑敬重，为他候选教宗增添筹码。当选教宗，无甚悬念。《约伯道德书》以布道的圣人为最虔诚的生活方式，已经架构起以修道、得道、牧灵的"圣人"为首的基督教教会框架。在讲述这个理念时，格里高利的身份是罗马教会执事，教宗派驻君士坦丁堡的使节。

---

[1] "...in quantum homo discutere et inuestigare iudicia superna non sufficit, in tantum sub ea debet ceruicem cordis inflectere..." *Reg.* 1.31, p. 38.

[2] 在当时的教会，得到升迁之时，要象征性地拒绝职务，几乎是种惯例。著名的教会人物，如安布鲁斯（Aurelius Ambrosius，约340—397年）、奥古斯丁（Aurelius Augustinus，354—430年）、纳西昂的格里高利（Gregory of Nazianzus，约329—390年）都在被委任主教时尝试拒绝或甚至逃跑。Conrad Leyser, "Expertise and Authority in Gregory the Great: The Social Function of *Peritia*," p. 40.

若要以"私事"与"公务"相区分,那么早在讲述《约伯传》,宣扬以"生活"为标准之时,格里高利就已经不分"公"、"私"。格里高利的所有作品,都产生于他承担教会"公务"的过程中,自产生之初,就带有调和修道生活与服务教会的色彩。但是,这并不意味着,格里高利必然是个"积极入世的默观者"。格里高利的作品充斥强烈的末世论,阻碍着对他的思想做出过于世俗化的解读。[1]

格里高利的修士-主教模式,强调主教当以自身的言与行进行布道。主教言行,实为教会公务。"不情愿之说"应当被视为他初任教宗之时的心路历程,在同期完成的《牧灵规章》中转化为主教的行为规范。格里高利在教宗位置上遭遇到的,不仅有"公务"繁重之扰,还有来自权位自身的诱惑与腐蚀。[2]抗拒诱惑与腐蚀的力量,在格里高利的观念世界中,来自修道,尤其是直观天主的默观。这种高度个人化的宗教体验,加强了格里高利教会政策中的默观依赖和默观导向。它必然宣扬修道文化。弘扬修道主义势必强化"虔修一派"的道德基础,提高他们在教会中的地位。然而,我们无法由此建构起该政策的动机与效果之间单一、线性的因果关系。格里高利的修士-主教模式,没有为主教们预留私人空间,因而也不存在与"私人"属性相对的"公务"。"不情愿之说"是格里高利的个人经历,却也是以自身体验作为引领,示范着修士-主教对待权位该有的态度:不迎不拒,以谦卑之心,受放逐之苦。

(本文作者为北京外国语大学历史学院讲师)

---

[1] 德玛考普鲁斯将格里高利定位为一名积极入世的默观者。这主要是因为在讨论教宗的事务性工作时,他过度依仗理查斯的研究成果,而后者提供的是一个相当世俗化的视角。德玛考普鲁斯发现他的研究所呈现的格里高利对世俗事务的过于热衷,与教宗自身作品中强烈的末世观有着明显冲突,无法解释"一个不断警告末世正在到来的人,却同时看来不仅想方设法地维护罗马,并且为罗马的未来筹谋"。为解决这个"明显的冲突",德玛考普鲁斯选择拒绝接受格里高利的末世论,仅仅视之为布道手段。George E. Demacopoulos, *Gregory the Great*, pp. 92–93.

[2] 希波主教奥古斯丁也认为,主教生活容易令人傲慢,自己在担任主教之后,原本性格中一些老毛病,如"野心勃勃、好听溢美之词、好主宰他人、敏感易受伤害"等纷纷卷土重来。奥古斯丁因而感慨,主教与司铎身在权位,"想坚守最善的生活,要令灵魂平和宁静,实在困难得多"。*De mor. Eccl. Cath.* (I), xxxii, 69, 转引自 Peter Brown, *Augustine of Hippo: A Biography* (Berkeley and Los Angeles: University of California Press, 2000), p. 200。

蛮族之"王"?

试论罗马帝国晚期和中世纪早期的"rex"

康 凯

在罗马帝国晚期和中世纪早期的诸多拉丁文献中,蛮族的领袖往往被称为"rex",在汉语中一般被译为"王"。

自从19世纪以来,罗马帝国晚期和中世纪早期的研究者普遍认为,"王"(rex)这一称呼与"罗马统治"并不兼容,这不仅是因为蛮族领袖使用了"王"这一称呼,也是因为在历史上,罗马人正是赶走了他们的"王",推翻了王政,才得以建立起他们的"国家"(res publica)。即使一些蛮族的"王"同时拥有罗马帝国的官衔,研究者也将"王"和"罗马官员"这两种身份看成是具有截然不同的功能:"罗马官员"的身份给予他统治罗马人的权力,而"王"这个称呼则说明他是一位蛮族的领袖,是具有蛮族特征的称呼。[1]

在这一观点的影响下,476年罗慕路斯·奥古斯都路斯退位的事件,被一些研究者看成是"王"与"罗马统治"对立的集中体现。著名的罗马帝国晚期学者琼斯认为,当罗马帝国西部的军事领袖奥多阿克在476年废黜罗慕路斯·奥古斯都路斯后,他便成为统治意大利的"王",意大利由此从罗马帝国转变为一个蛮族王国。按照琼斯的看法,虽然奥多阿克获得过罗马官职,此后接替他统治意大利的狄奥德里克甚至

---

[1] 对19世纪以来蒙森、施泰因和恩斯林等研究者观点的总结,参见 A.H.M. Jones, "The Constitutional Position of Odoacer and Theoderic," in *The Journal of Roman Studies*, Vol. 52 (1962), p. 126。

担任过罗马帝国的执政官,但他们最后都被称为"王",所以他们统治的仍然是蛮族王国。[1]

琼斯的观点在此后得到了一些研究者不同程度的支持。麦乔治将"王"看成是蛮族统治的标签,在他看来,476年罗马帝国西部灭亡的证据之一便是卡西奥多路斯的《编年史》等史料明确地将奥多阿克称为"王",这意味着奥多阿克所统治的是蛮族王国。[2] 另一些研究者虽然认可奥多阿克和狄奥德里克的统治具有罗马政权的特征,但是他们也承认"王"与罗马政权之间存在着难以调和的矛盾。麦考米克指出,奥多阿克确实希望东部朝廷认可他的统治,但是在奥多阿克统治时期他往往被人们称呼为"王",在麦考米克看来,"王"这个头衔是"非罗马的"(non-Roman),这导致研究者难以确定奥多阿克当时的政治身份。[3] 持有类似观点的还有东哥特史的研究专家莫尔海德。莫尔海德认为除了"王"这个头衔以外,狄奥德里克的统治在各个方面都体现出他是一位罗马统治者,但是莫尔海德认为"王"这种称呼显然具有蛮族特征,对罗马人来说,这样的称号会让他们感到憎恶。由于"王"的这个蛮族首领称呼与狄奥德里克所施行的罗马统治存在矛盾,莫尔海德也和麦考米克一样认为很难给狄奥德里克的政治身份下定论。[4]

不过,也有研究者试图消解"王"这一称号与罗马政权之间的冲突。史蒂文·范宁指出,"王"并非是蛮族首领特有的称呼。因为罗马早期王政时代的统治者也同样是"王"。范宁探讨了4和5世纪一些拉丁作家作品中对"rex"这个词的使用,在他看来,罗马帝国晚期时,"rex"这个词显然不是专门用来指代蛮族领袖的,"rex"同样经常被罗马作家用来称呼罗马皇帝。[5] 范宁认为,鉴于罗马帝国晚期"rex"这个词的使

---

1 A.H.M. Jones, "The Constitutional Position of Odoacer and Theoderic," pp. 127–130.
2 Penny MacGeorge, *Late Roman Warlords* (Oxford: Oxford University Press, 2002), p. 292, n. 1237.
3 Michael McCormick, *Eternal Victory: Triumphal Rulership in Late Antiquity, Byzantium, and the Early Medieval West* (Cambridge: Cambridge University Press, 1986), pp. 267–268.
4 John Moorhead, *Theoderic in Italy* (Oxford: Oxford University Press, 1992), pp. 39–51, 253.
5 Steven Fanning, "Emperors and empires in fifth-century Gaul," in *Fifth-century Gaul: A crisis of identity?* eds. John Drinkwater and Hugh Elton (Cambridge: Cambridge University Press, 1992), pp. 288–297.

用方式，将"rex"这个头衔和蛮族统治者等同起来是不妥的，并不能够仅仅凭借"王"这个称呼就简单地将奥多阿克看成是蛮族统治者。[1]

的确如范宁所指出的那样，罗马人在传统上反对的是像"高傲者"塔克文（Lucius Tarquinius Superbus）这样实施暴政的王，而并非是所有的王。按照罗马人的传统观念，王政时代也同样有不少优秀的王。罗慕路斯以降，努玛、塞尔维乌斯·图利乌斯等王在传统上都被奉为统治者的楷模。[2] 因此将"王"看成是"非罗马的"称呼显然是值得商榷的。当然，自从罗马共和国建立以来，"王"这个头衔的确在一定程度上会引起罗马人的反感。恺撒之所以被以布鲁图斯和卡西乌斯为首的元老们刺杀，在一定程度上也是由于人们怀疑他有"称王"的嫌疑。[3]

在笔者看来，要理解"王"这个称呼在罗马帝国晚期的使用，仅仅从早期的罗马传统进行解释似乎是不够的。实际上，基督教的兴起对"rex"这个称呼的含义也同样产生了十分重要的影响。在罗马帝国晚期，时代环境已然发生了较大的变化，随着基督教的兴起和罗马帝国的基督教化，在拉丁基督教语境中"rex"这个词中原本可能存在的"贬义"也开始逐渐消失。要了解"rex"这个词在罗马帝国晚期的使用，首先必须要了解4世纪以后拉丁基督教语境中"rex"这个词的确切含义，然后才能进一步地分析当时基督教作家和世俗作家对"rex"这个词的使用方式。本文接下来将会对范宁所探讨的4和5世纪期间"rex"的使用方法做进一步地补充，而且本文还认为，实际上6世纪拉丁作家的作品更加能够说明问题。通过分析6世纪东哥特时期和查士丁尼时期西部和东部的拉丁作家们对"rex"的使用，我们可以进一步理解"rex"这个称呼的性质，同时也能够对那个时代的一些具体历史事件能够有更加清晰的认识。[4]

首先，从基督教的角度上来看，在4世纪的教父哲罗姆所翻译的拉丁语《圣经》

---

[1] Steven Fanning, "Odovacer rex, Regal Terminology, and the Question of the End of the Western Roman Empire," in *Medieval Prosopography*, Vol. 24 (2003), pp. 45–54.

[2] Livy, *Ab Urbe Condita*, 1.18.1–21.6, 1.39.1–48.9, in Livy, *Livy: History of Rome*, Vol. I, *Books 1–2*, with an English translation by B. O. Foster (Cambridge, MA: Harvard University Press, 1919).

[3] H. H. Scullard, *From the Gracchi to Nero: A History of Rome from 133 BC to AD 68*, 5th edition (London: Routledge, 2011), p. 127.

[4] 下文的论述中，在没有特别说明的情况下"rex"所直接对应的翻译是"王"。

中,"王"这个称呼显然并不是贬义词。"王"既包含了世俗的权威,也包含了超越世俗的权威:耶稣是"犹太人的王"(rex Iudaeorum)、"以色列的王"(rex Israhel)。[1] 他是"万王之王和万主之主"(rex regum et Dominus dominantium),也被称为是"世界的元首"(princeps regum terrae),是"不能朽坏,不能看见、永世的君王"(regi autem saeculorum inmortali invisibili)。[2] 无论是"元首"(princeps)、"主"(dominus)还是"王"(rex),哲罗姆在翻译圣经中所使用的这些称呼也经常加诸这一时期的罗马皇帝。[3] 4世纪以后罗马帝国中的基督教作家使用"王"来指称罗马皇帝的情况并不少见。在苏尔皮西乌斯·塞维鲁的《圣马丁传》中,君士坦丁、尤利安和篡位者马格努斯·马克西姆斯等皇帝都可以被称为"王"。[4] 米兰主教安布罗斯在狄奥多西皇帝的葬礼演说中也同样可以用"王"来称呼历代的罗马皇帝们。狄奥多西皇帝于395年1月17日在米兰去世,40天之后,安布罗斯在米兰大教堂举行的悼念狄奥多西皇帝的仪式上发表了演说。在这篇演说中,不仅狄奥多西皇帝可以被称为"王",君士坦丁皇帝和他之后的所有信奉基督教的皇帝都可以被称为"王"。[5] 君士坦丁皇帝将基督教的信仰"传给了此后的诸位'王'"[6]。而在安布罗斯看来,君士坦丁皇帝的母亲海伦娜贡献更大,因为是她找到了真十字架的碎片,是她将十字架的信仰"安放在诸位'王'的头上,使基督的十字架受到这些'王'的崇拜"[7]。安布罗斯将海伦娜带回真十字架碎片的行为和基督教皇帝们的权威联系了起来:

---

[1] "犹太人的王":《马太福音》2:2;"以色列的王":《马太福音》27:42,《马可福音》15:32,《约翰福音》1:49。

[2] "万王之王和万主之主":《提摩太一书》6:15,《启示录》19:16;"世界的元首":《启示录》1:5,"不能朽坏,不能看见、永世的君王":《提摩太一书》1:17。参见 Biblia Sacra Vulgata (Stuttgart: Deutsche Bibelgesellschaft, 1969)。

[3] 罗马帝国时代皇帝使用"元首"和"主"的情况,参见 Donald McFayden, *The History of the Title Imperator under the Roman Empire*, (Chicage: University of Chicago Press, 1920), pp. 66–67。

[4] Sulpicius Severus, *Vita Sancti Martini*, 2. 2(君士坦丁皇帝),6.7(尤利安),20. 4–7(马格努斯·马克西姆斯), in *Sulpicii Severi Libri Qui Supersunt, Corpus Scriptorum Ecclesiasticorum Latinorum*, ed. Karl Halm, Vol. 1 (Vienna: Geroldi Filium Bibliopolam Academiae, 1866), pp. 109–137.

[5] Ambrose, *De Obitu Theodosii*, 41, in *Sancti Ambrosi Mediolanensis Episcopi Opera Omnia, Patrologiae Cursus Completes, Series Latina*, ed. J. P. Migne, Vol. 16 (Paris, 1845), pp. 1386–1466.

[6] Ambrose, *De Obitu Theodosii*, 47: "fidem transmisit ad posteros reges."

[7] Ambrose, *De Obitu Theodosii*, 48: "crucem in capite regnum locavit; ut crux Christi in regibus adoretur."

这一行为还能够有其他的意思吗？看起来不正是圣灵借着她对所有的皇帝们说，不要像骡和马那样，而是要用缰绳和马嚼遏制住那些不承认他们拥有"王"的权柄统治臣民的人吗？[1]

而在瓦伦提尼安二世的葬礼演说中，安布罗斯也同样将瓦伦提尼安二世称为"王"。[2] 在安布罗斯这里，"王"是一个用来形容统治者权威的词，并没有任何贬义，罗马皇帝们同样可以被称为"王"。

到了5世纪，罗马帝国受到了哥特人、匈奴人、汪达尔人等势力的威胁，然而"王"这个词的用法并没有因为蛮族势力所带来的局势变化而发生明显的改变。奥罗修斯在他的《反异教历史七卷》中既用"王"来称呼非罗马的统治者，也同样用"王"来称呼罗马统治者，这样的用法仅从该著作的第七卷中就可以明显地看到。一方面，奥罗修斯称居鲁士、薛西斯是"波斯人的王"、拉达盖苏斯（Radagaisus）、阿拉里克（Alaric）、阿道尔夫（Athaulf）等是"哥特人的王"、北非的罗马军官菲尔慕斯（Firmus）煽动摩尔人，自立为"摩尔人的王"，此外还有其他"亚兰人、苏维汇人、汪达尔人的诸王"[3]。另一方面，罗马皇帝们也同样可以被称为"王"。提比略是"恺撒王"（rege Caesare），在康茂德皇帝时代，"'王'的暴行"（flagitia regis）（7.16.3）让罗马城遭到了惩罚。[4] 而"在基督教时代和基督教的'王'那里"（regibus et temporibus Christianis）所发生的内战是不流血的。[5] 在奥罗修斯的著作中，用来指称罗马统治

---

1 Ambrose, *De Obitu Theodosii*, 51: "Quid ergo aliud egit Helenae operatio, ut frena dirigeret; nisi ut omnibus imperatoribus sancto dicere Spiritu uideretur: Nolite fieri sicut equus et mulus; sed in freno et chamo maxillas eorum constringeret, qui se non agnoscerent reges, ut regerent sibi subditos?"

2 Ambrose, *De Obitu Valentiniani*, 70, in *Sancti Ambrosi Mediolanensis Episcopi Opera Omnia, Patrologiae Cursus Completes, Series Latina*, Vol. 16, Paris, 1845, pp. 1355-1384.

3 Orosius, *Historiarum Adversum Paganos Liberii Septem*, in *Pauli Orosii Historiarum adversum paganos liberii Septem, Corpus Scriptorum Ecclesiasticorum Latinorum*, ed. Zangemeister, Vol. 5 (Vienna: Hoelder, Pichler and Tempsky, 1882), 7.2.8（居鲁士），7.33.5（菲尔慕斯），7.42.13（薛西斯），7. 37. 15（拉达盖苏斯），7. 37.17（阿拉里克），7.43.2（阿道尔夫），7.43.14（亚兰人、苏维汇人、汪达尔人的诸王）。

4 Orosius, *Historiarum Adversum Paganos Liberii Septem*, 7.4.10（提比略），7.16.3（康茂德）。

5 Orosius, *Historiarum Adversum Paganos Liberii Septem*, 7.35.6.

者的"王"（rex）和"皇帝"（imperator）这两个词汇可以在同一句话或者相邻的句子中出现，它们的含义也没有明显的区别：君士坦丁是"罗马诸'王'中"（Romanorum regum）第一个，或者是唯一一个以本人的名字来建立城市的，而这座城市在这位基督教皇帝的建立后规模迅速扩大。[1] 霍诺里乌斯皇帝的节制和无比的虔诚使他获得了上帝莫大的垂怜，对一位"王"来说这些是十分可贵的品质。[2]

从奥罗修斯对"王"这个词的使用我们可以看到，称呼统治者为"王"并不需要特定的背景。奥罗修斯称呼蛮族统治者为"王"并不是为了强调他们是蛮族，因为奥罗修斯也同样将君士坦丁皇帝和霍诺里乌斯皇帝称为"王"，而这两位皇帝在奥罗修斯看来是虔诚信奉基督教的皇帝。此外，不信奉基督教的提比略和康茂德等皇帝也被奥罗修斯称为"王"。因此，在奥罗修斯的著作中，被他称为"王"的人们中既有奥罗修斯所欣赏的人物（霍诺里乌斯、阿道尔夫），也有奥罗修斯所敌视的人物（康茂德、菲尔慕斯、拉达盖苏斯），既有蛮族，也有罗马统治者。所以在奥罗修斯这里，"王"指的只是一般意义上的"统治者"，而并不是所谓的蛮族首领的专门头衔。

当然，并不仅仅只有基督教作家的作品中才会用"王"来指代统治者。和奥罗修斯同样生活在霍诺里乌斯皇帝时代的宫廷诗人克劳狄安并不是基督徒。[3] 在克劳狄安那里，"王"同样既可以被用来称呼蛮族统治者，也可以被用来称呼作者所歌颂的霍诺里乌斯皇帝以及其他狄奥多西家族的成员：在歌颂斯提利科功绩的诗歌中，克劳狄安称赞斯提利科不会让非洲"落入摩尔人的诸'王'之手"（dedita Mauris regibus）[4] 当斯提利科战胜了摩尔人之后，他可以在凯旋式上让士兵们拖着那些"屈服的'王'"

---

1 Orosius, *Historiarum Adversum Paganos Liberii Septem*, 7.28.27: "urbem nominis sui Romanorum regum uel primus uel solus instituit. quae sola expers idolorum ad hoc breuissimo tempore condita a Christiano imperatore prouecta est."

2 Orosius, *Historiarum Adversum Paganos Liberii Septem*, 7.37.11: "maxime cum imperatoris Honorii admiranda in rege continentia et sanctissima fides non parum diuinae misericordiae mereretur."

3 J. R. Martindale, ed., *Prosopography of the Later Roman Empire*, Vol. 2, *A.D. 395–527* (Cambridge: Cambridge University Press, 1980), pp. 299–300.

4 Claudian, *De Bello Gildonico*, 1.452, in *Claudian*, Vol. 1, with an English translation by M. Platnauer (Cambridge, MA: Harvard University Press, 1922), pp. 98–137.

(famulos reges)来展示他的战绩。¹ 而那些日耳曼人中"有威望的'王'"(vertice reges)都臣服于斯提利科。² 另一方面,斯提利科的这些功绩让人们看到了在霍诺里乌斯这位"正直的'王'"(rex pius)统治下所呈现的自由与公正。³ 当霍诺里乌斯不为愤怒和恐惧所动,那么他便能够成为他自己的"王",进而能够名正言顺地统治整个世界。⁴ 霍诺里乌斯的皇后玛利亚(Maria)是"诸多伟大的'王'的后裔,也必将生育出诸多的'王'"。⁵

即使在5世纪末和6世纪,也就是东哥特政权建立前后的时代,"rex"这个词的使用范畴实际上也没有特别明显的变化。麦乔治将奥多阿克的统治看成是蛮族统治,这是因为按照他的看法,"卡西奥多路斯清晰地指出,尽管奥多阿克使用了'王'这一头衔,但是他没有披上紫袍也没有使用象征皇权的仪仗"⁶。那么,卡西奥多路斯是否真如麦乔治所说"清晰地"指出了奥多阿克"王"这个头衔所含有的蛮族特性?

其实只要了解卡西奥多路斯《编年史》的结构,便能够发现卡西奥多路斯的基本观点和麦乔治所说的并不一致。卡西奥多路斯的《编年史》是一部简明扼要的历史著作,其内容从创世纪开始,一直到519年狄奥德里克的女婿欧塔里克和东部皇帝查士丁共同就任执政官为止。除了序言之外,卡西奥多路斯将他的《编年史》划分为六大部分,卡西奥多路斯分别将这六大部分命名为"亚述诸王时期"(reges Asyrii)、"拉丁诸王时期"(reges Latini)、"罗马诸王时期"(reges Romani)、"执政官设立以后"(hinc Consules)、"罗马诸皇帝时期"(imperatores Romani)。⁷ 奥多阿克统治时期和狄奥德里

---

1 Claudian, *De Consulatu Stilichonis*, 3.22, in *Claudian*, Vol. 2, with an English translation by M. Platnauer (Cambridge, MA: Harvard University Press, 1922), pp. 2-69.

2 Claudian, *De Consulatu Stilichonis*, 1.205.

3 Claudian, *De Consulatu Stilichonis*, 3.116.

4 Claudian, *Panegyricus de Quarto Consulatu Honorii Augusti*, 262: "tunc omnia iure tenebis, cum poteris rex esse tui." in *Claudian*, Vol. 1, pp. 286-335.

5 Claudian, *Epithalamium de Nuptiis Honorii Augusti*, 256: "magnorum suboles regum parituraque reges." in *Claudian*, Vol. 1, pp. 240-267.

6 Penny MacGeorge, *Late Roman Warlords*, pp. 292.

7 Cassiodorus, *Chronica*, 4, 44, 72, 95, 528, in *Cassiodori Senatoris chronica, Monumenta Germaniae Historica, Auctores Antiquissimi*, ed. Theodore Mommsen, Vol. 11 (Berlin: Weidmann, 1894).

克统治时期都被卡西奥多路斯看成是"罗马诸皇帝时期"中的一部分。[1] 所以从《编年史》这样的编排结构上可以看到,卡西奥多路斯显然并没有将奥多阿克和狄奥德里克在西部的统治看成是蛮族统治,他认为奥多阿克和狄奥德里克在西部的统治是"罗马诸皇帝时期"的事件。假如奥多阿克是颠覆了罗马帝国的蛮族统治者,那么在卡西奥多路斯的《编年史》中,476年之后应该会出现"蛮族统治者"之类的标题。而且在《编年史》的最后部分总结年代的时候卡西奥多路斯对狄奥德里克的女婿欧塔里克说:

> 从罗慕路斯到布鲁图斯和塔克文,也就是第一任的执政官们,一共240年,从布鲁图斯和塔克文开始一直到您就任执政官为止,按照我们从提图斯·李维和奥菲迪乌斯·巴苏斯(Aufidius Bassus)以及东部权威们所支持的复活节年历中所获得的统计结果,一共有1031年。[2]

通过对罗马历史的统计和对执政官职位连续性的评论,卡西奥多路斯明确地将东哥特政权和罗马历史联系了起来。在卡西奥多路斯看来,一直到519年欧塔里克就任执政官为止,罗马帝国在西部的历史从未中断过,奥多阿克是非法统治的篡位者,但不是与罗马帝国对立的蛮族统治者。

除了这些背景因素以外,卡西奥多路斯的原话也值得我们进一步推敲。卡西奥多路斯在《编年史》中的原话是这样写的:

> 在上述两位执政官的任期中,俄瑞斯特斯和他的兄弟保罗被奥多阿克杀死了,奥多阿克用了"王"这个称呼,但是他既没有披上紫袍也没有使用象征皇权的仪仗。[3]

---

1 Cassiodorus, *Chronica*, 1303-1371.

2 Cassiodorus, *Chronica*, 1369-1370: "A Romulo usque ad Brutum et Tarquinium primos consules anni sunt CCXL. A Bruto et Tarquinio usque ad consulatum vestrum sicut ex Tito Livio et Aufidio Basso et paschali clarorum virorum auctoritate firmato collegimus anni sunt MXXXI."

3 Cassiodorus, *Chronica*, 1303: "His conss. ab Odovacre Orestes et frater eius Paulus extincti sunt, nomenque regis Odovacar adsumpsit, cum tamen nec purpura nec regalibus uteretur insignibus."

奥多阿克没有披上"紫袍"（purpura）也没有使用象征皇权的"仪仗"（regale insigne），这说明奥多阿克并没有自立为罗马皇帝。如果我们将"rex"这个词理解为具有蛮族特征的词汇，将奥多阿克的"王"理解为蛮族头衔的话，卡西奥多路斯似乎没有必要用一个转折副词"但是"（tamen）引出后面的这一段补充说明。因为"奥多阿克成为蛮族的'王'，但是他没有成为罗马皇帝"这样前后矛盾的表达在逻辑上是难以说得通的。可见，卡西奥多路斯实际上知道"rex"这个词也可以指称罗马皇帝，所以他在后半句中才会特意对前半句中的"rex"这个词做进一步的补充限定。

综上所述，从4世纪以来的罗马作家对"rex"的用法中我们可以看到，"rex"更加贴切的翻译并不是"王"，而是"统治者"或者"领袖"。在上述这段有关奥多阿克的论述中，卡西奥多路斯意在强调：奥多阿克成为"统治者"，但是，这位"统治者"并不是皇帝，因为他没有披上紫袍，也没有象征皇权的仪仗。如果按照罗马帝国晚期的传统，将"rex"看成是没有蛮族特征的词汇，那么卡西奥多路斯的这段论述显然能够获得更加合理的解释。而且，这样的解读也符合他《编年史》的立意。

对"rex"这个词汇的解读不仅有助于我们理解奥多阿克政权的性质，也能够帮助我们理解狄奥德里克政权的性质。492年间，正在和奥多阿克交战的狄奥德里克第二次派遣使节前去东部寻求认可，但是迟迟得不到新上任的皇帝阿纳斯塔修斯的回复。《瓦勒西阿努斯匿名著作》写道：

> 狄奥德里克派遣福斯图斯作为使节前往芝诺那里，但是当后者去世的消息传来，而使节又尚未归来之时，狄奥德里克进入了拉文纳，杀死了奥多阿克，哥特人没有等到新皇帝的命令，推举狄奥德里克为王（rex）。[1]

如果将"rex"看成是带有蛮族特征的"蛮族的'王'"，那么这一段论述显然是有问题的。因为狄奥德里克早已继承了他父亲的地位成了东哥特人的"王"，为何在这

---

1 *Anonymous Valesianus*, 57, in *Anonymi Valesiani pars posterior*, *Monumenta Germaniae Historica, Auctores Antiquissimi*, ed. Theodore Mommsen, Vol. 9 (Berlin: Weidmann, 1892), pp. 306–328.

里东哥特人又要推举他为"王"？[1] 也曾经有一些研究者对此提出过解释。琼斯认为狄奥德里克希望阿纳斯塔修斯皇帝正式认可他作为"（蛮族）王"的统治地位。在琼斯看来，497 年狄奥德里克从东部迎回象征皇权的仪仗说明阿纳斯塔修斯皇帝正式承认了狄奥德里克作为"王"所拥有的统治意大利的权力，因为"意大利不再是罗马帝国的一部分，而阿纳斯塔修斯皇帝承认狄奥德里克是那里的王"[2]。

然而需要注意的是，在罗马帝国晚期的历史上，许多被称为"王"的蛮族领袖往往是罗马帝国的敌人。这些与罗马帝国为敌的统治者们被称为"王"和罗马皇帝的正式认可似乎并无必然联系，因为他们根本无需罗马政府的认可。琼斯一方面将"rex"看成是与"罗马统治"不相容的蛮族称号，但是另一方面却认为狄奥德里克希望这个称号能够获得罗马皇帝的认可。如果按照琼斯这样的理解，阿纳斯塔修斯皇帝在 497 年将西部皇权的仪仗送还给狄奥德里克实际上意味着罗马帝国从此正式放弃西部的统治，而将意大利等西部地区拱手让与蛮族。这实际上变成了一种"497 年罗马帝国西部灭亡论"。5 世纪末和 6 世纪初的史料中，站在东部朝廷立场上的马凯利努斯、约尔达内斯和普罗柯比等东部的历史作家所宣传的也是"476 年罗马帝国西部政权灭亡"的观点[3]，琼斯的这种"497 年罗马帝国西部灭亡论"似乎很难成立。

莫尔海德提出了另一种解释，认为这是一种王权的扩大化，即狄奥德里克的王权从统治哥特人扩展到统治意大利的其他各个民族。然而莫尔海德对自己的这一观点也并不完全确信，因为他也注意到在《瓦勒西阿努斯匿名著作》的论述中，将狄奥德里克推举为"王"的还是哥特人，并没有提到罗马人或者其他人也推举他为"王"，因此在莫尔海德看来，"此时狄奥德里克和君士坦丁堡的关系是难以判断的"[4]。

---

1 狄奥德里克继承他父亲的地位成为东哥特人的领袖大约是在 471 至 474 年间，参见 Jordanes, *Getica*, 288; J. R. Martindale, ed. *Prosopography of the Later Roman Empire*, Vol. 2, *A.D. 395–527*, p. 1078。

2 A. H. M. Jones, "The Constitutional Position of Odoacer and Theoderic," p. 128.

3 Marcellinus, *Chronicon*, 476, in *Marcellini v. c. comitis chronicon*, *Monumenta Germaniae Historica*, *Auctores Antiquissimi*, ed. Theodore Mommsen, Vol. 11; Jordanes, *Romana*, 345; *Getica*, 243, in *Iordanis Romana et Getica*, *Monumenta Germaniae Historica*, *Auctores Antiquissimi*, ed. Theodore Mommsen Vol. 5 (Weidmann, 1882); Procopius, *History of Wars*, 5.14.14, in Procopius, *Procopius*, Vol. 1–5, *History of the Wars*, with an English translation by H. B. Dewing (Cambridge, MA: Harvard University Press, 1914–1928).

4 John Moorhead, *Theoderic in Italy*, p. 38.

总之，如果将 rex 预设为具有蛮族特征的词汇，将之看成是"罗马统治"的对立面，那么狄奥德里克一面自称"蛮族的王"，一面又要寻求罗马皇帝对其统治的认可，这样的矛盾似乎很难有圆满的解释。如果去除"rex"这个词汇中的蛮族特征，按照罗马帝国晚期以来的传统将"rex"看成是"统治者"的话，《瓦勒西阿努斯匿名著作》中有关狄奥德里克的这些看似矛盾的论述便能够获得比较合理的解释。

《瓦勒西阿努斯匿名著作》提到，狄奥德里克是在没有等到新皇帝的认可后才被哥特人推举为"王"的。狄奥德里克所希望获得的认可来自于当初他与芝诺皇帝所做的约定，即芝诺皇帝认可他代替奥多阿克统治意大利。因此，这里所谓的"王"实际上指的是"意大利的统治者"。狄奥德里克的部下们并非要再次推举他为"蛮族的王"，而是想要在罗马皇帝没有认可的情况下推举狄奥德里克成为意大利的统治者。奥多阿克和狄奥德里克有时候也被称为"意大利的王"（rex Italiae）。[1] "意大利的王"既不是蛮族头衔也不是罗马帝国的官衔，实际上指的是"意大利的统治者"。

不过随着罗马帝国晚期"拉丁西部"与"希腊东部"在政治、宗教和文化传统上的逐渐分化，罗马帝国西部拉丁语中"rex"的这种使用方式可能并没有被东部希腊语的作家所熟悉。

在评价东哥特统治者狄奥德里克的政治身份时，普罗科比认为"狄奥德里克从未宣称过自己有权穿上皇袍，或者宣称自己是罗马人的皇帝，他直到最后都使用了'rex'的头衔（而这是蛮族们所习惯于称呼他们领袖的）"[2]。普罗柯比一方面认为狄奥德里克像皇帝一样进行统治，另一方面他也同样认为狄奥德里克的头衔"王"是蛮族

---

[1] 奥多阿克被称为"意大利的王"（rex Italiae），参见 Victor of Vita, *Historia Persecutionis Africanae Provinciae*, 1.14 in Karl Halm, ed., *Victoris Vitensis Historia persecutionis Africanae provinciae sub Geiserico et Hunirico regibus Wandalorum, Monumenta Germaniae Historica, Auctores Antiquissimi*, Vol. 3.1 (Berlin: Weidmann, 1879)。狄奥德里克同样被称为"意大利的王"，参见 Cassiodorus, *Variae*, 2.41.3, in *Cassiodori Senatoris Variae, Monumenta Germaniae Historica, Auctores Antiquissimi*, ed. Theodore Mommsen, Vol. 12 (Berlin: Weidmann, 1894); Gregory of Tours, *Historia Francorum*, 3.31, in *Gregorii Episcopi Turonensis Libri Historiarum X, Monumenta Germaniae Historica, Scriptores Rerum Merovingicarum*, eds. Bruno Krusch and Wilhelm Levison, Vol. 1 (Hannover: Impensis Bibliopolii Hahniani, 1884); 另见 John Moorhead, *Theoderic in Italy*, p. 40, n. 27。

[2] Procopius, *History of the Wars*, 5.1.26, 希腊语的"ρἠξ"是拉丁语"rex"的转写。

特征的词汇，在他看来，虽然狄奥德里克的统治具有皇帝的风范，但是东哥特政权仍然是一个蛮族政权，因为"王"是一个蛮族领袖的称号。

普罗柯比认为狄奥德里克使用的"rex"这个头衔"是蛮族们所习惯于称呼他们领袖的"。但实际上，通过与东部的拉丁语作家马凯利努斯著作的比较，我们可以发现普罗柯比这样的论述并不十分准确。马凯利努斯和普罗柯比基本上是生活在同一个时代的人，而且都是罗马帝国东部官员，他们可能都属于同一个社会阶层，但是他们的文化背景却并不相同。马凯利努斯是来自伊利里库姆地区的拉丁语作家，他要比普罗柯比更加了解罗马帝国晚期拉丁语中"rex"的含义。在马凯利努斯的《编年史》中，洗劫罗马城的盖瑟里克是"汪达尔人的王"（rex Vandalorum），使罗马帝国西部政权灭亡的奥多阿克是"哥特人的王"（rex Gothorum）。[1] 但同时，被奉为基督教皇帝典范的狄奥多西皇帝以及狄奥多西二世皇帝在马凯利努斯的著作中同样也可以被称为"王"（rex）：马凯利努斯记载了在386年，"狄奥多西'王'的第二任妻子加拉（Galla）在这一执政官年来到了君士坦丁堡"，而在449年，"狄奥多西'王'的妹妹玛利娜（Marina）寿终"。[2] 493年君士坦丁堡发生骚乱反对阿纳斯塔修斯皇帝，马凯利努斯记载了"'王和王后'的雕像被绑在绳子上拖着经过了城市"[3]。由此可见，马凯利努斯在使用"rex"的时候并没有固定的褒义或者贬义，"rex"只是对统治者的一般称呼。

在6世纪后期的著作中我们仍然能够继续看到这样的使用方式，都尔主教格雷戈里在《法兰克人史》中将克洛维的敌人叙阿格利乌斯（Syagrius）称为"罗马人的王"（rex Romanorum），"rex"在这里的意思显然和蛮族特征没有关系，仅仅意味着叙阿格利乌斯是这一地区罗马人的统治者。[4]

综上所述，仅以"rex"这个词为依据来判断奥多阿克和狄奥德里克政权的蛮族性，论据并不充分。在罗马帝国晚期拉丁基督教传统的影响下，拉丁语中的"rex"这

---

[1] Marcellinus, *Chronicon*, 455, 476.

[2] Marcellinus, *Chronicon*, 386.2: "Galla Theodosii regis altera uxor his consulibus Constantinopolim vemt"; 449: "Marina Theodosii regis soror fail munus implevit."

[3] Marcellinus, *Chronicon*, 493: "statuae regis reginaequae funibus ligatae atque per urbem tractae."

[4] Gregory of Tours, *Historia Francorum*, 2.27.

个词至少是一个中性的词,可以指代各种各样的统治者,并且在一定程度上可以说明统治者的权威。卡西奥多路斯和马凯利努斯等6世纪的拉丁语作家都了解这样的用法,在一般情况下,当时的人们并不会感觉到其中有任何贬义或者蛮族的特征。

(本文作者为上海师范大学人文学院副教授)

关于拜占庭皇权专制*

陈志强

拜占庭皇权专制问题受到学者们关注,但通常认为拜占庭人没有新创造。极具影响力的英国著名拜占庭学家仁西曼虽然终生痴迷于拜占庭历史与文化,但对拜占庭政治思想创新采取鄙视态度。他曾在其《拜占庭文明》中指出:"当西方涌现出众多作家讨论教会与国家、皇帝与国王和教宗,及其相互之间的关系问题时,拜占庭许多世纪里,都没有产生出一位政治理论家。"[1] 他的这种看法其实与其英国前辈学者爱德华·吉本类似,后者在其名著《罗马帝国衰亡史》的字里行间对拜占庭人的"奴性"做出批评,称他们的"精神毕竟充满了奴性"[2]。吉本对拜占庭皇权专制的负面评价意见影响深远,但启蒙时代对拜占庭皇权否定性倾向后来得到调整。如英国拜占庭学界重要人物拜尼斯认为,拜占庭人的创建在于"政治思想,即东罗马王权理论",他们的政治理论"论及专制主义,这在东罗马帝国是唯一可行的政府管理模式",也是同时代

---

* 本文属于国家社科基金重大项目"拜占廷历史与文化研究"(14ZDB061)的阶段性成果。

1　Steven Runciman, *Byzantine Civilization* (London: Edward Arnold Ltd., 1933), p. 79.

2　比较而言,该书中译本商务印书馆出版的版本比吉林出版集团出版的版本更为准确,故这里采用前者。Edward Gibbon, *The History of the Decline and Fall of the Roman Empire* (London: George Bell & Sons, 1891), VII, p. 258. 爱德华·吉本著:《罗马帝国衰亡史》,黄宜思等译,商务印书馆1997年,下册,第597页。爱德华·吉本著:《罗马帝国衰亡史》,席代岳译,吉林出版集团有限责任公司2008年,第6卷,第317—318页。专门研究拜占庭知识分子的巴科尔也认为他们"很少原创性",Ernest Barker, *Social and Political Thought in Byzantium, from Justinian I to the Last Palaeologus* (Oxford: Oxford University Press), 1957, p. 2. 直到新世纪初,这样的意见仍影响着牛津拜占庭史的写作,其主编曼戈教授就认为拜占庭知识分子不"以独创性著称,而是因博学与鸿篇巨著闻名"。西里尔·曼戈主编:《牛津拜占庭史》,陈志强、武鹏译,北京师范大学出版社2015年,第18页。

欧洲其他地区少见的。[1] 笔者认为关于拜占庭帝制问题的研究应该更具世界眼光，即开展横向比较研究，从不同地区帝制的多样性中寻求这一人类社会现象的普遍性和特殊性。

一

拜占庭皇帝专制的来源大体有两方面。古代希腊的思想因素对拜占庭帝制的影响主要反映在文化方面。拜占庭核心区域长期集中的东地中海及其周边地区是古典希腊文化发生发展、始终活跃的区域，这里的居民不仅一直使用希腊语，而且崇尚希腊古典文化传统。历代拜占庭知识分子身处浓厚的古典文化传统中，自然而然成为古希腊文化的传承者。拜占庭知识分子自觉或者不自觉地受到古希腊文明和罗马文明的熏陶，始终以众多"前辈"作家和大师为荣。就传承前代政治思想成果而言，拜占庭知识分子与继承周秦之际思想的中国古代知识分子有相似之处。正是由于拜占庭知识分子对古典文明的继承才使得他们能够在上千年时间里始终处于前工业化时代欧洲地中海世界文明的制高点，这非常类似于以中原文化为思想核心的东亚知识分子。

国内外知识界对拜占庭文化具有强烈的尚古倾向并无异议，对古典文化长期得到拜占庭知识界的保护也有共识。拜占庭人在新都规划[2]、君士坦丁堡建筑和古典装饰符号[3]、大量城市雕像方面[4]，都严格遵循古典传统，使帝国首都成为尚古的代表。[5] 拜

---

1 N.H. Baynes, *Byzantine Studies and Other Essays* (London: Athlone Press), 1955, pp. 32, 48.
2 Sir Banister Fletcher, *A History of Architecture*, revised by J.C. Palmes (London: University of London, The Athlone Press, 1975), pp. 371-402. (Byzantine Architecture)
3 John Freely, *Istanbul, the Imperial City* (London: Penguin Group, 1998), pp. 37-47, 35-34.
4 Edward Gibbon, *The History of the Decline and Fall of the Roman Empire* (London: J. Murray, 1905-1906), II, p. 189.
5 爱德华·吉本著：《罗马帝国衰亡史》，商务印书馆1997年，上册，第382页。这个缩编本由黄宜思父女翻译，译文基本上能够反映出吉本作品的语言风格，但是其中错译、漏译颇多，可能是所选用的英文文本有问题。

占庭人好古之风还表现在对古代文史作品的模仿方面。君士坦丁堡成为尚古思潮的中心，大量古典文献在此得到保护，著名学者佛条斯的《书目》集中代表了拜占庭人的阅读倾向，其中便包括大量古典作家的杰作。[1] 书中谈到6世纪的一位拜占庭高官学者深入研讨柏拉图和西塞罗的作品，并以古代哲人将君主专制、寡头统治和民主制度的分类当作探析政府形式的标准，认为这种分类是"最好的真理"[2]。9世纪的君士坦丁堡修辞学家科米达斯对《荷马史诗》进行的重校整理是此后几个世纪最权威的版本。[3] 直到11世纪，知名的历史作家普塞罗斯还写道，他在少年时代即可背诵《荷马史诗》。[4] 佛条斯就宣称其案头必读书中包括希罗多德的作品。[5] 科穆宁王朝公主安娜在撰写《阿莱克修斯传》时明显模仿希罗多德的写作风格，后世学者认为这代表着当时拜占庭历史写作的倾向。[6] 帝国灭亡前夕，许多拜占庭学者仍致力在意大利推广古典学问和古希腊文史哲知识。[7] 拜占庭知识分子促使古典希腊文化为拜占庭帝制服务。

就拜占庭帝制而言，拜占庭人主要受古代罗马帝国影响。作为古典文化极为重要的组成部分，古代罗马文化也受到拜占庭人的喜爱，他们自称为"罗马人"，以正宗继承人的身份继承古罗马文化，尤其在帝国政治制度、基督教神学、法律和大型工程技术方面表现突出。罗马帝国中央集权制度在拜占庭帝国继续发展成为皇帝专制官僚制度，罗马帝国时代产生的基督教在拜占庭皇帝支持下，发展成为官方的主流意识形态，东正教与世俗皇权紧密配合，成为帝国的"国教"。6世纪查士丁尼一世下令编纂的《罗马民法大全》成为此后拜占庭法律的发展基础。[8] 罗马法治思想在查士丁尼的《法理概要》得到体现：一个好皇帝"应该不仅以其武力而获尊荣，还必须用法律来武

---

[1] A.A. Vasiliev, *History of the Byzantine Empire*, Wisconsin: University of Wisconsin Press, 1958, I, pp. 361–362.

[2] Ernest Barker, *Social and Political Thought in Byzantium, from Justinian I to the Last Palaeologus*, pp. 63–64.

[3] K. Krumbacher, Ιστορία της Βυζαντινής λογοτεχνίας (Αθήναι: Εκδόσεις Βας. Ν. Γρηγοριάδης, 1974), II, p. 644.

[4] Michael Psellus, *The History of Psellus*, ed. J.B. Bury (London: Methuen & Co., 1899), V, p. 55.

[5] K. Krumbacher, Ιστορία της Βυζαντινής λογοτεχνίας, II, pp. 216–220.

[6] Anna Comnena, *The Alexiad of Anna Comnena*, trans. E. R. A. Sewter (London: Penguin Books, 1969), Preface.

[7] 陈志强、张俊芳：《末代拜占庭知识分子对文艺复兴运动的影响》，《史学集刊》2016年第3期，第199—208页。

[8] J.M. Hussey, ed., *The Cambridge Medieval History* (Cambridge: Cambridge University Press, 1978), IV, ii, pp. 55–79.

装,以便在战时与和平时都有法可依,得到正确的指导;他必须是法律的有力捍卫者,也应是征服敌人的胜利者"[1]。这种思想成为拜占庭皇帝统治合法性的依据之一。而罗马帝国的政治体制更是拜占庭人一贯坚持的"传家宝",他们将这种制度发展为皇帝专制,成为拜占庭帝国区别于欧洲地中海世界其他王权的重要特征。直到帝国统治的末期,皇帝们仍致力于重现古罗马时代的辉煌。[2]

二

拜占庭专制皇权控制社会政治、经济、司法、宗教、文化各种最高权力,深入各项制度,影响其各方面的生活,这一权力是拜占庭社会公共权力的最重要表现形式,是拜占庭帝国最具典型意义的象征。

当时的御用文人和基督教思想家就大力论证皇帝专制政治的合理性,认为上帝创造的生命世界自然存在着"王",皇帝就是人类的"王",如同蜜蜂中的"蜂王"。[3] 拜占庭帝制最为强盛的时期在 6 和 11 世纪,其间拜占庭作家普罗柯比和安娜·科穆宁都留下了细致的记载。[4] 根据他们的说法,拜占庭社会呈金字塔形的政治结构:皇帝处在塔尖,其下有庞大的等级森严的官僚贵族集团,社会最低层是广大的城乡劳动者。据安娜的记载,皇帝"将与自己有血缘关系的亲属都纳入其贵族精英阶层的最高等级,他们形成了皇帝周围最可靠的群体和治理帝国的团队,成为他最信赖的宠臣。

---

[1] Justinian, *The Institutes of Justinian*, trans. J.A.C. Thomas (Amsterdam: North-Holland Pub. Co., 1975), Introduction.

[2] 直到 1453 年,末代拜占庭人仍称其皇帝为"罗马皇帝",Georgios Sphrantzes, *The Fall of the Byzantine Empire, A Chronicle by G. Sphrantzes, 1401-1477* (Amherst: The University of Massachusetts Press, 1980), p. 128.

[3] F. Dvrink, *Early Christian and Byzantine Political Philosophy: origins and background* (Washington: Dumbarton Oaks Center for Byzantine Studies, 1966), Vol. 2, p. 611.

[4] Procopios, *The Wars, the Buildings, the Secret History*, trans. H. Dewing (London: Loeb Classical Library 1914-1935); Anna Komnene, *The Alexiad*. 普罗柯比著:《秘史》,吴舒屏、吕丽蓉译,陈志强审校注释,上海三联书店 2007 年。

在这个核心精英群体周围，阿莱克修斯（皇帝）又打造了另一个贵族等级，他们是由与皇室成员具有婚姻关系的亲属构成的，例如女婿、妻弟、连桥，以及因婚姻关系形成的兄弟、叔伯等人被赐予'君主'（despotes、gambrol）的贵族头衔。在第二个等级之下，阿莱克修斯还吸收了其他亲属，包括由侄子、外甥、表亲、堂兄弟等构成的第三等级和与他们结成夫妻的亲属构成的第四等级贵族"。贵族之下是富有的臣民，底层是大量劳动者。[1]

皇帝是拜占庭帝国的象征，是各种权力的集中代表、政治生活的核心。皇帝在拜占庭历史早期就成为集政治、军事、宗教、司法等多种权力于一身的最高权力的代表者，其权势渗透到拜占庭社会各个方面。他被神化为上帝在人间的代表，无论在军队、元老院，还是在公民中，他都受到顶礼膜拜和山呼万岁。为了体现其特殊的神圣地位，太阳是皇帝的象征，沉默是他保持庄严的方式。皇帝还拥有对教会的"至尊权"，不仅掌握着召集宗教大会和任免高级教士的权力，而且拥有对教义的解释权和对宗教争端的仲裁权。他还是法律的制定者，对其属下和臣民的人身财产具有决定权。普罗柯比在其独白式的《秘史》中就谴责查士丁尼皇帝："杀死成千上万的人或夺取其他个人的财产算不了什么，甚至当这些人没有给予他任何口实的时候，他也毫不在意地处理掉他们……他还把另外一些人的财产连同他们的生命一起剥夺掉。"[2]

理论上，皇帝的权力来自他对帝国全部土地的所有权和由此产生的财政权利，实践上则来自对军队的控制。从历史发展趋势看，拜占庭帝国皇权不断得到强化，其他贵族的政治权力则被削弱。元老院曾在晚期罗马帝国政治生活中发挥过重要作用，元老院是权力最大、声誉最高的议事会和咨询机构，积极参与国家重大决策。拜占庭时代采取多项措施限制其权力，剥夺了元老院大部分行政功能。甚至要求元老像其他等级一样，在觐见时必须五体投地，分别亲吻皇帝和皇后的两脚，行"吻靴礼"大礼，甚

---

1 Komnene, Anna, *The Alexiad*, trans. by E. Dawes, London 1928; trans. by E. Sewter, N.Y. Penguin, 1969, pp. 94-112. 陈志强、李秀玲：《皇帝阿莱克修斯的帝国政治治理研究》，《华中师范大学学报》2016 年第 1 期。

2 Procopius, *The Anecdota*, trans. H.B. Dewing (Cambridge, Massachusetts: Harvard University Press, 1998), pp. 76, 77. 普罗柯比著：《秘史》，第 29—30 页。

至通过嘲弄侮辱贵族的方式迫使属下屈服。[1] 这种宫廷礼仪上的变化反映了元老身份性质上的变化。类似的变化也发生在执政官身上，其丧失行政职能并逐渐转变为荣誉称号这一事实表明社会权力向皇权集中，7 世纪上半期，执政官就退出了历史舞台。又如控制朝政的主要官员总理大臣（或翻译为"执事长官"），曾权倾一时，参与重大国事的决策，与大政区总督、军队司令和司法大臣等一样为御前会议伯爵，控制朝廷的行政事务，举凡指挥禁军团，检查巡视东方边境部队，派遣稽查使全面监督各级官员，监管全国各级公路和驿站，签发通关文牒，主持外交活动，参与对外谈判和缔结条约，安排外宾接待，掌管宫廷庆典仪式，参与审理重大案件，控制宫廷日常事务，包括皇宫内外照明，都在他的职权范围内。但是，这样重要的官职到 7 世纪时，其权力被逐步剥夺，最终仅保留官名，参加宫廷仪式而已。[2] 拜占庭皇权集权程度之高、存在时间之长在欧洲历史上是绝无仅有的。

促使拜占庭皇帝专制不断强化的一个重要因素是人居密度不断增大。拜占庭帝国所在地区多样性的资源环境决定了当地人居环境的优越性，使得该地区成为具有巨大诱惑力的富庶的农耕区，并吸引大量外族居民的迁入，进而成为地中海和欧洲地区多民族迁徙的主要区域，促使拜占庭帝国人口不断增加。人居密度大和移民迁入引发频繁的战争，这是拜占庭历史的重要特点。根据学者的初步研究，在中古时期，拜占庭人口占欧洲总人口的比例一直高于欧洲其他地区。根据齐波拉主编的《欧洲经济史》[3]，自 500 至 1340 年间，意大利人口从 4 百万增加到 10 百万，法兰克人口从 5 百万增加到 19 百万，英国人口从 4 百万增加到 10 百万，德意志和北欧人口从 3.5 百万增加到 11.5 百万。而大约在同一时期，拜占庭人口远远高出欧洲其他地区，最多时达到 50 百万。像拜占庭首都君士坦丁堡这样的大型城市，在欧洲其他地区没有出现过。

---

1 普罗柯比举出很多具体例子说明皇后是如何随意残害异己，不是秘密处决就是动用酷刑，甚至强制阉割关入修道院。Procopius, *The Anecdota*, pp. 189—197. 普罗柯比著：《秘史》，第 79—82 页。

2 M. Clauss, *Des magister officiorum in der Spatantike* (Munchen: C.H. Beck 1980), pp. 122-160. 陈志强：《古史新说——拜占庭研究的新亮点》，人民出版社 2019 年，第 212 页。

3 卡洛·M. 齐波拉主编：《欧洲经济史》，徐璇译，商务印书馆 1988 年，第一卷，第 28 页。数字单位以百万计。另外，东欧的人口数字与本文无关，仅列出合计，不再列出东欧地区详细人口变化情况。

直到1150至1300年中欧和西欧人口增加最快时[1],其首次出现的所谓大城市人口不过数万人,如政治和商业中心城市巴黎、伦敦、科隆、布拉格的居民仅3万余人。而君士坦丁堡在6世纪时人口高达50万以上。一般而言,当居民人数达到了一定数量后,社会公共权力必然趋于集中,其政治形态也相应地趋于专制。当某一地区居民人数没有超出血缘联系的"小共同体"容量范围时,其社会公共权力的发展似乎停留在"原始民主制"阶段。当人居数量因种种因素,特别是自然和人文环境(包括阶级)因素的影响而扩大,使原有的权力结构无法容纳或解决由此引发的其他问题时,新的公共权力形式便出现了,城邦(邦国)是一个阶段,专制君主统治的国家是另一个阶段。中古时期,分散在世界各地的诸民族大体都经历了相同的历史发展进程,世界范围出现的专制王权都与人居数量有关。[2]

由于历史的原因,拜占庭帝国继承了罗马帝国的政治传统。在西罗马帝国日益衰亡的过程中,拜占庭帝国却不断强化其皇权。为了推行其意旨并保持君主专制制度的运行,拜占庭皇帝建立起庞大的官僚机构,并逐步使所有的官吏成为只对其个人负责的国家机构。皇帝严密控制高级军政官僚贵族的任免权,并将包括教会在内的各种势力当作维持统治的工具。[3] 就各种社会权力的高度集中和官僚机构的庞大完备而言,中古时期欧洲其他国家无出拜占庭帝国之上者。

官僚贵族是皇帝推行专制统治的工具,是组织严紧的阶层。拜占庭帝国官僚机构具有庞大完备、等级森严的特点,大体上分为行政(包括司法)、军事和教会三大系列,其中高级官员的任免权控制在皇帝手中。元老头衔被划分为"杰出者"、"显赫者"和"辉煌者",高级官吏包括大政区总督、执政官、首都市长、总理大臣和君士坦丁堡大教长,其下中央朝廷部门齐全,各司其职,其中最重要的部门是国库,6世纪拜占庭

---

[1] 马克垚:《西欧封建经济形态研究》,人民出版社2001年,第372页。
[2] 马克垚:《古代专制制度考察》,北京大学出版社2017年,第39—45页。作者关于君主专制的一般性定义是有说服力的。
[3] "查士丁尼一接管皇权就把一切搞得天翻地覆,从前要由法律决定的事,现在被他转移给了政府,同时他还废除了所有的习惯法,还设立了效忠于他的官僚机构。"Procopius, *The Anecdota*, p. 131. 普罗柯比著:《秘史》,第54页。

帝国财政管理被置于三个部门长官监管之下，即大政区总督、圣库伯爵和皇家私产长官：大政区总督掌管大政区金库，圣库伯爵主管十个财政部门，皇家私产长官主管八个司。[1] 如此细密的官僚机构可保证按照皇帝意旨调配资源和搜刮财富。为确保官僚系统高效率地运行，拜占庭人通过严格的遴选制度保持官吏具有较高文化素质，通过完善的教育方法，不断培养各级官员。为了防止官僚集团势力控制皇权，每代皇帝都不断打乱调整官僚的等级。这是拜占庭政治生活的又一重要特点。例如大政区总督原为军职，后来扩大为行政官职。《罗马民法大全》公法部分规定："大区长官也由皇帝任命。并且皇帝赋予其在修改公共规章方面更广泛的权力。"[2] 他经常以副皇帝的身份在其所辖区域内行使行政司法职权，负责辖区内的税收、司法、公路、邮政驿站、公共建筑、食品供应、士兵征募、军械兵器生产、区内贸易、商品物价和国立高等教育等项事务，代表皇帝处理上诉至帝国最高法庭的案件，有权按照皇帝的意旨起草和公布法规。军区制下的地方首脑"将军"权限广泛，后来被皇帝逐步弱化，7世纪的阿纳多利亚军区到10世纪被分为十个小军区，其"将军"的权力自然相应缩小。[3]

拜占庭帝国庞大的官僚机器也是其他欧洲和西亚民族无法比拟的，却可以与中国古代媲美。一方面是不断强化的皇权，另一方面是完善高效的官僚系统，使得拜占庭帝国成为欧洲历史上最具典型意义的皇帝专制国家。而高度强化的皇权（特别是庞大的官僚机构）存在的物质基础是相对发达的农业生产。现代学者估计，拜占庭人谷物种植的产量普遍在播种量的2至5倍之间，个别高产农田可以达到20倍。拜占庭帝国高度中央集权的皇帝专制制度是建立在皇帝拥有全国土地所有权的基础上，这也是拜占庭封建政治有别于欧洲其他国家的特点。无论是皇产、教产还是农民或地主的私产，都自愿或被迫服从皇帝的安排。如果一定要以"国有"或"私有"的概念来衡量的话，拜占庭帝国土地是处于皇权控制下的流动状态，即不断变换两种所有权。皇帝可

---

[1] J. B. Bury, *The Imperial Administrative System in the Ninth Century* (London: Pub. for the British academy by H. Frowde, 1911), pp. 36-39. 陈志强：《古史新说——拜占庭研究的新亮点》，第208页。

[2] Justinian, *The Institutes of Justinian*, p. 28.

[3] 陈志强：《拜占廷军区制和农兵》，《历史研究》1996年第5期。

以将土地赏赐贵族,使该土地从国有变为私有。皇帝也可以没收贵族的土地充公,使该土地从私有转变为国有。以服兵役为代价分配给农兵耕种的军区所辖地被军事贵族侵吞后,就使该土地的主权发生转移。而国家通过法令强制恢复对教会土地的税收则意味着恢复了该土地的国有性质。总之,以皇帝为首的拜占庭国家以纳税为条件将土地通过多种形式分配给个人使用,个人之间以地租为条件转换使用权,国家始终保持对任何土地的税收和没收权力[1],这是否相当于我国古代的"普天之下莫非王土"?税收是皇帝实现其土地所有权的主要方式,因此拜占庭帝国拥有西方中古世界最完备的税收体制,一支训练有素素质极高的税收官僚队伍保证了税收的完成。拜占庭帝国从开始就征收货币和实物结合税,而纳税人的范围包括所有臣民,税收的种类遍及所有行业。直到拜占庭帝国晚期,皇权衰落使政令只能在首都及其郊区实行,此时在遥远的黑海南岸和爱琴海沿海个别地区出现了"亲王封地",在小亚细亚出现了军事贵族大地产,脱离了国家税收体制的控制。拜占庭皇权就建立在这一税收体制上。

皇帝专制制度使拜占庭人避免了西欧等级封建制度的诸多弊端,并依靠国家的整体实力在东地中海动荡的战争环境中保持了相对安定的人文环境,维持了相当长时期的社会繁荣。事实上,富庶稳定的生产生活环境形成了正负两方面的后果,一方面加速了人口向城市中心的自然流动,另一方面刺激了外族入侵掠夺财富的欲望。拜占庭首都和心腹地区所处地理战略位置极为重要,该地区控制欧洲与亚洲的传统交通要道,扼守黑海进入地中海的海路。南来北往的便利交通既为拜占庭人提供了得天独厚的经济地理优势,但也形成了不断面临诸多外来民族攻击的险境。拜占庭帝国中期历史上出现的军区制改革完成了社会军事化,使资源配置适合战争的需要,人力和物力资源暂时满足了战争的需求,使国家保持了近五百年的强盛。而当这一合理的资源配置遭到破坏后,拜占庭帝国就进入其衰亡阶段了。

---

[1] Procopius, *The Anecdota*, pp. 269-277. 普罗柯比著:《秘史》,第 111—114 页。

三

影响拜占庭帝制发展的重要因素首推基督教，后者对拜占庭皇帝专制产生了积极和消极的影响，需要仔细分析。

东地中海地区是基督教萌发和快速崛起的平台。基督教从君士坦丁大帝推行"基督教化"政策以后迅速发展，教会经济政治实力迅速增强，势力快速扩张。基督教在其最初发展的几百年间主要活跃在东地中海，早期的"五大教区"中心即亚历山大、安条克、罗马、耶路撒冷、君士坦丁堡全部为沿海城市，其中四个在帝国东部。[1] 拜占庭人继承了罗马基督教遗产，形成了帝国官方支持的信仰体系，也成为帝国正统的主流思想。[2] 东方神秘主义的影响一直持续到拜占庭帝国末期。[3] 据我们对现存史料的分析，仅撰写325至439年间基督教历史的作者就有五人，而同期世俗编年史既不连贯，数量又少。[4] 教会对教育的控制逐渐形成，君士坦丁堡大教长担任皇家学校的校长。[5] 基督教神学则主导着拜占庭人的思想，出现了帝国政治宗教化的倾向，这恰好与周秦之际中原宗教政治化倾向相悖。[6]

拜占庭知识分子痴迷于基督教信条和神学理论的思考，在现世政治问题上缺少热情，或者是力图通过宗教思维表述其政治主张。毁坏圣像运动是拜占庭帝国世俗统治集团打击教会势力的斗争，完成了皇帝对教会的掌控[7]，进而也就主导了拜占庭人对政治问题的思考。拜占庭知识分子要系统地接受基督教和世俗知识的教育，他们既要学

---

1 于可：《世界三大宗教及其流派》，湖南人民出版社2005年，第28—32页。罗竹风主编：《宗教通史简编》，华东师范大学出版社1991年，第319—320页。陈钦庄：《基督教简史》，人民出版社2004年，第98页。约翰·麦克曼勒斯主编：《牛津基督教史》，张景龙等译，贵州人民出版社1995年，第74—75页。

2 最能够反映东正教神学这一特点的作品是布尔加科夫和洛斯基的作品，布尔加科夫著：《东正教——教会学说概要》，徐凤林译，商务印书馆2001年，中译本前言。洛斯基著：《东正教神学导论》，杨德友译，河北教育出版社2002年，中译本导言。

3 陈志强：《拜占庭文明探秘》，云南人民出版社2001年，第203—208页。

4 G. Ostrogorsky, *History of the Byzantine State*, trans. J. Hussey (New Brunswick: Rutgers University Press, 1957), p. 24.

5 S. Runciman, *Byzantine Civilization* (New York: Meridian Books, 1959), p. 225.

6 朱凤瀚：《商周时期的天神崇拜》，《中国社会科学》1993年第4期。

7 陈志强：《拜占廷毁坏圣像运动的原因》，《世界历史》1996年第3期。

习《圣经》，也要背诵《荷马史诗》，但神学思考更重要。政府官员和教会高级僧侣均被要求具有教俗两方面的文化修养，但基督教信仰更重要。君士坦丁堡大教长尼基弗鲁斯（806—815年在任）虽然师从世俗学者，但其高等教育是在教会学院完成的。[1] 名垂青史的拜占庭大学者几乎无一例外地精通教俗文化，但对神学和宗教问题的思考更胜一等。

拜占庭帝国兴起之初，即延续罗马帝国传统形成了较为强大的中央集权，以皇帝为中心的庞大官僚机构层层控制着包括教士在内的社会各个阶层。325年召开的尼西亚基督教大会明确规定，皇帝是基督教教会的最高首脑，拥有对教会的最高领导权。皇权高于教权的思想和制度虽然在拜占庭历史上多次受到教会的挑战，但是总体而言，教会权力始终服从皇权。直到1389年，大教长安东尼奥斯（1389—1390年在任）还致信莫斯科大公称："圣洁的皇上占据教会的最高地位，他不像其他地方的君主王公。皇上从开始即为全世界确立并肯定了真正的信仰，皇帝召集宗教大会，还以法律使人们服从神圣教会法确定的真正信条和教会正宗生活的东西，基督教不可能有教会而没有皇帝。"[2] 这种政治和宗教权力高度契合的现象与以中原文化为核心的东亚很不一样。

拜占庭皇帝专制程度在中古欧洲范围内达到了顶峰，但是将其置于世界范围，则表现出诸多局限性。换言之，拜占庭皇权受到多种因素的限制。首先以皇权继承为例，拜占庭皇权没有出现我国中古时代比较单一的父死子继的方式。有的学者认为兄终弟及的继承方式是原始社会母权制残余的反映，是长子继承制发展的必经阶段[3]，但是在拜占庭帝国，这一继承方式成为父死子继的补充，它不仅体现了男性继承的原

1　K. Krumbacher, *Ιστορία της Βυζαντινής λογοτεχνίας*, II, p. 709.

2　John Shelton Curtiss, *Church and State in Russia* (New York: Columbia University Press, 1940), p. 8. 有人将拜占庭皇权归于政教合一的神权政治，类似于伊斯兰哈里发国家，这种看法不妥，因为拜占庭皇帝并不直接干预教会日常事务，而是控制教会领导层。

3　辜燮高先生在其《苏格兰、日本、英格兰和中国的兄终弟及制》说明了这种意见，他认为，兄终弟及制度是母系氏族社会的残余，是父死子继制度形成的必经阶段。辜燮高：《苏格兰、日本、英格兰和中国的兄终弟及制》，《世界历史》1986年第4期；《从继承制看马克白斯在苏格兰历史上的地位》，《世界历史》1981年第6期。

则，而且维护长子继承原则，因为，它是在父死子继和长子继承无法实现的情况下才发挥作用。马其顿王朝一度按兄终弟及的原则传承皇权，使王朝得以延续。[1] 拜占庭帝国传统的婚姻制度和保守的基督教婚姻法制约其父死子继制度的正常推行，同时也产生出多种补充形式辅助这种主要的继承方式。这与中国古代皇权继承形成对照。[2] 拜占庭社会实行一夫一妻制，杜绝蓄妾，其立法严禁再婚，特别是坚决禁止重婚和蓄妾，教会法公开指责蓄妾无异于嫖娼。《查士丁尼法典》明文禁止蓄妾，对违反者处以剥夺公民权的惩罚。[3] 这样，在婚姻制度不能保证产生皇帝继承人的同时，禁止蓄妾的制度又堵塞了解决问题的其他途径，拜占庭皇帝继承中的危机始终难以缓解。拜占庭帝国12个王朝大部分是短命王朝：君士坦丁王朝仅经历了两代5位皇帝，其中3位同时在位，该王朝统治共39年，平均每个皇帝在位不到8年；塞奥多西王朝经历3代4主，其末代血亲皇帝塞奥多西二世虽在位42年，终因无男性后裔，王朝灭绝；利奥王朝与前朝经历类似，仅经3代灭亡；查士丁尼王朝曾是拜占庭帝制统治强盛时期，但是，皇位仅传两代3主；伊拉克略王朝经历5代6皇，比其前代统治时间略长，其间有3帝并立时期；伊苏里亚王朝再次下降到4代5主，其末代女皇废黜亲生儿子自立，终使王朝灭亡；阿莫利王朝3代3帝，末代皇帝两岁即位，27岁时被杀，王朝灭绝；马其顿王朝虽有6代19位皇帝主政，但是，其中只有9人为皇室血亲，其他10人或是篡位的军事将领或是玩弄权谋的宫廷政客，他们通过与皇族联姻获得合法地位，该王朝晚期竟有5人是以皇室公主情人身份登基的；科穆宁王朝是由两个家族构成的，一些学者将之分为科穆宁和杜卡斯两王朝，其5代10帝如按家族计算均没能超过4代；安格罗斯王朝则仅经历了2代4帝，皇室内讧导致首都陷落；流亡时期的尼西亚王朝只经历了4代4帝，其第二代皇帝并非皇室血亲；末代王朝帕列奥列格王朝经历8代，是拜占庭历史上统治时间最长的。相比之下，我国古代除了分裂时期和秦、隋两朝外，统一王朝的寿命平均在10代以上。拜占庭帝国皇权继承极不稳定，同

1　Michael Psellos, *Chronographia*, ed. E. Renauld (Paris: Les Belles Lettres, 1926-1928), pp. 158-167.
2　王超：《唐朝皇帝制度的发展与完善》，《南京大学学报》1985年第4期。
3　Justinian, *Corpus Iuris Civilis*, trans. S.P. Scott (A.M., Cincinnati: The Central Trust Company, 2001), V, xxvi. 1.

时反映了其受到的制约。

其次,拜占庭皇帝专制还受到教会的掣肘。虽然皇权控制东正教的发展,使教会没有如天主教在西欧那般强大,但是教会对皇权一直有多方面的限制。君士坦丁一世确立的皇帝对教会的"至尊权"包括召集主教大会权、任免教会最高首脑权、仲裁教会争端权、教义解释权等。换言之,皇帝将教会变为精神统治的工具,使教会等同于政府的一个部门。当东正教羽翼未丰、势力尚弱时,世俗统治集团拉拢扶植其发展,两种势力相互利用,密切配合。而当教会实力膨胀,成为重要的社会力量,教会就干预朝政,使教俗权力发生冲突。8世纪爆发的拜占庭"毁坏圣像运动"就是以皇帝为首的世俗权力集团以"圣像之争"为借口,对教会权势集团发动的斗争。[1] 而教会对世俗土地的占有也导致皇权多次对教产大肆没收。教会以利奥六世"第四次婚姻"为借口引发的政治危机延续了数十年。直到拜占庭人陷入土耳其重兵包围,帝国命运危在旦夕时,皇帝君士坦丁十一世仍因教会的阻碍而无法实现其从西欧搬兵救援的计划。[2]

最后,拜占庭知识分子和首都居民也对皇权形成了一定程度的约束。首都君士坦丁堡的居民虽然总体上受到皇帝专制的控制,但还是有其干预朝廷政治生活的方式。他们不仅在大知识分子(通常为教会领袖)领导下多次发动推翻皇帝的骚乱,而且积极参与兴立君主的活动,成为历任皇帝不能轻视的政治力量,特别是在内外形势动荡的多事之秋,城市居民往往自觉或不自觉地担当起改朝换代的历史任务。有的西方拜占庭学家将城市居民列入决定皇权继承的几个重要因素之一。换言之,拜占庭皇权也受制于首都居民形成的政治势力。

(本文作者为南开大学历史学院教授)

---

1 陈志强:《拜占廷毁坏圣像运动的原因》,《世界历史》1996年第3期。
2 1453年君士坦丁堡陷落时的幸存者杜卡斯就记载说,反对教会合并派领袖鲁卡斯大公,在奥斯曼土耳其大军逼近首都城墙时,"胆敢公然说出反对拉丁人的话:'宁可看到首都中心区出现土耳其人的缠头巾,也不愿看到拉丁人的三重法冠。'" Doukas, *Decline and Fall of Byzantium to the Ottoman Turks*, an annotated translation of "Historia Turco-Byzantina" by Harry J. Magoulias (Detroit: Wayne State University Press, 1975), XXXVIII, 3-4, pp. 207, 208, 209, 210.

《贡赋册》中的 13 世纪教宗史学

李文丹

在中世纪欧洲,罗马教会拥有最为深厚的历史书写传统。从 6 至 15 世纪,罗马教会的教士不断为历代教宗立传。它们相当于教会的官修正史,是理解教会思想与实践的重要史料。1886 至 1892 年间,法国学者路易·迪歇纳将这些体例各异、详略不一的教宗传记编辑整理为《历代教宗传》(*Liber Pontificalis*,直译为"教宗之书"),使读者可以窥其全貌。[1] 然而,在这部极具分量的作品中,13 世纪的六部教宗传记并未收录其中,因为在编者迪歇纳看来,它们与传统的教宗史学并无关联。在这六部作品中,《格里高利九世传》(*Vita Gregorii IX*) 与 12 世纪末博佐 (Boso) 的《历代教宗传》(*Gesta pontificum Romanorum*) 一同抄录于教廷的财政用书《贡赋册》(*Liber Censuum*),《英诺森三世传》(*Gesta Innocentii III*) 和《英诺森四世传》(*Vita Innocentii IV*) 也与《贡赋册》紧密相关,或为其增补。然而 19 世纪晚期以来,围绕这一传统展开的讨论屈指可数。那么,迪歇纳的论断是否正确,13 世纪的教宗史学有何特点,它们与《贡赋册》有何联系,是什么导致了教宗史学的革新,这将是本文着力探讨的问题。

---

[1] Louis Duchesne, ed., *Le Liber Pontificalis: Texte, introduction et commentaire*, 3 vols., Bibliothèque des Écoles Françaises d'Athènes et de Rome. ser. 2. no. 3. (Paris: de Boccard, 1886-1892). 目录如下: I: Catalogue Libérien; II: Catalogues pontificaux du Ve au VIIe siècle; III: Fragment laurentien; IV: Liber Pontificalis, Première édition; V: Liber Pontificalis, Seconde édition; VI: Liber Pontificalis de Pierre Guillaume; VII: Annales Romani; VIII: Les vies des papes rédigées par le Cardinal Boson; IX: Le Liber Pontificalis au XVe siècle。

一、教宗史学的传承

罗马教会的官修正史传统始于中世纪早期。其体例可以追溯至《圣经》的《列王纪》和古典史学,例如普鲁塔克的《希腊罗马名人传》或苏维托尼乌斯的《罗马十二帝王传》。[1] 第一部初具规模的《历代教宗传》编撰于 6 世纪 30 年代,囊括了从圣彼得至菲利克斯四世(Felix IV,526—530 年在位)的历史。研究认为,498 年教宗辛马克(Symmachus,498—514 年在位)与伪教宗劳伦斯(Laurentius)的双重选举(double election)激发了教会记载教宗历史的兴趣。在辛马克逝世后,对立教宗劳伦斯的党羽率先编撰了一份攻击教宗辛马克的历史文献,史称《劳伦斯残篇》(*Fragmentum Laurentianum*),辛马克的支持者因此同样用史书为教宗正名。[2] 7 世纪起,与教宗同时代的官方传记不断问世。它们由教会书写局(scrinium,即教廷文书处前身)或衣帽室(vestiarium,即教廷财政处前身)的教士撰写,遵循一定的程序,篇章结构与语言风格相类似,一方面梳理了教宗的基本信息,例如名字、家庭、在位年限、埋葬地点,另一方面记载了教会的行政细则和历史事件,例如神职人员的任免、牧灵实践、教会的捐赠与修缮、与世俗贵族的政治往来。这一传统在 9 世纪末史蒂芬五世(Stephanus V,885—891 年在位)任内戛然而止。[3]

11 世纪以降,以格里高利七世(Gregorius VII,1073—1085 年在位)为核心的改革派追问教会的本质,他们在教廷档案馆的《历代教宗传》里寻找答案。在中世纪早期《历代教宗传》的基础上,苏特瑞(Sutri)主教波尼佐(Bonizo)编写了两部至格里

---

1 Deborah M. Deliyannis, "A Biblical Model for Serial Biography: The Books of Kings and the Roman Liber Pontificalis," in *Revue bénédictine*, Vol. 107 (1997), pp. 15–23; James M. Powell, "Introduction," in *The Deeds of Pope Innocent III*, ed. Anonymous and James M. Powell (Washington, D.C.: Catholic University of America Press, 2011), p. xi.

2 Raymond Davis, ed., *The Book of Pontiffs (Liber Pontificalis): The Ancient Biographies of the First Ninety Roman Bishops to AD 715*, Translated texts for historians 6 (Liverpool: Liverpool University Press, 1989), p. xv.

3 中世纪早期的教宗史学,参见 Harald Zimmermann, *Das Papsttum im Mittelalter: Eine Papstgeschichte im Spiegel der Historiographie mit einem Verzeichnis der Päpste vom 4. bis zum 15. Jahrhundert*, Uni-Taschenbücher 1151 (Stuttgart: Ulmer, 1981), pp. 11–99; Thomas F. X. Noble, "A New Look at the 'Liber Pontificalis'," in *Archivum Historiae Pontificiae*, Vol. 23 (1985), pp. 347–358; François Bougard, ed., *Liber, gesta, histoire: Écrire l'histoire des évêques et des papes, de l'antiquité au XXIᵉ siècle* (Turnhout: Brepols, 2009)。

高利七世时代的教会史,分别为《致友人书》(*Liber ad amicum*)和《基督生活之书》(*Liber de vita christiana*)。[1] 到了 12 世纪,教廷的副执事潘道夫(Pandulf)首次完成了真正意义上的续写,将《历代教宗传》延续至乌尔班二世(Urbanus II,1088—1099 年在位)时代。[2] 12 世纪末,枢机主教博佐参考了波尼佐的作品并将《历代教宗传》扩充至亚历山大三世(Alexander III,1159—1181 年在位)时代。[3] 除了见证教会改革的余波,12 世纪的教宗史学深受教会分裂的影响。先后有五位教宗处在与对立教宗的激烈斗争中,因此《历代教宗传》也成为教会为正统教宗辩护、确认其合法性的阵地。[4]

13 世纪被称为"教宗制的顶峰",教宗史学的发展也进入了新阶段,共有六部与教宗同时代的官方传记问世。[5] 它们是佚名的《英诺森三世传》、佚名的《格里高利九

---

[1] 对波尼佐的研究,参见 Thomas Förster, *Bonizo von Sutri als gregorianischer Geschichtsschreiber*, MGH Studien und Texte 53 (Hannover: Hahnsche Buchhandlung, 2011)。

[2] 对潘道夫的介绍,参见 Barbara Zenker, *Die Mitglieder des Kardinalkollegiums von 1130 bis 1159* (Dissertation, Universität Würzburg, 1964), pp. 145–146。

[3] 对博佐《亚历山大三世传》的研究,参见 Peter Munz, "Papst Alexander III. Geschichte und Mythos bei Boso," in *Saeculum*, Vol. 41 (1990), pp. 115–129。

[4] 11、12 世纪的教宗史学,参见 Peter Orth, "Papstgeschichte im 11. Jahrhundert: Fortsetzung, Bearbeitung und Gebrauch des Liber Pontificalis," in *Latin culture in the eleventh century: Proceedings of the Third International Conference on Medieval Latin Studies, Cambridge, September 9–12 1998*, ed. Michael W. Herren, Christopher J. McDonough and Ross G. Arthur, Publications of the Journal of Medieval Latin 5 (Turnhout: Brepols, 2002), pp. 258–280; Uta-Renate Blumenthal, "Päpstliche Urkunden, Briefe und die europäische Öffentlichkeit," in *Erinnerung, Niederschrift, Nutzung: Das Papsttum und die Schriftlichkeit im mittelalterlichen Westeuropa*, ed. Klaus Herbers, Ingo Fleisch (Berlin, New York: de Gruyter, 2011), pp. 11–29; Jochen Johrendt, "Der gute Papst. Eignung und notwendige Fähigkeiten im Spiegel der hochmittelalterlichen Papstviten," in *Der Verlust der Eindeutigkeit: Zur Krise päpstlicher Autorität im Kampf um die Cathedra Petri*, ed. Harald Müller, Schriften des Historischen Kollegs 95 (Oldenbourg: de Gruyter, 2017), pp. 91–108。

[5] 13 世纪的教宗史学,参见 Jakob Marx, *Die Vita Gregorii IX: quellenkritisch Untersucht* (Berlin: Speyer & Peters, 1889); Agostino Paravicini Bagliani, "La storiografia pontificia del secolo XIII: Prospettive di ricerca," in *Römische Historische Mitteilungen*, Vol. 18 (1976), pp. 45–54; Heinrich Schmidinger, "Zur Vita Gregorii X." in *Aus Kirche und Reich: Studien zu Theologie, Politik und Recht im Mittelalter: Festschrift für Friedrich Kempf zu seinem fünfundsiebzigsten Geburtstag und fünfzigjährigen Doktorjubiläum*, ed. Friedrich Kempf and Hubert Mordek (Sigmaringen: Thorbecke, 1983), pp. 397–404; Brenda Bolton, "Too Important to Neglect: The 'Gesta Innocentii PP III' The 'Gesta Innocentii PP III'," in *Church and chronicle in the Middle Ages: Essays presented to John Taylor*, ed. G. A. Loud, Ian N. Wood and John Taylor (London, Rio Grande, Ohio, U.S.A.: Hambledon Press, 1991), pp. 87–99; Nicolangelo D'Acunto, "Un testimone sconosciuto della sentenza di scomunica di Federico II e la cosiddetta 'Vita Innocentii IV' di Niccolò da Calvi," in *Bullettino dell'Istituto storico italiano per il medio evo*, Vol. 104 (2002), pp. 85–119。

世传》、卡尔维的尼克洛（Niccolò da Calvi）的《英诺森四世传》、拿波里的格里高利（Gregorio da Napoli）和沃库勒尔的蒂里（Thierry da Vaucouleurs）的两部《乌尔班四世传》（Vita Urbani IV）和佚名的《格里高利十世传》（Vita Gregorii X）。然而，迪歇纳并未将它们收录到《历代教宗传》中，他解释道："13 世纪有若干单独成册的教宗传记……它们看上去彼此并无联系，和此前的系列传记也不相关。诚然，在《贡赋册》中，《格里高利九世传》位于博佐编写的《历代教宗传》之后，然而它们仅仅是并列关系。"[1] 迪歇纳还认为，《格里高利九世传》在体裁上属于圣徒传，而没有从传统的教宗史学中汲取灵感，甚至未能参照以教宗和皇帝为主题的编年史。[2] 可见，13 世纪的教宗传记在内容和形式上均与前代传记差别较大，因此被编者排除在《历代教宗传》的序列之外。那么，13 世纪的教宗史学又有何特点，教宗传记的革新是否能揭示教会历史的发展，这一问题首先可以从抄本中得到答案。

二、13 世纪教宗史学的抄本

13 世纪的六部教宗传记可依据其存放地点分为两组。其中，前三部传记保存于罗马教廷，而后三部存放在教宗故乡的档案馆。1886 年，《贡赋册》的编者法布雷（Paul Fabre）在《贡赋册中的教宗传记》一文中指出，《格里高利九世传》与博佐编写的《历代教宗传》在 1254 至 1265 年间一同收录于教廷最重要的财政用书《贡赋册》，这一抄本位于佛罗伦萨里卡迪图书馆，编号为 Ricc. 228。其中，教宗传记部分的皮纸（35 cm

---

[1] *Le Liber Pontificalis*, Vol. 2, p. XLIV: *En dehors de ces chroniques, je ne vois à signaler, au XIIIe siècle, que quelques biographies isolées de certains papes ... nul ne parait avoir songé à les relier entre elles et avec les anciennes séries. La vie de Grégoire IX fut insérée, il est vrai, dans le Liber censuum, à la suite de celles du cardinal Boson; mais ce n'est qu'une simple juxtaposition.*

[2] *Le Liber Pontificalis*, Vol. 2, p. XLIV: *Le biographe de Grégoire débute par un prologue tout à fait dans le style des vies de saints. Il ne regarde pas un instant derriere lui; il ne s'inspire jamais des formules suivies non seulement dans les anciennes notices, mais encore dans les recueils de Pandolfe et de Boson, ainsi que dans les catalogues et même dans les chroniques de papes et d'empereurs.*

× 27 cm）较小，为原抄本（37 cm × 26.5 cm）的增补。[1] 1976 年，意大利学者帕拉维吉尼·巴利亚尼（Agostino Paravicini Bagliani）发现了另一部与《贡赋册》教宗传记部分极为相近的抄本，它写于 14 世纪，现藏于法国国家图书馆，编号为 Bnf lat. 5150。它包含了三部教宗传记，即《英诺森三世传》《英诺森四世传》和博佐的《历代教宗传》。[2] 这部抄本的母本已遗失，它或许是《贡赋册》的另一增补，下文将另作讨论。与此截然不同的是，两部《乌尔班四世传》保存在法国特鲁瓦（Troyes）的圣乌尔班教堂，特鲁瓦是教宗乌尔班四世（Urbanus IV，1261—1264 年在位）的故乡，教堂是乌尔班 1262 年捐赠的。《格里高利十世传》也存放于教宗故乡，即意大利皮亚琴察（Piacenza）主教堂的档案馆。[3] 可以看到，13 世纪的前三部传记与罗马教廷的关系更为紧密，它们与《贡赋册》密切相关，或许是教廷日常工作的重要参考；而后三部传记以纪念为主，存放在教宗的家乡，与教廷关系较远，这其中的原因仍有待研究。篇幅所限，本文将着重讨论与教廷紧密相关的前三部作品。由于博佐 12 世纪末编写的《历代教宗传》也收录于《贡赋册》中，与 13 世纪教宗史学的关系不容忽视，因此也是本文研究的对象。

最早的《贡赋册》成书于 1192 年，编者是教廷时任财政官森西欧·萨维利（Cencio Savelli）、日后的教宗洪诺留三世（Honorius III，1216—1227 年在位），原稿存放在梵蒂冈图书馆，编号为 Vat. lat. 8486。[4] 1228 年格里高利九世下令重修《贡赋册》，以取代旧的抄本，这便是存放于佛罗伦萨里卡迪图书馆的抄本 Ricc. 228。[5] 它是

1　Paul Fabre, "Les vies des papes dans les manuscrits du Liber censuum," in *Mélanges d'Histoire et d'Archéologie*, Vol. 6 (1886), pp. 147-161.

2　Paravicini Bagliani, "La storiografia pontificia del secolo XIII," p. 50.

3　Paravicini Bagliani, "La storiografia pontificia del secolo XIII," p. 54.

4　对抄本 Vat. lat. 8486 的研究，参见 Reinhard Elze, "Der Liber Censuum des Cencius (Cod. Vat. lat. 8486) von 1192 bis 1228. Zur Überlieferung des Kaiserkrönungsordo Cencius II.," in *Archivio paleografico italiano. Bollettino*, Vol. 2/3 (1956/57), pp. 251-270; Tilmann Schmidt, "Die älteste Überlieferung von Cencius' Ordo Romanus," in *Quellen und Forschungen aus italienischen Archiven und Bibliotheken*, Vol. 60 (1980), pp. 511-522; Teresa Montecchi Palazzi, "Cencius camerarius et la formation du Liber censuum de 1192," in *Mélanges de l'Ecole française de Rome. Moyen-Age, Temps modernes*, Vol. 96 (1984), pp. 49-93。

5　对抄本 Ricc. 228 的研究，参见 Paul Fabre, *Étude sur le Liber censuum de l'Église romaine* (Paris: E. Thorin, 1892), pp. 180-184。

《贡赋册》制作最为精美、内容最为完整的善本,也是近代《贡赋册》编校的母本。13世纪中叶,《贡赋册》Ricc. 228 抄本再次扩充,加入了诸多格里高利九世时期的历史文献,包括:① 1232 至 1234 年对匈牙利国王的禁罚文献;②博佐的《历代教宗传》;③《第三次拉特兰大公会议教令集》;④《格里高利九世传》;⑤ 1234 年的《拉丁人与希腊人大辩论》和⑥理查德的《匈牙利纪实》(详见下表)。从上述文献的内容——绝罚世俗君主(①、②、③、④)、拜占庭事务(⑤)和基督教国家面临的异教徒威胁(⑥)——可以推测,此次增补或许发生在乌尔班四世任内。此时教宗和教宗国正受到腓特烈二世之子、西西里国王曼弗雷迪(Manfredi)的极大威胁,而 1261 年君士坦丁堡的拉丁帝国被拜占庭攻陷则是罗马教会面临的另一严重问题,因此需要上述历史文献作为参考。包含另三部教宗传记的抄本 Bnf lat. 5150 也有相似的结构,主要内容有:①《英诺森三世传》;②多种《西西里王国编年史》;③《英诺森四世传》;④博佐的《历代教宗传》;⑤《第三次拉特兰大公会议教令集》。该抄本的母本应出现在克莱芒四世(Clemens IV,1265—1268 年在位)时期。在他的任上,与教宗为敌的斯陶芬王朝覆灭,而来自法国的查理·安茹(Charles d'Anjou)与教宗结盟,入主西西里。西西里王国的历史文献因而取代了东方问题,成为彼时教廷关注的焦点。

表 1

Ricc. 228(第四至六部分)	Bnf lat. 5150
IV ① fol. 249r–256v: De sententia interdicti contra Andream Hierosolymitanum regem Ungariae V ② fol. 257r–295v: **Gesta Romanorum pontificum**, Boso cardinalis presbyter. ③ fol. 296r–299v: **Excerpta ex concilio Lateranense tertio** ④ fol. 300r–308v: **Vita Gregorii IX papae** VI ⑤ fol. 313r–328r: Disputatio Latinorum et Graecorum ⑥ fol. 328r–329v: De facto Ungarie Magne	① fol. 1r–62v: **Gesta Innocentii III papae** ② fol. 64r–66v: Epistola ad Petrum Panormitanae ecclesiae thesaurarium de calamitate Siciliae, Hugo Falcandus; Epistola ad Petrum Panormitanae ecclesiae thesaurarium(?), Guillelmus Blesensis; Liber de regno Siciliae, Hugo Falcandus. ② fol. 66v–104v: Liber de regno Siciliae, Guillelmus Blesensis; Liber de regno Siciliae, Eugenius Panormitanus. ③ fol. 106r–116v: **Vita Innocentii IV papae**, Nicolaus de Curbio. ④ fol. 120r–170v: **Gesta Romanorum pontificum**, Boso cardinalis presbyter. ⑤ fol. 171r–175v: **Excerpta ex concilio Lateranense tertio**

根据上述两份抄本的内容，可以推断它们源于相近的时代、相同的地点，即 13 世纪中叶的教廷财政处。其中，尽管博佐的《历代教宗传》不属于 13 世纪，其创作时间比编入《贡赋册》的时间晚了八十余年，但是它的两次入选说明了它所探讨的问题同样适用于 13 世纪。博佐《历代教宗传》的原稿已遗失，最早的抄本便是佛罗伦萨的 Ricc. 228。也可以认为，这本《历代教宗传》的内容在 13 世纪或多或少地有所变动，我们今天读到的文本已然成为 13 世纪教宗史学的一部分。那么，此前存放于教廷档案馆的教宗传记为何会出现在教廷的财政用书中？这一变化是否与教宗史学的内容革新相吻合？在下文中，上述教宗传记将被视为整体来考察。

三、13 世纪教宗史学的成书与内容

在存放地点与版本源流之外，本文讨论的四部传记间仍存在若干"显而易见"的联系。例如，《格里高利九世传》的开篇便阐明了该传记与《历代教宗传》的关系："历代尊敬的教宗之传记（Venerabilium gesta pontificum）将被交付到可靠的档案馆中，以便它们能按一定的顺序排列……在升入最高主教职位的人们中——这一不断更新的传记系列（series recolenda）印证了他们的事迹——教宗格里高利九世宛如正午的阳光横空出世……"[1] 这段话说明，13 世纪的单册教宗传记并未与前代的《历代教宗传》脱节，反而是这一传统的延续。从相似的内容和结构可以推测，此处的"历代尊敬的教宗之传记"一定包含了博佐的《历代教宗传》。此外，传记间的互相引用也印证了这一系列作品的整体性。例如，《格里高利九世传》的"教宗美德"部分模仿、照搬

---

1 Vita Gregorii IX, Cap. 1, in *Le Liber censuum de l'église romaine*, ed. Paul Fabre and Louis Duchesne (Paris: A. Fontemoing, 1910–1952), Vol. 2, p. 18: "*Venerabilium gesta pontificum archivis sunt mandanda fidelibus ut ea digesta per ordinem lectorum studia in vota gratiarum exerceant et capiat de priorum moribus secutura posteritas vite felicioris exemplum. Inter eos itaque quos ad summi presulatus erectos fastigium series recolenda testatur Gregorius nonus papa velud fulgorem meridianus egreditur ...* "

了《英诺森三世传》的相应内容。¹《英诺森四世传》在论证教宗罢免皇帝的时候引用并补充了博佐《格里高利七世传》的相关论述，而博佐又直接参考了波尼佐的《致友人书》。²《英诺森四世传》的前五章还补写了《格里高利九世传》略去的最后一年。这些均表明，教宗传记的作者们知道其他传记的存在，并在自己的著作中有所借鉴。那么，在直接引用之外，这些传记还应有诸多相似点。

首先，上述教宗传记有着相近的成书背景。它们的作者均为教宗亲信，同时也在教廷担任要职，熟悉教廷事务。12 世纪《历代教宗传》的作者枢机博佐是尤金三世（Eugenius III，1145—1153 年在位）时代的教廷首相（cancellarius）、哈德良四世（Adrianus IV，1100—1159 年在位）时代的教廷财政官（camerarius）。博佐也主导了教廷财政文献的编撰和教宗地产的收复。³《英诺森三世传》的作者为匿名，一说是教廷法学家彼得·贝内文托（Petrus Beneventanus），他在完成教宗传记后编纂了《第三教令集》（Compilatio Tertia），并先后担任了教宗特使和枢机主教；⁴另一说是英诺森三世的亲属、时任枢机执事和财政官屋大维（Octavianus）。⁵《格里高利九世传》的作者应是格里高利的侄子、阿纳尼的尼克洛（Niccolò di Anagni），他在日后成为亚历山大四世（Alexander IV，1254—1261 年在位）的财政官。⁶《英诺森四世传》的作者则是

---

1 例如《格里高利九世传》对教宗的描写 "Forma decorus et venustus aspect, perspicacis ingenii et fidelis memorie prerogativa dotatur"；《英诺森三世传》对教宗的描写 "statura mediocris et decorus aspect ... perspicacis ingenii et tenacis memorie"。

2 Paravicini Bagliani, "La storiografia pontificia del secolo XIII," pp. 47−48.

3 博佐的生平，参见 Fritz Geisthardt, *Der Kämmerer Boso*, Historische Studien 293 (Berlin: Verlag dr. Emil Ebering, 1936); Odilo Engels, "Kardinal Boso als Geschichtsschreiber," in *Stauferstudien: Beiträge zur Geschichte der Staufer im 12. Jahrhundert Festgabe zu seinem sechzigsten Geburtstag*, ed. Erich Meuthen and Stefan Weinfurter (Sigmaringen: J. Thorbecke, 1988), pp. 203−224。

4 James M. Powell, "Innocent III and Petrus Beneventanus: Reconstructing a Career at the Papal Curia," in *Pope Innocent III and his World*, ed. John C. Moore and Brenda Bolton (Florence: Taylor and Francis, 1999), pp. 51−62.

5 David R. Gress-Wright, ed., *The "Gesta Innocentii III": text, introduction and commentary text, introduction and commentary* (Ann Arbor, Mich., 2003), pp. 112*−114*.

6 对传记作者的推测，参见笔者的论文：Wendan Li, *Die Vita Gregorii IX. Kuriale Sicht eines Papstes in seinem Amt.* (Dissertation, Freie Universität Berlin, 2018)。尼克洛的生平，参见 Pascal Montaubin, "Bastard Nepotism: Niccolò di Anagni, A Nephew of Pope Gregory IX. and Camerarius of Pope Alexander IV," in *Pope, church, and city: Essays in honour of Brenda M. Bolton*, ed. Frances Andrews et al., The medieval Mediterranean v. 56 (Leiden, Boston: Brill, 2004), pp. 129−176.

教宗的告解神父、日后的阿西西主教卡尔维的尼克洛。[1] 事实证明,作者的身份极大影响了教宗传记的创作。一方面,作为教宗的亲信和随行人士,传记作者们亲历了教廷的大小事件,熟知事件的过程和背后的思想动机;另一方面,作为教廷官员,他们可以自由进出教廷的文书处、财政处、档案馆,使用一手的政治、经济、法律和宗教礼仪文献。例如,《英诺森三世传》在1203年后插入了大量的教宗书信;[2] 为了论述腓特烈二世的绝罚,《格里高利九世传》引用了当时所有重要的教宗通谕和檄文,包括《绝罚敕令》(*Excommunicamus*, 1239.03.20)、《使徒圣座》(*Sedes Apostolica*, 1239.04.07)和《海中之兽》(*Ascendit de mari*, 1239.07.01),并对皇帝在通谕《抬起你们的眼》(*Levate in circuitu*, 1239.04.20)中的发难做出回应。[3] 同样是论述对皇帝的罢黜,《英诺森四世传》也引用了教宗在里昂公会议的通谕《使徒尊严之巅》(*Ad Apostolicae Dignitatis Apicem*, 1245.07.17),以确保史书在重大议题上的准确性和权威性。[4] 因此,这一时代的教宗传记成为教廷思想与实践的一面镜子。

其次,上述传记的撰述内容与意图也有其共性。传记的开篇均承袭《历代教宗传》的结构,介绍教宗的家庭、个人美德、教育背景、早期职务等基本信息,继而浓墨重彩地描写教宗的选举、加冕和游行。在教会看来,以上内容不仅是为了纪念,更是构成了教宗当选的合法性。随后传记进入编年史的框架,依次记述教宗任期内的大小事务。纵观本文讨论的四部作品,它们有以下三个重点。

其一,教宗任期内的重大政治事件甚至是重大冲突是传记内容的绝对重点。这也反映出中世纪盛期的罗马教会已成为真正的普世教会,不再局限于罗马,在政治上依附于世俗君主,而是为了自身的原则和独立而不可避免地陷入与帝国的激励斗

---

[1] Peter Vogel, *Nikolaus von Calvi und seine Lebensbeschreibung des Papstes Innozenz IV. Mit besonderer Berücksichtigung der Friedensverhandlungen zwischen Papst Innozenz IV. und Kaiser Friedrich II. in den Jahren 1243/44* (Emsdetten: Lechte, 1939), pp. 1-10.

[2] Hugo Elkan, *Die Gesta Innocentii III. im Verhältnis zu den Regesten desselben Papstes* (Heidelberg: Buchdruckerei von J. Hörning, 1876).

[3] Vita Gregorii IX, Cap. 30-40. 详见笔者的论文:Wendan Li, *Vita Gregorii IX*.。

[4] Alberto Melloni, *Innocenzo IV: La concezione e l'esperienza della cristianità come regimen unius personae*, 1. ed., Testi e ricerche di scienze religiose N.s. 4 (Genova: Marietti, 1990), Cap. 19, p. 272.

争中。博佐的《历代教宗传》中以《亚历山大三世传》最为详尽,它讲述了 1159 年双重选举至 1177 年威尼斯和平协定期间的历史,即亚历山大三世与神圣罗马帝国皇帝腓特烈一世及其支持者罗马贵族的冲突。[1]《英诺森三世传》是教宗捍卫其封臣西西里王国、收复教宗国的重要史料,与他周旋的敌对势力也是德意志的皇权。[2]《格里高利九世传》和《英诺森四世传》论述了教宗绝罚、罢黜皇帝腓特烈二世的过程及其合法性。如上文所述,前者引用了教廷的法令文书和政治檄文,并对其进行了二次加工,它们占据了全文三分之一的篇幅;后者还列举了《历代教宗传》中众多教宗罢黜皇帝的先例,以便出师有名。在这些传记中我们可以看到"基督战胜敌人"、"正义战胜邪恶"等先抑后扬的基本解释框架。在教会遇到重大危机时,历史书写不仅是为了记录其进程,更是要将教廷的决策与行动合法化、经验化。这也能解释,罗马教会为什么没有为 13 世纪的每一位教宗作传。教廷保存的文献档案种类繁多,而只有特定的历史事件才需要以史书来承载。就此而言,尽管《亚历山大三世传》、《英诺森三世传》和《格里高利九世传》均未完结,分别终止于 1176 年(教宗任期至 1178 年)、1208 年(教宗任期至 1216 年)和 1240 年(教宗任期至 1241 年)。然而对作者而言,他们的任务已经完成了,对教宗决策正当性的论述已然完备。因此这三部传记都有完整的结构:《亚历山大三世传》以教宗凯旋、成为罗马城之主告终;《英诺森三世传》的最后一章是教宗的捐赠和善功清单(opera pietatis);《格里高利九世传》选择以教宗成功保卫家乡、击退皇帝腓特烈二世的时刻为结尾,尽管事实上教宗很快败北,被皇帝围困在罗马城。以上传记也反映了,矛盾与冲突成为 13 世纪教会与国家关系发展的主线。[3]

其二,上述教宗传记表现出对教廷财政管理和教宗国治理的极大兴趣。中世纪早期的《历代教宗传》本就有记述教宗财政的传统,例如记录教会的收益与支出、对

---

[1] 《亚历山大三世传》的内容概述,参见 Peter Munz, "Introduction," in *Boso's Life of Alexander III*, ed. Peter Munz and G. M. Ellis (Oxford: B. Blackwell, 1973), pp. 1–39。

[2] 《英诺森三世传》的内容概述,参见 Powell, "Introduction," pp. xi–xlvi。

[3] 对教会与国家关系的中文论述,参见彭小瑜:《中世纪西欧教会法对教会与国家关系的理解和规范》,《历史研究》2000 年第 2 期,第 121—133 页。

穷人的周济、对教会和修院的捐赠。潘道夫一度将这一传统抛弃，在他编撰的《历代教宗传》中，部分教会的捐赠与修缮记录被删除。[1] 12世纪中叶以降，教廷财政的管理日益系统化，为了扩大收入来源以应对和世俗诸侯的斗争，教会想要收复、巩固教会的地产。推动这一进程的正是身为教廷财政官的博佐，即《历代教宗传》的编者和作者。因此，12、13世纪的教宗传记对修建、购买堡垒和防御工事的记载逐渐增多。例如，在《哈德良四世传》中博佐写道："教宗用大量的财物和建筑扩充了'圣彼得的遗产'（即日后的教宗国）。他以140镑从博卡雷奥尼（Boccaleoni）家族手中购买了科尔基亚诺（Corchiano）堡垒……他收购了波利的奥多（Oddo de Poli）的全部土地，它们将成为圣彼得永久的世袭遗产。他在拉迪科法尼（Radicofani）的要塞修建了一座环形的防御工事，由塔楼和壕沟环绕。为了确保这片土地的和平与安全，他重新将居民安置在废弃的奥尔恰（Orchia）堡垒处——此前这里已经变成了盗贼的巢穴——并在这里筑起了城墙和塔楼，花费不菲。"[2] 与此同时，博佐还编纂了一部记载教会地产和权利的清单，即《贡赋册》的前身。可以看到，《历代教宗传》更为详细地记载了收复教会地产的过程和花费，为后世财政官的工作提供了生动的范例。13世纪初，英诺森三世利用德意志王位之争的契机收复了意大利中部的大量领地，使教宗国的领土范围增加了一倍，他也被视为教宗国真正的建立者。[3]《英诺森三世传》着重记述了这些成果，例如当斯陶芬家族在意大利的代理、斯波莱托（Spoleto）公爵康拉德被英诺森赶回德意志后，"罗马教会收复了斯波莱托公爵领和阿西西（Assisi）伯爵领，即，列蒂（Reate）、斯波莱托、阿西西、弗里诺（Foligno）、诺

1　Zimmermann, *Papsttum*, p. 148.

2　*Le Liber Pontificalis*, II, p. 396: "*Hic beati Petri patrimonium in magnis possessionibus et edificiis plurimum augmentavit. Comparavit enim castrum Corclani a Baccaleone pro CXL libris affortiatorum ... Eodem quoque modo et eodem tenore totam terram Oddonis de Poli in perpetuam sancti Petri hereditatem nichilominus acquisivit. Hic fecit gironem in castro Radicophini, turribus munitum et alto fossato. Desertum quoque Orcle castrum, quod erat spelunca latronum, pro pace ac Securitate illius terre populavit, et muro ac turribus non sine multis expensis munivit.*"

3　13世纪的教宗国，参见 Daniel Waley, *The papal state in the thirteenth century* (London: Macmillan, 1961)。对教宗国财政的中文论述，参见龙秀清:《教皇国在教廷财政中的地位》,《东北师大学报》1999年第3期，第8—13页。

切拉（Nocera）诸城和他们所辖的教区"[1]。在《格里高利九世传》中，除了记述教宗获得的城堡和土地，作者还列举了教会在与皇帝的政治冲突中失去的地产，例如，"腓特烈占领了拖雷马焦雷（Torremaggiore）修道院的堡垒和庄园、梅尔菲（Melfi）教会的庄园、托雅（Troia）的圣洛伦佐教会的田舍、阿韦尔萨（Aversa）的两座堡垒、图夏诺河畔奥莱瓦诺（Olevano sul Tusciano）的堡垒、塔兰托（Tarento）的三座田舍、卡波达克夸（Capodacqua）的堡垒、波利卡斯特罗（Policastro）的堡垒、圣尤菲米娅（Sant'Eufemia）修道院的堡垒和庄园、米莱拖（Mileto）的堡垒"[2]。可以断定，上述记载绝非史家的回忆，而是有教廷财政处的清单、账本和契据作参考。13世纪教宗史学与《贡赋册》的紧密关系再度得到印证。

其三，较之以往，上述传记更着力于刻画教宗的神圣性，视其为基督的代理人（vicarius Christi）。[3] 因此，教宗遭遇的反对、袭击、流亡也被阐释为基督的蒙冤与受难，它们都将以教会的胜利告终。在史书里，对教宗神圣性的描写尤其体现在对典礼与仪式的记述中。例如，当流亡多年的亚历山大三世1176年回到罗马时，罗马人民为他举办了盛大的欢迎礼，这一仪式称作adventus。博佐写道："每个人都凝视着教宗的脸，仿佛那是基督的脸，教宗是基督在尘世的代理。"[4]《英诺森三世传》这样描述教宗的选举："在教宗选举时，三只鸽子飞向枢机们坐着的地方。他们提名了洛塔尔/英诺森，并将他与其余候选人分开，这时最为洁白的那只鸽子向他飞来，落在他的右

---

1 The "Gesta Innocentii III", p. 8: "Dictus vero Conradus cum taliter non proficeret, reddidit se ad mandatum ipsius sine pacto quolibet et tenore … Recuperavit ergo romana ecclesia ducatum Spoleti et comitatum Assisii, videlicet Reate, Spoletum, Assisium, Fulginetum et Nuceram cum omnibus diecesibus suis."

2 Vita Gregorii IX, Cap. 32, in *Le Liber censuum de l'église romaine*, Vol. 2, p. 30: "Monasterio Turris Maioris abstulit castrum et villam, ecclesie Melfiensi villam, Troiane casale Sancti Laurentii, Aversane duo castra, Salernitane castrum Olibani, Tarentine casalia tria, Capudaquensi castrum, Pollicastrensi castrum, Monasterio Sancte Eufemie castrum et villam, Militensem castrum."

3 对基督代理人的论述，参见 Michele Maccarrone, *Vicarius Christi. Storia del titolo papale* (Città del Vaticano: Pontificia Università Lateranense, 1952), pp. 109–118。

4 *Le Liber Pontificalis*, II, p. 446: "tunc videns oculos omnium vultum eius intuentes tamquam vultum Jesu Christi cuius vices in terriers gerit." 另见 Agostino Paravicini Bagliani, *Der Leib des Papstes: Eine Theologie der Hinfälligkeit*, C.H. Beck Kulturwissenschaft (München: Beck, 1997), p. 65。

手上。"[1] 鸽子是圣灵的象征，这一场景既是向格里高利一世致敬，也暗示了被圣灵环绕的便是基督的化身。《格里高利九世传》着重记述了教宗加冕后的场景："罗马城和全世界的父亲，他头戴双重冠，在一阵光芒下变成了天使的模样。"[2] 这一场景取自《圣经》中摩西（《出埃及记》24）和基督（《路加福音》9∶28-36；《马可福音》9∶2-9；《马太福音》17∶1-8）见到上帝后"容光焕发"的典故。同时代的神学家也为此作注："比之常人，教宗作为上帝的像与化身散发着更为耀眼的光芒……他的脸应若太阳般明亮。"[3] 在上述传记中，教宗的神圣性不局限于教宗个人，也涵盖了其职位。根据教会法学家格兰西在《教会法汇要》中的论述，教宗的神圣性来自其高尚的品行，在他如圣人般行事后，他的职位也因此神圣。[4] 因此在教宗传记中，教宗的神圣性也被用来论证教宗在封圣、绝罚等事务上的绝对权威。

总而言之，上述传记着重记述了教会与帝国的冲突、教会财政和地产的管理以及教宗及其职位的神圣化。它们也如实反映了 13 世纪教会历史和欧洲历史的走向。这一变革由多方因素共同促成，例如教宗集中制的确立，教会管理的理性化与系统化，教宗国的收复，世俗国家的崛起，教会神学的发展，乃至民间宗教热情的高涨。那么，教宗史学是否仅仅是现实世界的一面镜子，它是否也能参与到上述历史变革之中，本文的最后将探讨 13 世纪教宗史学在同时代的应用。

---

1 *The "Gesta Innocentii III"*, Cap. VI, p. 3: *"Cum autem celebraretur electio hujuscemodi signum apparuit, quod videlicet tres columbae frequentabant volatus in locum in quo cardinales sedebant congregati, et cum ipse post nominationem fuisset a ceteris segregatus, una illarum que candidissima erat ad eum volitans, iuxta dexteram insidebat."*

2 Vita Gregorii IX, Cap. 4: *"... duplici diademate coronatus sub fulgoris specie in Cherubin transifguratus aspectum ... pater Urbis et orbis deducitur ammirandus."* 另见 Paravicini Bagliani, *Der Leib des Papstes*, p. 48。

3 Odo von Châteauroux and Alexis Charansonnet, "Sermo in anniuersario Domini Innocentii pape quarti," http://theses.univ-lyon2.fr/documents/getpart.php?id=lyon2.2001.charansonnet_a&part=40647: *"... quia in summo pontifice ymago Dei et similitudo debet relucere, plusquam in aliquo alio homine ... Facies eius debet splendere sicut sol."* 另见 Paravicini Bagliani, *Der Leib des Papstes*, p. 228。

4 Emil Friedberg, ed., *Decretum magistri Gratiani*, Corpus Iuris Canonici 1 (Graz: Akademische Druck-u. Verlagsanstalt, 1959, Nachdr. der Ausg. Leipzig 1879), D. 40 c. 12: *"Non locus sanctificat hominem, sed homo locum; non omnis sacerdos sanctus, sed omnis sanctus sacerdos est."* 参见 Dominikus Lindner, "Die sogenannte Erbheiligkeit des Papstes in der Kanonistik des Mittelalters," in *Zeitschrift der Savigny-Stiftung für Rechtsgeschichte. Kanonistische Abteilung*, Vol. 53 (1967), pp. 15-26。

四、13 世纪教宗史学的应用

上文提到，博佐的《历代教宗传》与《格里高利九世传》一同收录于《贡赋册》中，《英诺森三世传》与《英诺森四世传》也是《贡赋册》增补的部分。《贡赋册》并非史学文献集，而是教廷最重要的财政用书。这其中的原因至今无人研究，我们或许可以从《贡赋册》及其抄本入手—探究竟。

首先，上述教宗传记与《贡赋册》的内容结构极为相近。最初的《贡赋册》主要由六部分组成，包括：①向教廷纳税的地方教会、城市和个人之清单；②免除赋税的教区和修道院之清单；③《罗马奇迹》(Mirabilia urbis romae)，这是一部由朝圣者编写的罗马游览指南；④《罗马礼规第十二》(Ordo Romanus XII)，这是一部教宗仪式的规章；⑤两部教宗目录；⑥罗马教会地产的契据集。[1] 可以看到，13 世纪教宗传记所包含的财政与地产记录和典礼与仪式记录正是《贡赋册》中的核心内容（①、②、③、④、⑥），管理教会的财产、规范教会礼仪也是教廷财政处的职责所在。[2] 与《贡赋册》中罗列的清单和规章相比，教宗传记对事件过程的记载更为生动，提供的前因后果也更为清晰，能揭示教廷决策的深层动机，因而是对前者的必要补充。此外，在《贡赋册》中，位于博佐《历代教宗传》之后的《第三次拉特兰大公会议教令集》正是对教宗选举、绝罚、教会礼仪、教会财政等问题的规定。相似的内容重点可以解释，为什么这部教令集两次入选《贡赋册》的增补本。最后，与这些教宗传记内容相近的还有与它们一起收录于《贡赋册》的历史文献，即上文提到的东方问题、西西里问题以及对世俗君主的绝罚，它们一起为教会的时代问题提供了注脚。所以到了 13 世纪中叶，在日常的财产管理与礼仪规范之外，教廷财政处的职能也扩展至政治领域，《贡赋册》成为重大政治决策的重要参考。

---

1 对《贡赋册》的综述，参见 Viola Skiba, "Liber Censuum," in *Amt und Herrschaft der Päpste: Antike, Mittelalter, Renaissance*, ed. Alfried Wieczorek and Stefan Weinfurter, Wissenschaftliche Publikationen zur Ausstellung "Die Päpste und die Einheit der lateinischen Welt" (Regensburg: Schnell & Steiner, 2016), p. 325。

2 对教廷财政处的介绍，参见 Gerald Rudolph, *Das Kammerregister Papst Martins IV. 1281-1285 (Reg. Vat. 42): Untersuchung und kritische Edition* (Dissertation, Universität Würzburg, 2005), pp. XXIX-XXX。

其次，手抄本中的红色标注（rubrica）不仅能揭示教宗传记的用途，也能解释它们与《贡赋册》的关系。这些红色标注并非装饰，而是用来突出文章的结构，强调其中重要的部分，以方便读者迅速查阅所需内容。根据教廷的传统，它们甚至可以作为朗读的段落使用。它们集中在两个主题：一是教会与世俗君主的冲突，具体而言是对君主的绝罚；二是教会礼仪。以教宗绝罚君主为例，博佐的《格里高利七世传》包含了一段历代教宗绝罚君主的论述，它的抄写者标注了这段论述的开始和其中的重要人物，他们分别是绝罚了皇帝阿卡狄乌斯（Arcadius）的教宗英诺森一世（Innocentius I，401—417年在位）、绝罚了皇帝查士丁二世（Iustinus II，685—695、705—711年在位）的教宗君士坦丁（Constantinus，708—715年在位）、绝罚了皇帝阿纳塔修斯的教宗阿纳塔修斯二世（Anastasius II，496—498年在位）、绝罚了皇帝利奥的格里高利三世（Gregorius III，731—741年在位）、绝罚了丕平兄弟查理的教宗司提凡二世（Stephanus II，752—757年在位）、绝罚了两位皇帝的尼古拉一世（Nicolaus I，858—867年在位）以及绝罚了狄奥多西一世（Theodosius I）的米兰主教安布罗斯。[1] 作者以此论证格里高利七世绝罚亨利四世的合理性。值得注意的是，尼克洛在《英诺森四世传》中也引用了这段经典论述，并补充上亚历山大三世和英诺森三世的事迹，它的抄写者也做了相似的标注。可以推测，《英诺森四世传》的抄写者或许是直接参考了博佐《历代教宗传》的标注，又或许这样的标注已成为惯例，其用途便是为教宗的绝罚提供一份参考清单。在《格里高利九世传》中，教宗绝罚的段落同样被标出，被标注的反问句（即以 quis 开头的问句）甚至与博佐《历代教宗传》中的相应内容句式相似。它们援引自格兰西的《教会法汇编》，因此也是值得强调的有力论据。除此之外，教会礼仪的相关段落也是标注的重点。例如，在博佐《亚历山大三世传》的前两页，教宗选举和加冕的重要步骤被一一标注，如"教宗的选举"（De ipsius electione）、"亚历山大穿上了教宗披肩"（Hic ammantatur dominus Alexander manto papali）、"亚历山大完

---

[1] 这段文字转引自波尼佐的《致友人书》，有关教宗君士坦丁、教宗阿纳塔修斯二世和教宗司提凡二世的记述并无其他史料佐证，疑为杜撰。参见 Ian S. Robinson, *The papal reform of the eleventh century: Lives of Pope Leo IX and Pope Gregory VII*, Manchester medieval sources (Manchester: Manchester Univ. Press, 2004), p. 237。

成了祝圣礼和加冕礼"(dominus Alexander consecratur et coronatur)。[1] 在《格里高利九世传》中，从前任教宗去世到现任教宗加冕的段落也有多处红色提示，教宗任内教会礼仪的革新全部被标出。可以看到，这些标注与《贡赋册》及其增补的内容相吻合，它们充分反映了13世纪教宗史学的实用性和日常性。

小　结

本文简要论述了13世纪教宗史学承袭的传统、抄本与接受、成书与内容以及它们在罗马教廷的应用。一方面，上述传记是13世纪教会历史的一面镜子，既囊括了时代的大小事件，也反映出教廷如何自我表述、自我思考。另一方面，教宗传记与教廷当时的政治、经济、法律、宗教活动紧密互动，它们既是教廷决策与行为的参考指南，也是教会应对危机、处理内部纷争的一种手段。本文希望能向读者展示，中世纪的历史书写超越了其内容本身，可以成为勾连政治史、思想史、社会经济史的重要枢纽。这一领域仍有诸多空白有待探索。

（本文作者现为德国乌普塔耳大学中世纪史专业、保罗·玛丽亚·鲍姆加腾教宗史研究中心助理研究员、讲师）

---

[1] Ricc. 228, ff. 275v–276r.

神圣罗马帝国帝国法院的法庭汇报技术与德国法学教育课程体系的形成

黄家镇

德国法学教育素来以体系谨严、品质卓越著称。这一卓著的声誉与德国严格而独树一帜的法学教育制度和课程体系有着密不可分的关系。近代以来,德国法律人的职业资格便与国家司法考试强制挂钩,而取得法律职业资格又是从事法律职业(法官、检察官或律师)的先决条件。根据法律规定,德国国家司法考试分两次,通过第一次国家司法考试(含笔试与口试两部分)者取得法律硕士(Magister)法律文凭,未能通过或对成绩不满意者只有一次重考机会;完成法定见习期并通过第二次国家司法考试的考生取得国家候补文官(Assesor)资格[1],之后方有机会成为法官、检察官或律师。而参加第一次国家考试报名的先决条件之一就是完成法学院的法学分级考核和中期考核,同时第一次国家司法考试的证书上也必须记载这部分成绩。[2] 也就是说,学生

---

1 在德国,法律职业资格考试属于州权管辖,由各州立法并组织实施,但因《德国法官法》和传统的约束,各州司法考试的立法大同小异,以确保基本的平等并防止投机滋生。例如,《北莱茵-威斯特法伦州司法考试和见习服务法》第1条"法官资格;大学常规学制"规定:"大学法学教育以通过第一次司法考试方可毕业,见习服务以第二次国家司法考试通过方可结业,大学法学教育毕业后接着参加见习服务并且结业的,取得法官和普通高级行政文官候补资格。包括所有考试在内,大学(法学教育的)常规学制为九个学期。"载《柏林州法律公报》(*Berlinergesetzblatt*),2003年3月11日,第298页。

2 《北莱茵-威斯特法伦司法考试和见习服务法》第29条"第一次司法考试总成绩;证书"(2)规定:"第一次司法考试证书的内容应包括考生已通过的专业科目大学考试结果、已通过的必修科目国家考试的结果以及总成绩,在总成绩中,必修科目国家考试占70%,专业科目大学科目占30%。证书由考生通过必修科目国家考试所在的州负责颁发。证书不得以电子形式颁发。"

—— 神圣罗马帝国帝国法院的法庭汇报技术与德国法学教育课程体系的形成 ——

必须先完成法学院的必修课程，修满学分，才有资格参加第一次国家考试。德国法学院的课程设置从形式上看是一种"三位一体"的构造方式：讲授课、案例解析实训课和研讨课。讲授课和研讨课在其他大陆法系国家和英美法系国家的法学院中也有，唯独这个案例解析实训课为德国法学院独有的课程设计。由于德国国家司法考试笔试部分的考试形式只有案例解析，而解析的格式和技巧只能在法学院的案例解析实训课学到，因此，这种以教授被称为鉴定式报告技术（Gutachtentechnik）为主要内容的课程可以说是德国法律教育的一个特色，在德国法律人培养体系中起着核心作用：通常，第一学期的大学新生必须吃力地适应这种思考和言说方式，鉴定式也适用于此后几乎所有的考试，如练习课中的笔试和家庭作业以及结课笔试等，最后它也适用于第一次国家考试；在见习期和第二次国家考试中，预备性鉴定（报告）也可能是任务的一部分。[1] 很多学者认为，德国法学教育在外国享有的——有时比在国内更多的——赞誉，也是基于在国外深造的德国法律人有口皆碑的良好表现，而这样的表现首先应当归功于鉴定技术的练习。[2] 从历史角度看，这种技术和课程设计是中世纪罗马教廷高度形式化的文书格式（stylus curiae）的一个特定衍生物[3]，通过神圣罗马帝国的法院体制改革进入法学院教育中。本文试图追溯这一段尘封已久的历史，着重考察其中几个关键的历史时刻，以解释中世纪晚期法学教育与现代德国法学教育之间的连续性和断裂之处。

---

[1] Filippo Ranieri, "Das Reichskammergericht und der gemeinrechtliche Ursprung der deutschen zivilrechtlichen Argumentationstechnik", in *Juristen Zeitung*, 1997, pp. 801, 806 ff.

[2] Carl-Friedrich Stuckenberg, "Der juristische Gutachtenstil als cartesische Methode," in *Grundlagen und Dogmatik des gesamten Strafrechtssystems. Festschrift für Wolfgang Frisch. Duncker & Humblot*, ed. Georg Freund, Uwe Murmann, René Bloy and Walter Perron (Berlin, 2013), pp. 165–186.

[3] Filippo Ranieri, "Stilus Curiae. Zum historischen Hintergrund der Relationstechnik," in *Rechtshistorisches Journal*, 4 (1985), p. 75.

一、神圣罗马帝国法院体制的建立

1. 蛮族时代到封建时代的司法概况

日耳曼人入主西欧之后，在相当长的一段时间内，日耳曼各部族国家未能持久地建立起可媲美罗马帝国理性官僚制的国家体制。以个体之间的信赖与忠诚为基础的封建契约成了整合社会的最主要工具：封臣委身于领主，以效忠与军役为代价换取领主的庇护与封赐——多数情况下是土地。这套由无数盘根错节的契约构成的封建体系以国王始，以最下层骑士终，纵贯整个国家。伴随裂土封疆进程的是国家公共权威的裂解，统一的公共行政和司法不复存在，司法权为在地领主依据封建契约或惯例获得，成为领主的治理手段和敛财工具。故而，在整个中世纪，司法权成为主权的代名词，或者说就是主权。不过，在中世纪的欧洲，国王既是封建主，但更是超越于所有社会阶层并综合了他们的本质的代表："国王的正式责任就是为了作为统一整体的社会的利益行事，对社会、政治以及经济作出调整或者主持正义——这两个术语均与原始印欧语国王的称号（rēg'-s）有关。"[1] 臣民不服领主法院的裁判，可以到王室法院要求重审，请求国王主持正义。虽然王室法院拥有最高权威和终极权力，但这种重审似乎不能等同于制度化的审级制度和上诉机制，后者只能是理性官僚制之下的产物。然而无论如何，国王的权威和王室法院的存在使得司法权形散而神不散、纵横交错却不凌乱，王国秩序尚能保障。

随着环境与时代的变迁，简陋且歧见丛生的日耳曼固有习惯法很难应对多种族混杂的新局面以及商品经济的发展，加上对罗马古典文化的仰慕与爱好，以及各部族国家力求觅得与罗马帝国的政治联系以为其政权谋得合法性依据的诉求，罗马文化和罗马法的影响顽强地存留下来并渐次扩张。通过800年查理曼大帝以及962年德意志国王奥托一世在罗马的加冕，教皇的敕谕和后世法律学者都承认："凡在罗马加冕为

---

[1] 布鲁斯·林肯著：《死亡、战争与献祭》，晏可佳译，龚方震校，上海人民出版社2018年，第7页。着重号为原文所有。

德国皇帝的国王,皆为罗马皇帝的后裔。"罗马帝国借着"转移"至日耳曼诸国而得以永续。此后,历代德意志君王也皆以罗马加冕和控制意大利为其正朔之标志。然而,教廷的桀骜不驯以及意大利北方各自治城市的叛服无常,常常使得德意志君主深陷泥淖,在半岛上虚耗了太多的热情和精力,反而忽略了对国内政治进程的把控;再加上在意大利的斗争需要获得国内贵族和部落的支持,德意志君主被迫对国内的地方政治势力做出了太多的让步,导致国内邦国势力坐大,中央政权羸弱不堪,终致德意志民族国家的政治发育进程远远落后于同时期的法兰西和英格兰。

这种民族国家发育滞后最为明显的标志就是中央司法体制长期的缺位。一如前述,中世纪的欧洲建立在封建制的基础之上,统一行政意义上的主权或国家是不存在的,司法权在很大程度上就是主权。而司法权又随着土地的分封而转移到封建主手中,按照封建契约的约定或者习惯法,上级封建主甚至君主不能随意干涉封土内部的司法活动。在这种情况下,建立上诉法院体制就成为君主间接控制各级封臣的重要手段,也是最终击破封建制、建立绝对君主制的重要途径。因此,德意志领域内中央上诉法院体制的长期缺失既是其中央政权发育不良的表现,也是其原因之一。

2. 教俗之争与罗马法在德意志境内的传播

德意志历代君主对此一状况并非不自知,因此一旦君权稳固或条件成熟,德意志君主无不致力于加强君权及中央政权的建设。但这一努力始终受到意大利局势的影响以及国内部落或邦国的掣肘,在此时,日耳曼传统政治和习惯法资源能为日耳曼君主提供的支持极为有限,反而是罗马法能为其提供不少奥援。例如《学说汇纂》中就宣称:"皇帝是世界唯一的主人,祇受上帝启灵而统治人民。"《新律》中也记载:"皇帝为治理人类生存,有权力制定法律与解释法律,他以一国之尊,不必服从法律,但仍以遵守法律为荣。"12世纪的德国皇帝弗里德里希一世(红胡子巴巴罗萨)及其孙子弗里德里希三世在与罗马教皇的斗争中,都以罗马法中关于绝对君权的理论为依据,证明教宗的教令无效,借此打击教宗的权威。在国内政权建设上,弗里德里希一世于1158年邀请注释法学派的学者到德意志担任顾问,协助其改革行政事务和诉讼裁判。

自此之后，从海因里希二世到卡尔四世之间的德国君主都利用到罗马加冕之便，从意大利博洛尼亚大学聘请杰出的罗马法专家，在其政府机构中担任法律顾问或在法院从事裁判实务。如此一来，罗马法慢慢在德意志境内扩散开来，当然这还只是德意志接受罗马法的前奏，而不是罗马法继受本身，真正的继受要等到15、16世纪，而这又以建立了大规模使用罗马法的法院体制，尤其是帝国上诉法院体制为前提。

3. 帝国最高法院与审级制度的确立

到了15世纪，德国在国外（意大利、法国）学成归国与国内自行培养的罗马法专家人数已经相当可观，形成一个职业阶层，逐渐受到帝国和各邦国的重视而纷纷进入政府机构担任行政工作。无论是德国皇帝、封建领主，还是自由城市都将法律专家列为贵族之一，与骑士地位相同。但在司法系统中，这一进程要缓慢和复杂得多。在司法领域，裁判仍然采取陪审制，陪审员多数是不谙法律的贵族阶层，审判的方式为口头审理。由于法律的不成文化，口头审理在所难免的不确定性等等因素，这种审判方式和体制越来越不适应时代的发展，并饱受司法腐败的困扰，司法问题成为中世纪后期一个非常严重的政治与社会问题。

因此，从14世纪开始，受到德意志境内教会法院改革的影响，帝国法院和各邦国法院都慢慢开启了诉讼改革的进程，借助司法行政的途径，首先以书面审理代替口头审理，尤其是诉的声明、法律事实的提出、判决（尤其是裁判所依据的法条）必须以书面方式作成。在这一趋势之下，无法律知识的当事人无法自书诉状，庭审辩论更是力所不逮，非借助法律专业人士不可；另一方面，原来担任陪审员的贵族同样因为缺乏专业的法律训练而对书面审理感到力不从心，尤其是无法主持辩论程序和书写判决。凡此种种，都使得司法的进程慢慢被罗马法学者把持。这一变革的高潮是1495年帝国最高法院（Reichskammergericht）的设立：皇帝马克西米利安一世在位时期将早些年（1415年）设立的王室法院确定为帝国最高法院，成为全帝国最高上诉法院和终审法院。根据《帝国最高法院组织法》第一条的规定："帝国最高法院的院长，须具有贵族身份，而裁判官共设16席，其中半数必须为获得法学博士学位的贵族，其他半数必须至少有骑士地位的贵族方可担任。"[1] 当时能够授予法学博士学位的除了教会法外，就只有罗马法学科了，加之作为世俗法院最高审级法院的帝国最高法院以成文的罗马法为裁判依据，从此罗马法学者进入帝国法院从事裁判工作不再有体制上的障碍。

除帝国法院外，德意志境内还有邦国封君的宫廷法院（Hofgericht）与封建领主或自治城市的低级法院（Niedergericht、Untergericht）。这些法院与各级封建主的领土主权互为表里，通常由各级封建主把持，管辖领地内的诉讼案件，适用的是地域性的日耳曼习惯法。但当帝国最高法院建立以后，其多以罗马法专家为裁判官，以罗马法为主要法源，如果封建领主的宫廷法院和低级法院继续墨守成规，不相应地做出改变，一旦当事人不服属地法院的判决而上诉至帝国法院，原判决势必遭到废弃，这对于封建领主的威望也是一种贬损。因此，各地的邦君和各级封建领主意识到接受罗马法，对法院体制做相应改变以适应帝国法院的改变，这反而有利于其在与帝国皇帝的政治竞争中巩固其领土主权，因此，16世纪30年代以后各邦国决定以罗马法模式改造他们的法律，以避免与上级法院"帝国最高法院"发生冲突[2]，其境内的法院体制也模仿帝国法院的组织体系，发生了相应的变化。到了16世纪晚期，在德意志境内，各地的司法机关基本建立了类似的组织结构和审判机制，适用大致相同法源——罗马普通法的法院体系基本成型，虽然其组织的严密程度和集中度完全无法与同时期的法国和英国相比拟。

二、帝国法院的审判制度与法庭汇报技术

1. 合议庭制度与案件承办人的案件汇报技术

在神圣罗马帝国确立的这套法院体制中，具体案件的审理采取合议庭制，由多名

---

[1] Richard Schröder, Eberhard von Künßberg, *Lehrbuch der Deutschen Rechtsgeschichte*, 7th edition (Berlin: de Gruyter, 1966), pp. 722–731.
[2] 参见维诺格拉多夫著：《中世纪欧洲的罗马法》，钟云龙译，中国政法大学出版社2010年，第106—107页。

法官组成单数的合议庭，判决的作出需要合议庭形成多数决。这种审判制度不同于古罗马的裁判官体制，后者主要采取的是裁判官的独任审判；它也不同于日耳曼法律传统下的陪审制，后者主要是由非法律职业出身的普通人组成认定案件事实的陪审团，决定的作出实行人数多数决。而合议庭制中法律专业出身的审判员所占比例很高，有借助职业化保证审判质量的意图在里面。在技术角度看，合议庭制度可以视为上述两种制度的综合或者扬弃。

但实践中，严格贯彻合议庭审判方式所要求的集体参与、集体决策制度会带来一些问题。很显然，受制于审判员的数量，同一法官或审判员常常同时身兼多个合议庭成员的身份，这种情况下要求合议庭全体成员对每个案件都全程参与显然不现实。因此，合议庭组成成员中会有一到两名成员被指定来主办某一案件，实际上全程主导案件的程序和实体审理。这就导致了一种矛盾或者张力：案件实际上是由少数审判员在审理，他们最熟悉情况；但最终的判决要合议庭全体成员共同作出，而大多数成员却并不实际参与案件的程序与实体审理，因此也很可能不熟悉案情。如何弥合这一缝隙，这就催生了一个既简单又合乎目的组织措施——案情汇报制度：一个将要在合议庭中进行裁判的案件，由一名或者两名报告人进行准备，然后提交给合议庭的其他成员或者直接进行口头报告，以便他们能通过报告迅速了解案情，最终有能力据此作出一个有理据的裁判。通常，报告人应向其同事以全面且可理解的方式阐述作为他们表决基础的对特定案件的法律评价，并且说服他们同意其解决方案。这种报告要遵循特定的模式，这套模式就被称为法庭报告技术（Relationstechnik）。从1500年开始，《合议庭条例》（Kollegialgerichtsordnung，KGO）已经指出："在所有事情上，对于作成判决所必需的行为和司法行为的检查至少必须由两名陪审员或法官（……）发出命令，即这两类行为中的每一个，应当逐一地阅读，考虑其必要性并进行权衡，然后应当作出报告（Relation）。"

2. 法庭汇报技术的结构与风格

不过，这一报告技术可能并非帝国法院系统自身的创造，因为其风格非常的学术化。笔者推测，这种报告技术的形成极有可能受到当时法学院教授的写作风格的影响。因为在 15 世纪的德国，甚至在中世纪欧洲，将实践中遇到的疑难案例提给法学院教授寻求其帮助，甚至由其草拟裁判意见是一个惯例。这就是所谓的"案卷移送"（Actenversendung），即拥有司法管辖权的法院将案件文书送至一所著名大学的法学院；学院教授书面审查证据与诉状，有时要求补充材料，最后拟定一项判决，再转发给法院。[1] 很显然，这种"案卷移送"只有在程序以书面文件为基础的情况下才可能发生，这与法庭汇报技术出现的时间和条件都是高度重合的。

另外，鉴于罗马教会法院系统对世俗法院的强大影响力，法庭汇报技术还极有可能借鉴了教会法院系统的经验。在当时罗马天主教最高法院（Rota）的审判程序中，合议庭中有一位法官（主办人）受托主导程序。争议案件呈递到主办人之前由其组织当事人分析争点。这些争议问题作为论点（dubia）由合议庭法官进行表决。每位法官都可以发表他的意见。论点和法律意见的汇总由一名法官（Richter）编写为所谓的决定（dicisio），并不包含判决理由，而是围绕当事人的"声明"（declaratio）并联系他们的论点（Argumente；dubia）而作成[2]，比较类似于普通法法官的意见书面报告。

在 18 世纪之前，帝国法院合议庭法庭汇报技术包括一个——按典型的古典修辞学风格组织的——诉讼进程和案卷摘要的案情报告（Sachbericht），和一个包含裁判建议的鉴定意见（Gutachten）。鉴定意见的结构大致如下：

① 诉讼请求的类型；

② 结论性（Schlüssigkeit）；

③ 证据和抗辩（Einrede）。[3]

因为报告的目的是为了使合议庭的其他成员无需阅读往往极其广泛的案卷并因此节省时间，故而报告的内容应限定在对解决个案裁判而言必要的事项。通常，报告人还应给合议庭提供一个争议焦点列表，每名法官对这些争点给出自己的意见；裁判

---

[1] 参见维诺格拉多夫著：《中世纪欧洲的罗马法》，第 105 页。

[2] Ranieri, "Stilus Curiae. Zum historischen Hintergrund der Relationstechnik," p. 81.

[3] 参见 Stuckenberg, "Der juristische Gutachtenstil als cartesische Methode," p. 170。

往往就是这些评议意见的汇总。

在同一时期法国的法院系统中也能发现类似的法庭报告文本。被奉为经典著作的皮戈（Pigeau）的《民事诉讼法》（"procédure civile"）第一版（1787 年）中就用数章详细地讨论在书面程序中制作的法庭报告的构造和行文规则。根据皮戈的记载，法国法院报告的结构如下：

① "事实"（fait [en ordre chronologique]）；

② 已进行的程序（extrait de la procédure）；

③ 争点与各方意见、观点汇总（extrait des moyens）；

④ 投票（Votum）。[1]

从这两个欧洲大陆主要国家法院系统法庭汇报技术风格可以看出，当时经院哲学的问题讨论方式主导了法庭讨论和汇报的风格。法庭讨论和汇报都是以一种论题学的修辞风格展开，即先例举出主要争议的问题，然后围绕问题尽可能穷尽地罗列出各方的意见和论点，再对各种意见和论点进行比较、权衡，最终选出与问题最为切合的观点作为结论。

这种风格比较典型地反映了在司法进程中法学的运用作为一种技艺理性的特点，它以实践目标——作出裁判、消弭纷争——为导向，情境化地落实公平正义：诉讼两造的争议焦点首先被归纳出来，围绕争议焦点组织双方的论点和论证，然后再依据案情事实和证据对双方的观点和论证进行辩证、权衡和取舍。这一过程实质上是让两造进行对话、商谈或论辩，使"案件事实"在这一主体间的实践活动中"呈现出来"，以求得共识、解决纷争——区别于法庭辩论的仅在于：这一进程是在书面中发生的。任何的结论想要正当化都必须将其结论追溯至它的初始情境——案件事实。无论如何，这种报告的风格已经是高度理性化的建构，条理清晰、步骤明确，每一个论证都必须满足充足理由律的要求。从历史渊源讲，这种论题学的思考方式源于亚里士多德和斯多亚学派的哲学，借助基督教经院哲学的中介，影响到教会法院的裁判，进而影响到世俗法院。因此，可以说这种法庭汇报技术的思想底色是理性主义的。不过，这种风

---

[1] Ranieri, "Stilus Curiae. Zum historischen Hintergrund der Relationstechnik," p. 83.

格并没有保持多长时间，18世纪以后欧洲大陆法院仍沿用法庭报告的工作形式，但内在理路和写作风格发生了显著的变化，而这种变化是受到唯理主义和德国古典哲学影响的结果（详见后述）。

三、法庭汇报技术对德国法学教育课程体系的影响

1. 法庭汇报技术的扩散

帝国枢密法院的报告格式不仅固定下来用于法院内的练习[1]，而且最后也在法院之外被人学习和教授，尤其是帝国最高法院在1570年开始要求对（合议庭之）学者席位（Gelehrtenbank）的未来成员进行案情报告（Proberelationen）技术的测试之后[2]，其他法院所很快也采用了类似的做法。[3]在这种实务性的法学教育被制度化之前，这一技能只能通过在帝国法院的实习而习得，不然就是参加大学或者其他私立学校或者学会开设的"报告技艺与裁判艺术"（Referier- und Dekretierkunst）的课程的方式学到。现存的16世纪以来印刷的帝国法院的案情报告以及众多的指导用书[4]证明了业界对此存在着大量需求。

2. 法学教育中案例汇报实训课程的设立

再到后来，法院不再承担这种实践技能的传授任务，而是要求欲进入法院任职者必须在入职前就具备此一技能，因此，法学院逐渐成为习得此项技能的主要场所，但

---

[1] 比较 Ranieri, "Das Reichskammergericht und der gemeinrechtliche Ursprung der deutschen zivilrechtlichen Argumentationstechnik," p. 720。

[2] Rudolf Smend, *Das Reichskammergericht*, 1911, pp. 298 ff.; Goldschmidt, *Rechtsstudium und Prüfungsordnung*, 1887, pp. 143 f.

[3] Heinz Ludwig Berg, *Die Entwicklung der zivilrechtlichen Relationen und ihrer denktechnisch methodischen Argumentationsformen*, Diss. Frankfurt, 1975, p. 35.

[4] *Ibid.*, pp. 36 ff., 156 ff.; Schröder, *Lehrbuch der Deutschen Rechtsgeschichte*, pp. 28 ff.

这一转变究竟在何时发生，对此研究甚少。不过，法律人的培养被分为在大学以讲授为主的部分和在法院以练习为主的实践部分，这种制度性的安排的历史相当古老。[1] 在 15 和 16 世纪的法学理论中，实践练习的重要性在业界有着高度的共识，特别是因为实务界（Praxis）持续抱怨，从大学出来的法律人没有练习过诸如制作案情报告等实务活动。[2] 而这些学生在法学院学习时也不可能练习实务工作，因为尽管法学教师多次要求加强实践操作的内容，但这在制度上从未真正达成[3]，其中很重要的一个原因恐怕就是缺少有针对性的课程和训练方式来落实这种考量。尽管如此，在接下来的一个时期，在法学院中，除了占主导地位的讲授课、完全个案决疑指向的辩论（Disputation）与早在博洛尼亚的文学院便已设立的针对商业实践和文书工作（公证人技艺）课程外，以传授和训练学生案情汇报技术的课程零星、自发地开始发展起来。[4] 当时法学院的很多教授自己也参与司法实务活动，比如作为陪审庭的成员或者合议庭的成员或者是鉴定（判决式评议）的起草者[5]，因此他们在法学院的教学中也慢慢尝试让学生针对案情练习撰写报告或者遵照源自罗马教廷高度形式化的文书格式的所有形式要求撰写裁判。

  法庭报告技术的继续发展以及成为法学院制度化课程体系的组成部分应该主要受惠于普鲁士的法律人教育模式。在 18 世纪之初，普鲁士建立了实务性的法律人培育，这最终成为针对所有法律职业的强制性要求。[6] 最晚从 1755 年开始，试验报告成为第二次国家考试和第三次（"大的"）国家考试的考试内容。[7] 1781 年的《普鲁士普

---

1 Schröder, *Lehrbuch der Deutschen Rechtsgeschichte*, pp. 21 ff.
2 *Ibid.*, pp. 28 ff.; Smend, *Das Reichskammergericht*, p. 129 n. 1, pp. 298, 304 f.
3 Schröder, *Lehrbuch der Deutschen Rechtsgeschichte*, pp. 21 ff., 28 ff.
4 A. W. Meyer, *Von der Theorie des Rechts, deren Eintheilung und Verhältniß zur Praxis*, 1788, pp. 19 ff.
5 Karl Heinz Burmeister, *Das Studium der Rechte im Zeitalter des Humanismus im Deutschen Rechtsbereich*, P. Landau, 1976, pp. 170 f., 234.
6 Uwe Bake, *Die Entstehung des dualistischen Systems der Juristenausbildung in Preußen*, Diss. iur. Kiel, 1971, pp. 6 ff.; Ina Ebert, *Die Normierung der juristischen Staatsexamina und des juristischen Vorbereitungsdienstes in Preußen (1849-1934)*, 1995, pp. 20 ff.
7 Bake, *Die Entstehung des dualistischen Systems der Juristenausbildung in Preußen*, pp. 11, 13.

通法院规章》按照帝国枢密法院的模板给出了此种报告的详尽的指引。1869年之后，普鲁士的所有法学院都设置了练习课，上练习课是推荐性的，而非强制性的。[1]练习课成为必修，是在普鲁士于1897年将其提升为第一次国家考试的前提时才开始的；直到1908年起它才最终[2]成为普鲁士第一次国家考试的组成部分。[3]最初，练习课的考试内容究竟是提出理论问题还是案例解析由考试办裁量，最迟从二战后开始案例占据了主导地位——这是一种冯·李斯特（von Liszt）早在1886年就推荐的考试形式。自那以后，考试反过来影响了大学教学和学习的内容。[4]因此，今日这种被称为鉴定式（Gutachtenstil）案例训练课可能最早在19世纪末前后进入大学并且在20世纪才获得主导地位。

3. 法庭报告技术的科学化

上述历史追溯表明，此类影响了德国法官实践工作和法学院课程设置的案情汇报技术规则绝不是——如大多数说明手册中声称的那样——必然来自"民事诉讼法"，而是来自更早的、今天基本上已被遮蔽的历史传统。但是今天的法庭报告技术的风格已经迥异于其源头形式，已经带有明显科学化风格的叙事方式。在德国法院的工作文书分类中，与鉴定式风格相对应的是判决式风格（Urteilsstil），即法院正式判决文书的写作风格，它首先判断相应的权利是否存在，之后再论证存在与否的理由。其结构如下：

① 判决主文；

② 案件事实（略去）；

③ 裁判理由。

---

1 Ebert, *Die Normierung der juristischen Staatsexainina und des juristischen Vorbereitungsdienstes in Preußen*, pp. 105 ff.; Jescheck, *Die juristische Ausbildung in Preußen und im Reich*, 1939, pp. 37 ff.

2 于1849年首次引入的笔试在1864年曾经被取消，Ebert, *Die Normierung der juristischen Staatsexainina und des juristischen Vorbereitungsdienstes in Preußen*, pp. 40 f.。

3 *Ibid.*, pp. 118 ff.

4 Aufsatz von Großfeld, *Rechtausbildung und Rechtkontrolle*, Neue Jurishe Wochenschrift, 1989, p.862; Wilhelm Sirp, FS Baumgärtel, 1990, pp. 515, 526.

其中，裁判理由之结构如下：

A. 原告起诉程序合法

a. 本院对案件享有地域管辖权

b. 某项诉讼请求之诉讼程序合法性

c. 原告对第三项诉讼请求中的确认之诉，享有确认利益。

B. 原告诉讼请求中部分实体合法

a. 第一项诉讼请求

b. 第二项诉讼请求

……

C. 程序性附随判决

而鉴定式风格的结构刚好是颠倒过来的：它从案件当事人的诉请出发，先假设相应权利的存在，即谁有权向谁依据何种规范提出法律请求（Wer will was von wem woraus），再逐步寻找、检验并验证该权利存在的构成要件（Tatbestand）是否满足——案件事实是否能被涵摄（Subsumstion）到某一特定的具体法律规定之下，最终判断相应的权利实际上是否存在。鉴定式报告的结构大致如图1。

在鉴定式风格中，裁判中的法律适用过程被分成了两个前后相继的阶段：法的发现与法的证立。在第一个阶段，案件承办人根据其对案情的总体把握，假设性地提出一个或数个可能作为支持诉讼请求的规范基础（依据），如合同请求权、类合同请求权等。这在逻辑上是一种设证（Abduktion）推理，即从结论借由规范（大前提）到事实（小前提）的推理；第二个阶段，案件承办人将对前一个阶段得出的假设进行证明，如果证明通过，这意味着请求之规范基础被证立，原告诉请能得到支持，可以获得胜诉；反之，原告可能要败诉。在第二个阶段，证明过程又被细分为三个阶段，分别是请求权成立、请求权未消灭、请求权可行使，每个阶段都按照涵摄（三段论推理）的格式进行推演。整个流程非常类似于自然科学的建模，即将整个案件判断过程模型化，然后进行定量定性分析，每个分析的步骤是严格按照三段论的推理方式来进行的，整个过程非常清晰严密。这样就使得案件裁判者主观的法律判断思维过程被客观化地呈

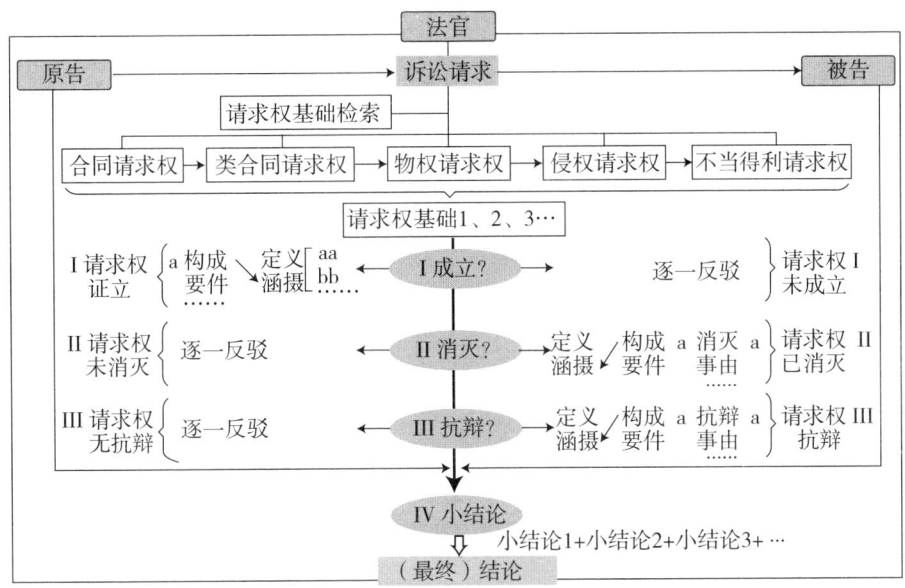

图 1

现出来,接触到这个报告的法律同行都能迅速地把握住他的思维过程,并借此了解案件的情况和裁判建议。在整个鉴定式论证过程完成后,案件的裁判结论实际上已经出现,如果获得合议庭的认可,只需将其结构颠倒,再按照判决书写作的要求稍作修改,就可以得到一份正式的判决文书。

我们可以看到,在第一个阶段,鉴定式报告并未给出确定的判断,而是以一个假设为出发点,这一假设要在后面的证明过程中接受事实与规范的双重检验。这完全符合笛卡尔的科学认识方法的第一条逻辑规则:"凡是我没有明确地认识到的东西,我决不把它当成真的接受。也就是说,要谨慎地避免轻率的判断和先入之见,除了清楚分明地呈现在我心中、使我根本无法怀疑的东西外,不放任何东西在我的判断里。"[1] 这一过程是法律适用者的眼光"来回穿梭于法律规范和案件事实之间的一种严谨、精致、艰难的法学思维过程"[2]。在这一过程中,法律人的法权感、前理解等素养会起到

---

[1] 参见笛卡尔著:《谈谈方法》,王太庆译,商务印书馆2000年,第16页。译文有所调整。
[2] 参见王泽鉴:《法律思维:请求权基础理论体系》,北京大学出版社2009年,第157—163页。

决定性的作用。但是该过程得出的结论只是一个初步的、待检验的假设，不可视为定论，而要在接下来的阶段中接受理性的批判检验。在第二个阶段中，一个复杂的（案件）事实被分成更易处理的片段。[1] 这些片段会以具体的规范能逐步地切合它们的方式继续被细分，直至法学上的最基础概念。分析所得的结论最后再被综合在一起。这一系列步骤是在一种法律规范所列明的条件秩序（比如犯罪构成、请求权构成）中进行的。案情事实的相关方面将被拿来与法律规范的构成要件进行逐一比对，以检验其是否恰好就是该法律规范调整的对象。这一被称为规范涵摄的过程将由——大多数情形下一个较长系列的——演绎推理构成，这些演绎最终建立在明证性主张之上，亦即一个基础性的（下位）概念是否在该案件中被实例化。[2]

4. 裁判理性化的追求与法律人思维的锤炼

很多德国学者认为，今天常见的鉴定式案例解析和报告的风格，是在19世纪康德下述学说的影响下才开始出现的[3]，亦即这种将抽象的、一般的规则适用于个案的技术属于实践理性或技艺理性的范畴，人们不能讲授，而只能借助实例练习。对此共同起决定作用的是康德的两个富有影响的立场。一个是他的三阶层的科学概念，依此，每种体系性的学说都叫作科学，并且当诸项认识在其体系内的结合存在着因果关联时，则其为理性科学，然而只有当"其确实性是自明的"，也就是可以提出先验理由的科学才是"真正的科学"。[4] 法律学问毕竟可以为自己主张体系，不过人们立即努力地将其归为形式上体系-理性的科学。[5] 只有当人们使法学符合数学，这意味着可以通过概念进行计算[6]，或者限于如今作为法学分支学科才产生的法哲学，也可能包括法律

1　Schröder, *Lehrbuch der Deutschen Rechtsgeschichte*, p. 61.
2　参见 Ingeborg Puppe, *Juristische Arbeitsblätter*, 1989, pp. 345, 363; *Kleine Schule des juristischen Denkens*, 2008, pp. 49 f.。正如康德所言，这一明证经验尽管可能不可教授，但其方法则完全可以。
3　Schröder, *Lehrbuch der Deutschen Rechtsgeschichte*, pp. 208 ff., 211 f.
4　Immanuel Kant, *Metaphysische Anfangsgründe der Naturwissenschaft*, 1786, Akademie-Ausgabe Band 4, pp. 465, 467 f.; Stuckenberg, "Der juristische Gutachtenstil als cartesische Methode," pp. 175 f.
5　Schröder, *Lehrbuch der Deutschen Rechtsgeschichte*, pp. 149 ff.；参见 jüngst Pawlik, FS Jakobs, 2007, pp. 469, 470 ff.
6　Friedrich Carl von Savigny, *Vom Beruf unserer Zeit für Gesetzgebung und Rechtswissenschaft*, Heidelberg, 1814, p. 29; Schröder, *Lehrbuch der Deutschen Rechtsgeschichte*, pp. 161 ff.

史时，它才能获得"真正"科学的地位，而与此同时，"法律知识"被降低为纯粹的技艺。[1] 其次，对康德而言，从一般到特殊的过渡，与在沃尔夫那里的不同，它并非知性纯粹分析性运作，因为只有在感性中才可能存在个别的观念（直观［Anschauung］），一般的观念（概念）只有在知性中是才是可能的。[2] 但是，对于直观并不能课以任何（知性）规则。知性就如科学的器官，它关心的是一般概念和规则的形成，而负责将个案涵摄于概念之下则是由另一种心智能力——即判断力——管辖，它不能通过规则来引导，亦即既不能教授也无法学习，但确实可以练习并且通过实例（作为"判断力的学步车"）加以提高。[3] 因此，在其工作中，法官也像医生一样，应回归其自然的判断力——其"天生智慧"——的尺度。[4] 因此，规则的适用具有不可避免的非理性的天性，以至于如法律人的案例解析技术这类针对规则适用的学说，最终只能通过举例的方式，凭借直观进行，而不能被认为是科学的。[5] 这种思想为那个时代的不少法学作者所接受，从而更为明确地把实践法学的"技艺规则"从理论法学中加以排除。

从根本上而言，这里已经涉及那个一直困扰司法实践的"价值判断之客观性"问题。因为，人类事务不同于自然事物，它深深地打下了人的主观烙印。这个难题的本质在于，"在人类事务中，秩序的决定在多大程度上是一个理性问题"[6]。法律是普遍抽象的规则，而个案是特殊具体或情境化的生活事实，后者是否切合前者的适用条件这一判断依赖当值法官来做出，因而难以根绝法官的主观性对其判断的影响。但如若就此将这一过程完全留给非理性也是无法接受的，因为法治要求确定性和可预见性，但如果法治的"最后一公里"确是完全偶然、不透明的，那么法治无异于功亏一篑。人类的历史经验告诉我们，法治最终依赖于法律的实施和执行，依赖于裁判将抽象的规

---

1 亦可参见 Eduard Gans, *Das Erbrecht in Weltgeschichtlicher Entwicklung*, Band 1, 1824, n. 87; Klein, *Klein's Annalen* 24 (1806), pp. 157 ff.。然而相对于科学，"技艺"的说法在其他领域也很流行。
2 Immanuel Kant, *Logik, Elementarlehre*, Akademie-Ausgabe Band 9, p. 91.
3 Immanuel Kant, *Kritik der reinen Vernunft*, 2. Aufl. (B) 1787, pp. 170 ff. "判断力的缺乏本质上被人们称为愚蠢，这样的疾病是无法挽救的。" Schröder, *Lehrbuch der Deutschen Rechtsgeschichte*, pp. 176 ff.
4 Kant, *Kritik der reinen Vernunft*, pp. 173 f.
5 参见 Schröder, *Lehrbuch der Deutschen Rechtsgeschichte*, pp. 176 ff., 188 ff.。
6 Neil MacCormick, *Legal Reasoning and legal Theory* (Oxford: Clarendon Press, 1978)，p. 5.

则落实到具体的案件中，这样才能让法律的公平正义被感受到，才有可能引导人民守法，产生对法律的信仰。

因此，法律人从来没有放弃对裁判科学化的追求，他们要求裁判要能客观化，要在理性的法庭前被检验。鉴定式法庭汇报技术的科学化演变其实就代表了这种努力的德国方案。裁判的进程——法的发现和证立——被阶段化、步骤化、逻辑化，然后要求法官按照这个模式将裁判得出的内心思维过程再现于文字，并进行详细的阐释。由于语言具有公共性，任何语言的论证都有语言共同体的基本规则可资凭证。如此这般，法律共同体的同行专家，甚至受过通常国民教育的公民，都能够通过阅读法官在判决书中的裁判说理和论证，自行再现裁判作出的过程，从而运用自己的理性检验该判断过程是否具有合理性。这样一来，一个本属于内心决断的心理活动就能够被客观化，能够在公共领域寻求理性的认同和共识。进而言之，法治的可预见性和确定性也就有了保障。

同样，这套鉴定式报告的技术实现了模型化，也就能在不同法学院同时进行讲授和训练，通过严格限定学生在分析案件时的思维步骤，可以帮助学生在职业学习的起步阶段养成严谨的思维习惯，防止思维随意跳跃；养成在事实与规范之间反复辩证的思维习惯，防止主观恣意擅断。而选取的训练案例又完全取自司法实践，也实现了理论与实务的双向交流和沟通。这样一来，法律共同体的共同思维平台的构建就有了制度性和技术性的保障，能够源源不断地为法律共同体输送高质量的人才，而一个理性健康的法律共同体是一国法治的坚强柱石！

结　语

在现代德国法学教育中，中世纪的痕迹已经非常稀薄，鉴定式案例解析实训课在形式上还保留了与帝国时代法庭汇报技术的联系，但内在结构已经完全不同，即从修辞式的论题学风格转变为以演绎推导为主的科学主义风格。当然，司法裁判的特殊困难在于大前提的发现，而大前提不是从法律单纯演绎中得来的。作为裁判基础的大前提的活动需要依靠法学方法论和法教义学的协助,不是鉴定式解析技术能独自承担的。因此,在法学院的课程设计和教学活动中,鉴定式案例实训课是与讲授课相配套的,先是教授讲授基础理论以及教义学知识,然后再由助教或私人讲师在练习课上针对教授讲的内容查找相应的案例来进行实训,其间运用的方法就是上述源自审判实践的法庭汇报技术。即便如此,这种理性化的司法进程是由中世纪德国帝国法院开启的。因此还是可以说,这种"三位一体"的课程形式是中世纪留给现代德国法学教育的独特遗产。

(本文作者为西南政法大学民商法学院教授)

英国专制制度的思想奠基?

新宪政史学派对 15 世纪政治思想的重释及其启示

蔺志强

马克垚先生在《古代专制制度考察》中指出,虽然晚近有各种修正,但一般认为都铎王朝是英国专制制度时期的开始。[1] 以此推论,无论将中世纪后期英国的君主制度称为议会君主制还是"宪政王权"[2],都应该与都铎时代的君主制度有一定差别。这种差别也确实在很多方面有所体现,比如王权至尊的确立、常备军的建立、公共财政的形成等。另外就笔者本人目前关注的区域自治制度而言,包括达勒姆、柴郡在内的很多高级自治领地,在都铎时期都丧失了自治特权。[3] 这种对"自古以来"就由各种教俗贵族拥有的、以特许状为凭据的"合法"权利的剥夺,是背离中世纪治理理念的显著变化,无疑也可以视为专制制度形成的一种表现。

中世纪王权是如何向专制制度过渡的,这个问题涉及方方面面,学界也已有长期而深入的讨论,马克垚先生在书中也从制度与理论两个角度进行了清晰扼要的论述。[4]

---

[1] 马克垚:《古代专制制度考察》,北京大学出版社 2017 年,第 114 页。

[2] 孟广林的新著是国内学界研究中古后期英国王权的最新成果,他实际上对以"宪政王权"概括中古后期英国王权的传统进行了系统的修正,强调要区别政治理想、制度与实际。参见孟广林:《英国"宪政王权"论稿——从〈大宪章〉到"玫瑰战争"》,人民出版社 2017 年。

[3] T. Thornton, "The Integration of Cheshire into the Tudor Nation State in the Early Sixteenth Century," in *Northern History*, 29 (1993), pp. 40–63.

[4] 马克垚:《古代专制制度考察》,第 113—119 页。

马克垚先生指出专制主义不是无限王权，而是有限王权。[1]这一观点主要是针对东方专制主义者对东方专制制度的误解而提出的，但是对西欧来说，这也是一个必要的提醒，即有限王权不一定就不是专制主义。体现在政治思想方面，就是长期以来被认为是反映"王权有限"理念的很多中世纪学说，其实不一定是站在王权的对立面提出来的，相反，它们可能是树立国王权威、加强王权的复杂理论体系的一部分。

在专制主义理论的形成部分，马克垚先生以托马斯·阿奎那、阿贝利库斯、马基雅维里、博丹、詹姆斯一世、菲尔麦、霍布斯等人的有关思想为重点，勾勒出了从13、14世纪到16、17世纪西欧专制主义理论发展的脉络及其与东方专制主义区别的历程。但是对于都铎王朝建立之前的15世纪，马克垚先生没有特别述及其政治思想方面的特点。不过英国学界近年来的研究倾向于认为15世纪英国朝野上下的政治观念出现了较大的转型，其中体现出的新特色如果成立的话，我觉得可以视为专制王权在都铎王朝建立的重要奠基。本文试图以介绍西方学者研究和解读英国15世纪政治思想的这一新动向为基础，谈一下这一时期政治思想的发展和特色，以期为学界的有关讨论提供一些信息。

一、从宪政史学到新宪政史学

英国学界对于15世纪英国政治观念的现代解读，奠基于斯塔布斯（Stubbs）为代表的辉格宪政史学时代，二战后麦克法兰学派的兴起带来了全新的解读模式，而20世纪末所谓"新宪政史"学派的几位代表学者重点耕耘15世纪，试图修正麦克法兰学派带来的某些弊端，寻找中世纪的"新宪政"，可以说正在开辟一个新的时代。辉格史学认为中世纪的人们就具有清晰的"宪政"理念，政治危机都是围绕抽象的政治原则的斗争，王权与贵族以斗争为主，且为"王在法下"的"宪政"原则而斗，议会则是

---

[1] 马克垚：《古代专制制度考察》，序言，第3页。

斗争的舞台。斯塔布斯认为15世纪在英国奔向宪政体制的道路上乏善可陈，因而评价很低。麦克法兰（K. B. MacFarlane）的分析在20世纪中叶以来逐渐取代了辉格史学对中世纪政治的解读模式，认为以物质利益为基础的庇护关系是中古后期英国政治的基础，这种关系并不是15世纪动荡的原因，相反这种以"变态封建主义"（Bastard Feudalism）为基础形成的强大王权才是政治和谐的保证。玫瑰战争就是亨利六世个人不够强势，缺乏领导力的结果。其学派的有关王权的核心观点甚至被批评者概括为"强王权就是好王权，弱王权是动荡之源"[1]。不过由于麦克法兰学派着力于人物研究和地方史研究，在个案丰富的同时，也面临碎片化的尴尬。个案研究本身并无不妥，历史认知本来就应以扎实的个案研究为基础，不过目前它带来的一个不可否认的副产品就是中古后期的基本政治理念无法得到令人信服的归纳，物质与私利当道，思想与规则隐退。这样的中古政治让英国学界有些不能接受。

20世纪80年代以来兴起的新宪政史学派以剑桥大学的克里斯蒂·卡彭特（Christine Carpenter）和她的一些学生为代表，特别是牛津大学的约翰·沃茨（John Watts）目前已经成长为其中的佼佼者。他们承认麦克法兰的学说带来了革命性的影响，也激烈地批评斯塔布斯式的宪政史学，但认为麦克法兰的弟子们晚近形成的所谓麦克法兰学派的观点实际上曲解了麦克法兰，是"变态麦克法兰"模式。这种模式使中世纪政治过分物质化，有关研究的碎片化也模糊了对中古政治传统的总体认识。新宪政史提出要把"思想"重新带回中古政治的研究中，要寻找中古政治的"普遍原则"。也正是在这个意义上他们使用"constitutional"这个词：不是斯塔布斯式的宪政主义，而是中性的"宪制"。他们立志要改变多年来在"变态麦克法兰"模式影响下造成的研究过于细碎分散，对中世纪的基本制度和观念缺乏宏观观察和总结的状况，寻找中古晚期政治的"实际宪制"（working constitution）。[2]

正因为这一学派的根本目标是寻找中世纪政治的基本原则，所以他们的研究特别

---

[1] John Watts, *Henry VI and the Politics of Kingship* (Cambridge: Cambridge University Press, 1996), p. 14.
[2] 关于这一学术发展脉络，参见阿莫诺、蔺志强：《英国中古政治史研究的学术系谱与模式转换——关于斯塔布斯、麦克法兰和新宪政史的对话》，《史学史研究》2013年第3期。

重视思想层面，试图将当时的各种著述中的理念与政治实践结合起来考察。正如孟广林的新著所指出那样，思想理论与制度及实践三者并不一定是同步的，甚至可能背道而驰。新宪政史学派也注意到了这一点。但他们的观点是，中世纪后期的人们并非说一套做一套，并不是表面叙述"公共福利"（common good）等复杂的政治原则，实际上遵循庇护原则、追逐物质利益，这种"精神分裂"是"变态麦克法兰"模式的结果，不符合历史真实。新宪政学派认为，中世纪的政治参与者的言行有一种内在的统一性，是"言行一致"的，即他们口头宣扬的"公认的"基本政治原则确实在指导着他们的行动。在这一点上，他们相信当时政治人物谈论的那些概念并不仅仅用来装点门面或掩饰真相，而是真实地反映着他们的行为准则。或者如昆廷·斯金纳为代表的剑桥学派的说法，对这些原则的阐述或论辩是一种"语言行动"，是一种对现实的介入，有其实际的影响和价值。[1]

那么，这种言行一致不是回到斯塔布斯式的宪政主义模式了吗？恰恰相反：按照新宪政史家的看法，宪政主义模式声称贵族在宪政精神的引导下时刻力图将王权置于法律与人民的限制之下，这无论从理论上还是实践上都脱离了中世纪的实际。他们认为，在当时人们的政治言论中反映的"共识"远非宪政学派所附会出的那些理念。当时王权与贵族在王权至上原则基础上形成的以合作与和谐为基调的关系，不但表现在现实行动中，而且表现在各种思想著述中。

这就意味着，新宪政史学派在历史实践的研究与总结中基本上服膺麦克法兰学派，其代表学者本身也几乎都有一部麦克法兰式的人物史或地方史考据之作为其学术生涯奠基。[2]但是，对王权与贵族和谐合作的基础，新宪政史学派有不同的解释。在政治思想的研究与总结方面，他们要超越"放弃归纳基本宪制"的麦克法兰学派，针对长期占据主流地位的宪政主义传统，对中世纪的政治思想学说提出新的诠释。

---

[1] 昆廷·斯金纳著，李强、张新刚主编：《国家与自由：斯金纳访华讲演录》，北京大学出版社2018年，第8页。
[2] 实际上他们也自认为是麦克法兰的真正继承者。克里斯蒂·卡彭特在牛津大学拿到博士学位，其导师杰拉德·哈里斯（Gerald Harriss）是麦克法兰最重要的学生之一。约翰·沃茨在剑桥师从卡彭特，后辗转回到牛津大学任教，成长为新生代的领军人物。

通过阅读克里斯蒂·卡彭特的《地方与政治体》《玫瑰战争》与约翰·沃茨的《亨利六世与王权政治》[1]等该学派代表论著中关于15世纪政治理论部分的论述,可以初步窥见他们所认识的"基本宪制"。这一学派相信15世纪的政治社会具有共同的话语基础,人们的政治行为是有一个实际的宪制框架的。15世纪前期的政治话语与前两个世纪既有继承性,也已经表现出重大的不同,而在玫瑰战争的影响下,15世纪50年代后的政治思想更是出现了革命性的转型。当时政论作品中的话语或理念反映和指导着15世纪的政治实践,是政治社会的"共识",即新宪政史家所追寻的"实际的宪制"。

概括而言,新宪政史家认为,15世纪最重要的"宪政"或共识,就是国王应享有最高权威,这种权威以实现"公共福利"为目标,国王"不受干扰"的个人意志是实现这一目标的关键,这意味着国王不应受到现实的限制,而且"事实上"也是不受限制的。在他们看来,这种理念与13、14世纪有显著差别,使15世纪后期的英格兰国王成了"新君主"。

二、15世纪前期的君权观念

新宪政史家都特别注意重新解读中世纪的政论性著作,其中约翰·沃茨在《亨利六世与王权政治》一书中的研究最为细致,最有代表性。如前文指出,新宪政学派不认同辉格史学式的"宪政主义",但是约翰·沃茨认为在麦克法兰学派影响下又走向了另一个极端,即当代的中古政治史研究中看不到一个中世纪的"基本宪制"。虽然没有人认为国王可以单靠个人力量统治,也都承认中古后期有流行的、被广泛接

---

1 Christine Carpenter, *Locality and Polity: A Study of Warwickshire Landed Society, 1401–1499* (Cambridge: Cambridge University Press, 1992); Christine Carpenter, *The Wars of the Roses: Politics and the Constitution in England, c. 1437–1509* (Cambridge: Cambridge University Press, 1997); John Watts, *Henry VI and the Politics of Kingship*.

受的王权政治观念,比如等级、服从、神权,以及通过议会和御前会议等制度体现出来的认可和合作观念,这些是国王获得权威的思想基础。但是同时,学者们也普遍相信,要想维持其地位,国王个人必须精明强干、咄咄逼人,因为在那样一个"难以统治的"时代,强大的王权才是好的王权,弱的王权则带来混乱和灾难。沃茨指出这种研究理念存在诸多问题。首先,它导致理论与实践无法统一,中世纪的政治体系显得虚伪而"精神分裂":宣扬的原则与公开的制度推崇合作与认可,而实际的推动力则来自操纵和恐吓。面对这一悖论,学者们放弃了那些公开的原则,转而去集中研究他们认为的"事实"。但是,沃茨认为,昆廷·斯金纳的理论已经证明这种路数不可取,当时人们公开谈论的思想不仅仅是虚伪的装饰,而恰恰是"深层的事实"[1]。其次,那种认为国王为了保住王位必须具有过人的能力的看法也不符合麦克法兰的理念,因为它远远没有带来君主与贵族的"利益共同体",相反到处是心怀叵测的"超级臣属"的崛起和无能的国王。同时也使国家层面的研究与地方史研究充满矛盾无法统合。再次,"强王权"与"弱王权"二分法也缺乏精确性:强的国王究竟需要多少权力,多强为强,其权力是什么性质?弱的王权为什么会导致灾难,其弱如何表现?

沃茨认为,不是中世纪的人们"精神分裂",而是后人对他们思想的总结出现了偏差。他的目标,就是摆脱既有的这种研究模式,寻找中古晚期的"基本宪制"。而他的一个基本理念,就是通过研究当时人有关政体性质的著述,可以发现一个更清晰准确的 15 世纪王权观念,以及围绕它所发生的政治。而他的重点,放在了"君主镜鉴"(mirrors for princes)这类独特的著作。

沃茨主要利用 15 世纪的"君主镜鉴"类著作还原时人的基本政治观念。他首先为自己的史料基础进行了辩护。他认为这些作品在国王、贵族等政治参与者中影响很大,反映并塑造着当时政治社会的"共识"。它们涵盖对国王或领主具有教育功能的书面作品。因为这类著作的教育目的和明显的说教性质,长期以来并不被政治史或

---

[1] John Watts, *Henry VI and the Politics of Kingship*, pp. 7, 14.

宪政史学界重视，甚至被鄙视。但沃茨认为，正因为这类著作所论皆为"常识"，才更是探索当时实际理念的最佳依据。此类著作特别强调个人的德行而非制度的运作，这被过去的批评者视为其原始性和低水平的表现。但沃茨认为这反映的是批评者本身存在认识的偏差。中古后期人们优先考虑的政治因素就是个人的德行，而传统的宪政史家想当然地强调的那些因素并不受时人重视。同时，"君主镜鉴"类著作在当时的影响也毋庸置疑，当时有大量的证据显示国王和贵族在委托制作或借阅、购买此类著作。[1]

那么这类著作反映出的15世纪"基本宪制"是如何的呢？

首先，居于政治体核心的是一位"行使主权"的国王。这一点与既有的认识有很大反差。沃茨指出，在19世纪史学的"宪政王权"观念遗产继续影响下，至今谈到王权，首先仍是谈论一个"受法律限制的"国王。沃茨则认为，虽然在15世纪国王无疑是尊重法律的，法律的制定也有议会中的贵族和平民参与和认可，国王征税也要得到议会下院的同意，但是，同样无可置疑的是，制定、否定、维持法律的权力，发起征税的权力，都是属于国王的。即使这是一个"受建议的国王"，那也是国王。在当时的理念下，国王的个人意志在公共法律的制定进而在政府的所有合法行动中都是一个核心的决定性因素。这意味着，类似今天（掌握主权）的议会，国王当时在很大的意义上是"无限的"。在通常情况下，国王在他的王国不能被反抗，因为任何人只有凭借基于国王个人意志的国王权威，才能够采取合法的行动。这使"合法地"反抗国王成为几乎不可能的事。即使在14世纪历史上发生的两次"废黜"国王的行动，实际上都有"退位"为伴，由此造成爱德华二世和理查二世是"自己废黜自己"的印象，以使这些行动获得合法性。"主权在王"、"王权无限"不意味着国王可以为所欲为，在各种压力下他们会尊重法律和建议，而是说，作为最基本的原则，国王独享立法权。所谓"宪政约束"的观念，完全不适用于分析15世纪中期的政治体：国王没有一个绝对自由受限的领域；只有一个统治权，那就是属于国王的统治权，它在王国的任何领域都同样

---

[1] John Watts, *Henry VI and the Politics of Kingship*, p. 15.

充分。国王的意志是王国权威的基础来源，他的意志归根到底也是个人的，并且在很多方面是自由的。沃茨还指出，虽然勃拉克顿（Bracton）在13世纪就对建议理论进行了论述，但他的说法长期以来引起的巨大争议说明，就连否认国王从根本上讲拥有不接受臣下建议的权力也是非常困难的。[1]

与主权相伴的是国王作为主权代表的理论。当时普遍认为，部分通过王位（crown），部分通过国王个人——因为二者无法轻易区分——国王是王国的代表与化身。国王身为王国代表的理论是一把双刃剑：一方面使国王具有高于任何臣民或臣民群体的不可侵犯的合法统治权，任何对国王权力的限制都是对王国权力的限制；另一方面，这也意味着国王被赋予无限制的权力只出于一个原因，即为了王国的利益。这在许多"君主镜鉴"类作品中有所论述。而这又进一步导向要求国王顾及臣民的利益，并且通过纳谏来实现。阿奎那对国王的代表理论有深入的讨论，他以之说明世俗国家的目的就是为了人民的福利。人民需要引导以达于"至善"（summum bonum）。国王则因其内在的统一性，成为实现公共福利的最理想的权威形式。如果执权威者只为私利，则堕为暴君。但阿奎那明确指出这一理论不是用来反抗或限制君主的，即使是暴君，臣民也只能"忍"。只有上帝可以约束国王。[2]

沃茨指出，这些理论与宪政史家过去描绘的王权图景相当不同。中世纪确实有限制王权的思想。但诸如"人民的声音即上帝的声音"（vox populi, vox Dei）这类说法一方面从未占据主流地位，另一方面是在15世纪这些说法基本上消失了。在当时的"君主镜鉴"类的作品里几乎看不到这种理论，对政治限制比如机构化的御前会议、代表性的国家会议，甚至世俗性的立法都很少提到或极其谨慎。过去认为这是"君主镜鉴"类作品幼稚的表现，但是沃茨认为应该有更深层的背景。他认为中古后期的英格兰和法国一样，在政治理论方面更推崇成书于14世纪的一部反映教皇国宪制的著作《埃吉蒂安宪制》（Egidian Constitution）的模式，即受罗马的吉尔斯（Giles of Rome）思想的影响，更强调一个统一的权力结构的重要性，进而认为王权的自由比混合制政

---

[1] John Watts, *Henry VI and the Politics of Kingship*, p. 17. n. 15.
[2] *Ibid.*, p. 19.

府更值得提倡。[1] 这并非牺牲了公共福利的目标，而是认识到放权给臣民会带来混乱和分裂的风险，因此给出了实现公共福利的其他路径。总之，王权的代表性理论不会被发挥到动摇国王主权的程度。从"君主镜鉴"式著作可见，当时政治社会主要着力的方向，不是限制或分享君主的权威，而是"引导"它。[2]

由于从外部限制国王不可取，所以当时政论家著述中强调引导国王的一个首要内容就是使国王树立"美德"（virtues）。沃茨归纳了其背后的逻辑。当时认为国王的功能是对内维持正义，对外保卫安全，实现共同体的"公共利益"，这既是国王的权利也是他的义务。而且国王的统治是王国共同体实现其"公共利益"的唯一途径。当时有两个著名的理论论述国王与王国共同体的关系：君权（Crown）论和政治体（the body politic）论。这两个理论本身已不需赘述，但沃茨指出当时的理论家意识到在现实中君权与国王个人无法区分，政治体中作为头脑的国王和其他肢体虽然互相依存，但头的绝对主导性也无可置疑。因此这些理论都说明了王权的至关重要性，以及国王个人的主导性地位。同时，因为从外部限制国王会引起主权归属的疑惑和纷争，所以最终只能导向一点，即国王个人应具有美德。因此国王的美德成为中古后期国王政府理论中最重要的因素。"审慎、公正、节制、勇敢"（Prudence, Justice, Temperance and Fortitude）被认为是国王应有的四大美德。[3]这些美德会引导国王按照公共利益来使用自己的权力。

当然，一个现实的困难在于如何确定什么是公共福利。当时的普遍思路是通过纳谏来实现。[4]所以广纳良谏又是一个重要的议题。比如要让建言者具有尽量广泛的代表性，国王要勇于采纳建议，改变己见。建议被比作缰绳，恰当的使用可以避免君主落马。但是，作家们最终都不忘提醒，纳谏的目标是决策，而决策的责任（或）权力属于国王。听取建议后，国王要说出其个人的意见并安排实施。在这一过程中，国王的

1　John Watts, *Henry VI and the Politics of Kingship*, p. 20.
2　*Ibid.*, p. 21.
3　*Ibid.*, p. 23.
4　*Ibid.*, p. 25.

个人意志扮演负责而关键的角色。虽然勇纳良谏是以美德统治的必须要求，但国王同时也需要保持自身意志的完整性与独立性。所以国王必须能够"合众意为一"："公共政策"只能在既单一又有代表性的情况下才称得上"公共"。公共政策不可能从建议中自动生成，国王必须选择，也必须只有国王来做选择：即使他只是重复了某一个人或某一个集团的建议，也必须明确，这是国王的意志，而不是他们的。因为只有国王负责为整个政治体代言。王国需要一个比任何派系或集团的声音更大的单一的声音。这是国王功能的核心，而能否成功实现这一点，则基于国王个人意志的不可侵犯性。[1]

可以看出，在当时的思想中，为了防止国王成为某一派系控制或左右的对象，纳谏决不能侵犯国王个人意志的独立性。谏言只能供国王参考，国王听谁的意见是他的自由，决策归根到底还是国王个人的决策。在这种逻辑下，国王的"私意"与"公意"统一是最理想的，如不能统一，则会带来很大的麻烦。所以，好的、有代表性的政府首要的基础是一个恰当的国王意志。这也是为什么"君主镜鉴"的作者们首先强调国王的美德而不是劝其纳谏。美德会保证国王的"私体"服务于公共福利。事实上，君主的美德是最好的，一定意义上也是唯一的，宪制保障。这与王权的代表性并不冲突："王意为脊，谏言为肉。"王权是使公众意志权威化的一个工具：国王就像一个导管，导入来自共同体的各种杂乱无章的建议，然后输出为有代表性的、具有权威性的政策。[2]

这样的国王有多大的权威显然是不言而喻的。当时的作家还进一步提出，臣民应该爱戴和畏惧君主。当然这不是因为国王的恐吓，而是基于国王的美德。畏惧来自国王恰当而负责地履行了其职责。在一定意义上，这是"爱战胜一切"的表现。

总之，这一理念描绘了一个复杂的政治体，在其中国王是实现共同体利益的一个媒介和工具。只有根植于国王个人的单一、独立的意志，才能保证统一的公共利益和王国的统一。[3]

---

[1] John Watts, *Henry VI and the Politics of Kingship*, p. 27.
[2] *Ibid.*, p. 29.
[3] *Ibid.*, p. 31.

三、15 世纪后期王权观念的转变

新宪政史家不但强调了 15 世纪政治理念不同于传统宪政史叙事的特色,同时认为 15 世纪后期的理论又有进一步的转变,更加趋向于突出君主的权威。约翰·沃茨指出,约克家族对兰开斯特王朝统治的挑战和玫瑰战争的爆发改变了 15 世纪后期的政治生态,王权理论也发生了很大的转向。上述的强调美德统治以及国王作为政治体之头脑的理念似乎已经不足以应对新的挑战。因为在 1460 年后的大部分时间,作为过去各种论述基础的那种国王的"唯一性"出现了疑问,每一位在任的国王都有或明或暗的竞争者,这必然要求政治理论和实践都做出调整。

作为回应,"君主镜鉴"的作者们改变了强调的重点。早期对国王保卫公共利益的强调让位于对国王独掌权威的一种更加着重的表述,并为推动使国王可以确定和保持权威的改革积极造势。[1] 长期的动荡使国王和其辩护者失去了基于美德将自然赢得效忠的信心,进而为一种防御性的、威权式的思想提供了基础,也促成了所谓"新君主制"的诞生。

沃茨认为这一意识形态转型的剧烈程度被历史学家低估了。主要是因为过去习惯于把这一时期以福蒂斯丘(Fortescue)为代表的作家的观念视为整个 15 世纪的标准化和典型的观念。[2] 而实际上,这一时期作家传递出的一些观念,即政治为自我利益所主导、忠诚的前提是物质奖赏、国王必须足够强势和富有才可能保证控制力,是起源于玫瑰战争这一漫长而意外的危机以及时人对这种危机的错误解读,它们不适于用来解读整个 15 世纪的政治体,因为这一政治体在构建的时代并非如此反常。

在这种"反常"时代形成的政治观念中,"贪婪、野心"被视为政治行为和效忠的基础。此时的政论作家们以其心目中的正常状态做对比,表达了对这些变化的忧虑和批评。对金钱的热爱驱逐了美德,这对公共福利而言是灾难性的:过去那种正义和良好的统治完全失去了可能性。作家们指出在国王的建议者中普遍存在的贪婪会带来

---

[1] John Watts, *Henry VI and the Politics of Kingship*, p. 39.
[2] *Ibid.*, p. 40.

两个后果。其一,贪婪自私的建议者无异于"对建议之井投毒",使国王无法得到真正的建议,从而远离了他最重要的功能:代表共同体。这些"投毒者"无论是堕落的大贵族还是出身低微的小人集团,造成的结局都是一样的,即政府与人民分离了。这意味着国王不能得到真正的辅佐和服务,建议者的小集团利益取代了人民的利益,国王被引入了一种暴君的形态,为王国的每个人都带来了灾难性的后果。其二,贪婪使王臣和建议者不再对民众负责,从而也失去了其对国王的忠诚。国王不再可以依赖他们,因为他们的利益与国王的利益不一致了,他们关心的是国王的物质奖赏。所以贪婪导致虚伪、不忠、冷漠,事实上导致了对国王和共同体的双重背叛。[1] 而福蒂斯丘的独特之处,则在于他从批评转向接受这一现实,并提出如何利用这种贪婪的人性。他指出,"出价高的人"会赢得贪婪者的忠诚。同时他认为,所有的人,即使不贪婪,也至少是有野心的,所以他们的忠诚对象首先是自己。在福蒂斯丘看来,"民众将会跟从给他们最好的扶持和奖赏的人"。在贪婪的世界,只有金钱起作用。

沃茨认为这些观点代表了观念转型的三个阶段。第一阶段,贪婪因为对公共福利的破坏性影响而受到谴责。第二个阶段,强调贪婪对君主安全的影响:贪婪者不会对国王真正地效忠,贪婪者忽视了其对王国的责任这一点则被放在了次要地位。第三阶段,到了福蒂斯丘,则最终接受了现实,彻底否认了无私效忠的可能性,并提出了一种新的政府框架,可以利用人们的内在贪婪性。

这一思想发展的脉络标志着传统政治关系中的信任与信心的崩溃。真正的骑士自然地对其热爱的君主提供真诚服务已无可能,物质和野心占领了政治市场。作为回应,过去的王权框架,即明君施行美德统治自然会换回真诚效忠,被弃置一边,代之以新的更强有力的模式:统治是国王的强势行为,而不再是王国的自然反应。国王不再仅仅提供正义的归宿即可,他必须更具攻击性。[2] 这些建议作品还在强调国王要警惕各种背叛的威胁。为了对抗威胁,国王必须运用一些不一定受欢迎的工具,这又反过来使国王与不可信任的臣仆进一步拉大了距离。

---

1 John Watts, *Henry VI and the Politics of Kingship*, p. 41.
2 *Ibid.*, p. 42.

这样塑造出来的国王是"新君主"式的：戒备的、警惕的、独立的。对他们而言最重要的是掌握权力，而不是知道如何使用好权力。国王关心的最基本问题不再是如何提供公共服务，而是王位的安全。[1] 其理由是，如果王权权威的唯一性不被认可，它也就无法为公共福利做任何事。事实上没有公认权威就没有公共福利。因此在此时的观念中，服从，而非公共利益，是国家的根本基础。[2]

在这一理念之下，国王的权威必然要依靠强大的财政基础。沃茨认为福蒂斯丘著作的主要目的，就是解释如何增加和保持国王的财政资源。他指出福蒂斯丘的一个得到公认的逻辑预设是：财政优势是国王权威的基础。如果一位领主的可支配收入多于国王，便给了他反叛的冲动和手段。所以，国王必须足够富有以收买人心。[3] 福蒂斯丘给出的解决方案不再是国王通过美德统治，而是要通过一个改良的御前会议采取集体的行动。权威归于通过一个正式的咨议机构表达的共同体的意志了。为了不使王权贫困，它禁止国王将祖产赏赐出去。但是这并不是对王权的限制，相反是一种保护。同时在福蒂斯丘的论述中，曾经困扰很多作家的国王个人意志不再是问题，因为国王没有私心，他愿意完成其职责所要求的义务。国王就是一个公共的存在，理应得到臣民的服从。沃茨认为，福蒂斯丘的这些观念中所说的并不是一个具体的君主，他所说的国王职位，其实就是指公共财政（public fisc）。[4]

管理公共财政的重任落在御前会议及其成员肩上。福蒂斯丘理论中的御前会议与传统上以贵族为核心成员的咨议会颇为不同。因为他强调必须保证其成员除了对王权之外没有别的忠诚，其实现途径则是保证御前会议的 24 位非贵族成员没有任何别的收入来源，只有得自国王的薪金。此外国王的地方官吏也应适用此法，让他们明白其身份地位的获得与地方贵族无关，从而使中央王权对庇护网络实现完全的控制。在一个以个人野心为基础的社会，王权控制所有上升的通道，便控制了政治本身。总

1　John Watts, *Henry VI and the Politics of Kingship*, p. 43.
2　*Ibid.*, p. 44.
3　*Ibid.*, p. 46.
4　*Ibid.*, p. 48.

之，在福蒂斯丘的时代，因为"忠诚"需要竞争，所以促成了威权理论的发展。当时最核心的追求是建立充分的权威，手段则是恐吓和对庇护关系的利用相结合，而不再纠缠于过去主导对国王与贵族行为讨论的那种代表理论或维护正义功能的实现。[1]

在对15世纪前后期的各种政治理论进行梳理之后，沃茨将当时的"基本宪制"观念概括为：主流的意识形态强调公共福利是政府的固有目标；同时当时人们也认可国王在实现这一目标时的主导性角色；而且，即使在国王对什么是公共福利的评估权受到质疑时，也首先强调臣民应当服从王权的决定。[2]

沃茨也意识到，以上分析和总结的这些观念来自"君王镜鉴"这类作品，是思想"生产者"的产品，它们是否可以被视为当时的"实际宪制"，还要考察这些思想产品的"消费者"的想法，以及在政治实践中的反映。所以他又花费大量篇幅分析了贵族的政治思想，认为这些作品在贵族中也颇有市场，其思想也得到贵族的认可。[3]而通过考察《帕斯顿信札》这类基层政治实践者的日常记录，又可以看到，基层政治参与者虽然很少论及大而化之的政治原则，但这些原则已经内化到他们的行动中。贵族在地方行使领主权，也是一种可以类比于王权的"统治"（rule）。其统治理念也是通过维护权利与正义而实现公共福利，但同时领主也是领地福利的代表。不过领主的统治权得自王权的授予和委托。而且王权具有唯一性，即使统治不力也无可置疑；但领主的治理却面临竞争，并更直接地受到领地公共福利的约束与检验。[4]政治实践反映出，在实现公共福利时，国王的个人意志至关重要。国王必须兼听各种声音，在众多不同利益诉求中调和并做出决断。而建言者与国王在非正式和私密的环境下进行个人间的沟通，是避免干扰和控制，做出决断的关键机制，从而也是实现公共利益的最佳途径。[5]最后，沃茨通过对亨利六世时代的细致研究，以这种"实际宪制"解读了其悲剧。他认为，亨利六世时代的危机并非由超级臣属带来，也非由于庇护制的滥用、战争的

1　John Watts, *Henry VI and the Politics of Kingship*, p. 51.

2　*Ibid.*, p. 51.

3　*Ibid.*, p. 63.

4　*Ibid.*, p. 66.

5　*Ibid.*, p. 79.

失败、王位的争端或财政的不足等造成。其基本的根源是"真正宪制性的":作为一种将公共利益的实现维系于国王一人的体制,当时的君主制度没有能力应对国王如此无能的状况。[1]

沃茨的观点也反映了所谓新宪政史学派的基本认识。比如克里斯蒂·卡彭特就指出,国王处于公与私的连接点,是政府成功统治的关键,也是不可或缺的。这种依赖于一人的广泛团结的体制,不允许对国王的"合法"反抗。[2] 可以看出,新宪政史学派认为无论在思想上还是在实践中,中古英国都是一个王权至上的政治体,实现公共福利是政治体的目标,这一目标使当时的政治权力几乎完全托付于国王个人,整个国家的正常运作极大地依赖于国王个人的协调能力和决断能力,因而"恰当而独立的"[3] 国王的个人意志至关重要。这颇有近代欧洲"朕即国家"的味道。

当然他们的观点也受到一些学者的质疑甚至批评。如老一辈的拉尔夫·格里菲斯认为沃茨没给传统的宪政史家的工作足够的尊重,但他重点质疑的是对亨利六世时代的一些史事的解读,对于王权至上的政体理念没有评论。[4] 波拉德则对沃茨的宪制观念总结没有异议,并认为国王的权力事实上没有限制的说法"并不是令人震惊的新观点"。不过他坚持当时应该还有另外一种宪政传统,即国王的意志"在特定情况下"是可以被限制的,当时的宪制思想框架不可能是单一的。新宪政史的研究应当兼顾沃茨的这种"新托利式"的解读以及复苏的"辉格式"解读。[5] 迈克尔·贝内特则指出这部雄心勃勃的著作贡献颇大,特别是澄清了"中古后期英格兰政治的价值观、准则和预期"[6]。可见,新宪政史家的研究虽然难称完善,但其思考和总结还是得到学界

---

1 John Watts, *Henry VI and the Politics of Kingship*, p. 366.

2 Christine Carpenter, *The Wars of the Roses: Politics and the Constitution in England, c. 1437–1509*, p. 255.

3 John Watts, *Henry VI and the Politics of Kingship*, p. 101.

4 Ralph A. Griffiths, "Reviewed Work(s): Henry VI and the Politics of Kingship by John Watts," *The English Historical Review*, Vol. 113, No. 452 (Jun., 1998), pp. 685-687.

5 A. J. Pollard, "Reviewed Work(s): Henry VI and the Politics of Kingship by John Watts," *The American Historical Review*, Vol. 103, No. 3 (Jun., 1998), pp. 869-870.

6 Michael J. Bennett, "Reviewed Work(s): Henry VI and the Politics of Kingship by John Watts," *Albion: A Quarterly Journal Concerned with British Studies*, Vol. 29, No. 4(Winter, 1997), p. 657.

的基本承认的。实际上现在很多学者认同新宪政学派的思路,也在做类似的工作,一些学者之所以宁可自称为"新政治史"学者,只是因为克里斯蒂·卡彭特教授孤傲的个性而已。[1]

约翰·沃茨正在撰写《新编牛津英国史》系列丛书的"1461—1547年"卷,据说2018年年底已经交稿准备出版。我们很快可以看到作者本人对15世纪的"宪制"理论与都铎时代政治发展关系的解读。但是在此之前至少可以肯定,都铎王朝建立之前的政治思想背景为王权的扩张提供了非常有利的基础或选择的空间,当都铎王朝稳定局势并掌握足够资源之后,政治思想中有利于其为专制统治正名的部分会被不断利用,一个为"公共福利"而实行集权统治的专制时代的开启也便有些顺理成章的味道了。

(本文作者为暨南大学文学院历史学系教授)

---

[1] 阿莫诺、蔺志强:《英国中古政治史研究的学术系谱与模式转换——关于斯塔布斯、麦克法兰和新宪政史的对话》,《史学史研究》2013年第3期,第83页注。

属于国王的输水管道

论 13 至 15 世纪法国鲁昂方济各会的清贫实践及其对清贫理解的变化

栾颖新

在中世纪,水是一种重要的自然资源。本文以 1257 年法国鲁昂方济各会将加洛泉引入修道院的事件为例,管窥国王路易九世、鲁昂大主教和鲁昂市镇这三方在涉及自然资源的使用时的权力运行机制,同时分析 13 世纪方济各会的具体清贫实践,尤其是对财产权和使用权的区分。幸运的是,与加洛泉(source Gaalor)有关的史料十分丰富,我们得以了解 13 世纪的引水许可和施工工程、15 世纪鲁昂市镇与方济各会之间围绕用水的分歧和 17 世纪对该场分歧的再书写。通过五个世纪内的文本中的词汇的变化得以考察方济各会对其修会核心概念——清贫的认识的变化,即从强调区分物品的财产权和使用权过渡到了有节制地使用物品。[1]

加洛泉是法国鲁昂地区重要的水源之一,13 世纪中叶,鲁昂的方济各会修道院从加洛泉引水,修建了一条连接水源地和修道院的输水管道。在中世纪,水是重要的自然资源,修建输水管道一事触动了鲁昂市镇、法国国王和鲁昂大主教,在这三种权力的博弈中,方济各会最终得以引水到修道院中。围绕加洛泉的史料十分丰富,包括从 13 世纪的契约到 17 世纪的印刷史料,这些史料为我们提供了考察方济各会如何实践清贫的机会。如果只通过修会规章进行分析,可能不足以理解方济各会的清贫概念。而通过获取泉水的例子,我们可以从方济各会的实践来进一步理解清贫问题。从 13

---

[1] 清贫:pauvreté。此处指方济各会的重要原则,主张方济各会的成员过自愿的清贫生活。同时,这个词也用于指被动陷入的贫困状态。

至 17 世纪，方济各会一直追求清贫，但他们对清贫的理解逐渐发生了变化，13 世纪严格遵照修会的规章，对物品的财产权和使用权进行区分，不掌握物的财产权，只使用物品；而 17 世纪对清贫的理解变成了有节制地使用物品。

本文主要使用的史料来自法国海滨塞纳省档案馆的 35H2 号档案，即鲁昂方济各会修道院的档案，以及来自鲁昂市立图书馆的《泉水之书》，该书成书于 1525 年，主要介绍鲁昂市内泉水管道和取水口的分布情况。[1] 本文还使用了由鲁昂方济各会修道院负责财务管理的修士于 1660 年整理出版的《涉及鲁昂方济各会修士的大修道院的建立和特许的主要文件集》。[2]

一、13 世纪：方济各会到达鲁昂

1223 年教宗洪诺留三世（Honorius III）批准了方济各会的规章，修会正式得到了教宗的承认。虽然在格里高利改革之后出现了若干主张清贫的修道团体，如熙笃会、加尔都西会等，方济各会所主张的清贫与之前的修道团体不同，之前的修道团体往往主张修士个人不占有财产，但修道团体作为一个整体仍拥有财产，而方济各会的主张是：修会作为一个整体也不占有物品。正如 1223 年规章中的第六章所言："兄弟们不占有任何东西，不占有房屋、地点或任何东西。"[3] 在日常生活中做到集体的清贫并非易事，13 世纪的方济各会成员一直在试图对清贫概念进行解释和重新界定，讨论物品的财产权和使用权的区分，他们对财产权的理解为西欧经济思想的发展做出了贡献。而他们的清贫实践与以往的修会不同的一点还在于：方济各会修道院在城市中，不同于以往避世的修道团体，他们选择在人群中生活，一边实践清贫，一边向城市中的人

---

1 Archives départementales de Seine-Maritime(ADSM), France, 35H2. Jacques Le Lieur, *Livre des fontaines* (manuscrits), 1526, bibliothèque municipale de Rouen.

2 Mathieu Castain, *Recueil des principales pièces qui concernent la fondation et les privilèges du grand Couvent des FF. Mineurs Cordeliers de Roüen* (Rouen: impr. de L. Maurry, 1660).

3 Jacques Dalarin (dr.), *François d'Assise, Écrits, Vies témoignages* (Paris: Les éditions franciscaines, 2010), p. 265.

们传教。

  鲁昂便是一个例子。在中世纪，鲁昂是一个富庶的城市，依靠其地理位置控制往来英国和巴黎之间的商贸。在 13 至 14 世纪期间，鲁昂是法国最富有的教区，教区年净收入约为 12000 图尔里弗尔。[1] 方济各会的发展十分迅速，在 1228 年鲁昂已经出现了方济各会修士的身影，他们刚刚到达鲁昂，还没有栖身之所。1228 年 7 月 7 日，鲁昂的法政牧师（chanoine）谢夫勒维尔的若弗鲁瓦（Geoffroy de Chèvreville）捐给方济各会修士一片土地，供他们使用，让他们在那里修建一个礼拜堂。[2] 由于方济各会的规章中规定了修士不能拥有财产，谢夫勒维尔的若弗鲁瓦把这片土地的财产权交给了时任鲁昂大主教的蒂博（Thibaut）以及鲁昂的座堂议会（chapitre）和座堂主任牧师（doyen），方济各会只享有使用权。[3] 方济各会因此安置在了鲁昂城墙以外的圣马洛教区（Saint-Maclou）。

  随着修会活动的增多和规模的壮大，鲁昂城外的这片土地已经不能满足方济各会的需求，在 13 世纪 40 年代他们开始向鲁昂城内迁移。而他们位于鲁昂城内的修道院正是日后输水管道的目的地。1240 年，法国国王路易九世即圣路易下令扩大鲁昂城市的规模，将原有的城墙向外拓展。[4] 城市空间的扩大为方济各会向城内迁移创造了条件。意大利学者格拉多·乔瓦尼·梅尔罗认为意大利的方济各会修会大多在 1221 至 1225 年期间开始有了稳定的倾向，开始从城市外部迁移到城市内部。[5] 而鲁昂的方济各会向城内迁移发生得更晚，这也说明了即使是同一个修会，不同地区的修道院往往呈现出不同的特点，这也正是进行具体的地区研究的意义所在。

---

[1] Adam J. Davis, *The Holy Bureaucrat: Eudes Rigaud and Religious Reform in Thirteenth Century Normandy* (New York: Cornell University Press, 2006), p. 149. 图尔里弗尔：livre tournois，法国图尔地区铸造的货币。

[2] Archives départementales de Seine-Maritime(ADSM), France, 35H2.

[3] 法政牧师于 4 世纪出现在西方，依照希波主教圣奥古斯丁的规章，过集体生活。从加洛林时期开始，大公会议努力推行法政牧师制度，旨在避免神职人员积累个人财富，保证他们过集体生活。11 世纪以来，欧洲很多大教堂的座堂议会都开始遵循圣奥古斯丁规章，集体生活，追求清贫。

[4] Jean-Louis Eloy, *Le couvent de Saint-Jacques de Rouen (1224–1790)* (Vire: Le Cornec et fils, 1965), p. 23.

[5] Grado Giovanni Merlo, *Au nom de Saint François: Histoire des Frères mineurs et du franciscanisme jusqu'au début du XVIe siècle* (Paris: Éditions franciscaines, 2006), p. 63.

1246 年时任鲁昂大主教的厄德·克莱芒（Eudes Clément）平息了鲁昂座堂议会和座堂主任牧师的反对，准许方济各会迁入鲁昂城内。1249 年 3 月，鲁昂市民贝尔坦·德·沙泰尔（Bertin du Chastel）将位于鲁昂城内的要塞地区（le Donjon）的一块土地捐给方济各会，供他们使用。[1] 德·沙泰尔在捐赠的契约中明确地写着："因为方济各会不能拥有该地的财产权，我将该地的财产权交给国王路易和鲁昂大主教厄德。"[2] 我们可以看出：到达鲁昂以来，方济各会严格地遵守修会规章中对清贫的规定，他们不占有土地，也不持有土地的财产权，只是使用土地。

鲁昂紧邻塞纳河，直到 15 世纪，鲁昂居民用水主要来自河水和井水，市中心的每一户几乎都有自己的水井，而在人口密集的居住区也有很多公共的水井。[3] 鲁昂一直缺水，尤其是缺少饮用水，需要用水保持城市清洁和扑灭火灾。[4] 鲁昂的方济各会凭借国王路易九世、鲁昂市镇和鲁昂大主教三方的帮助取得了引加洛泉入修道院的许可，又获得了信徒的资金支持，最终才得以完成输水管道的工程。在中世纪，水被认为是重要的自然资源。围绕水的使用往往发生争端，比如鲁昂圣洛教区（Saint Lô）的修道院的神职人员有一条联结旧市场（Vieux-Marché）和修道院的输水管道，这条管道保证了修道院的用水，而修道院却不让教区内的穷人们从中取水使用，围绕圣洛教区的输水管道的争端一直到 1299 年才得以解决。[5]

17 世纪的鲁昂编年史家弗朗索瓦·法翰在《信仰天主教的诺曼底地区》（*La Normandie Chrestienne*）一书中介绍了加洛泉，他认为加洛泉非常重要，而且比鲁昂

---

[1] 契约上的日期为 1248 年 3 月，但该契约使用的是儒略历。在儒略历中，新的一年在复活节开始。换算成公历以后，儒略历 1248 年 3 月应为公历 1249 年 3 月。

[2] ADSM, 35H2. "*Quia tamen habere proprietatem loci dictorum fratrem professioni non congruit, proprietatem dicti tenementi cum pertinentiis universis trado et pono in manu domoni Ludovici, illustris regis francorum et in manu venerabilis patris Odonis Rothomagensi archiepiscopi.*"

[3] Alfred Cerné, *Les anciennes sources et fontaines de Rouen: leur histoire à travers les siècles* (Rouen: Lestringant Libraire, 1930), p. 8.

[4] Sowina Urszula, Kobylarz Richard, "De l'eau pour la ville: Le Livre des Fontaines de J. Le Lieur (Rouen 1524-1525)", in *Études Normandes* (50ᵉ année, n°2, 2001. Les Études Normandes ont 50 ans), p. 34.

[5] Sowina Urszula, Kobylarz Richard, De l'eau pour la ville: Le Livre des Fontaines de J. Le Lieur (Rouen 1524-1525), p. 30.

的其他两处泉水（达尔耐塔尔泉和永维尔泉）历史更悠久，而且水质更好，水量更大。[1] 19 世纪的鲁昂地名研究者尼塞塔·佩里约认为："加洛泉是 1250 年被引到鲁昂的，不过如果我们相信之前的编年史家的话，加洛泉很早已经就开始流淌了，它的历史可以追溯到高卢–罗马时期的最初阶段……它穿过旧城堡的要塞，流入一个既有的水池……它通过水渠被引入城中，城市中很多蓄水池的水都来自加洛泉。"[2] 而中世纪修建的加洛泉的引水管道留存至今，2012 年的一起事故证明了这一点：2012 年 8 月 17 日鲁昂火车站的一个工地因为施工失误，将混凝土错误地填入了中世纪修建的加洛泉的引水管道，导致水流不止，附近的商户也因此关闭。[3]

二、1257 年：国王向鲁昂市镇争取引水许可

阿尔弗雷德·切尔内认为 13 世纪是兴建取水工程的世纪，13 世纪以来，法国的政治局面趋于稳定，不论是在巴黎还是在鲁昂，或是在法国的其他城市，都开始了取水工程。他认为在巴黎的取水工程主要由王室力量驱动，比如菲利普·奥古斯特（Philippe II Auguste）、圣路易和他们的继任者们；而在鲁昂和其他地区，取水工程主要由教会发起："教会富有并且有权势，他们想保证自己的用水，同时再设置一些公共取水口。市镇行政机构要到 15 世纪才开始兴建取水工事。"[4] 而鲁昂的方济各会修建输水管道的时间正是在 13 世纪。但我们也将会看到切尔内的说法并不完全准确，因为鲁昂方济各会修道院的引水管道不是只靠教会力量修建成的，而是多方合作的结果。

方济各会到达鲁昂以来，得到了当地的主教、法政牧师和市民的帮助。而在方济

---

1 François Farin, *La Normandie Chrestienne, ou l'histoire des archeveques de Rouen qui sont au catalogue des saints* (Rouen: L. Du Mesnil, 1659), p. 200.

2 Nicétas Periaux, *Dictionnaire des rues et places de Rouen* (Rouen: Le Brument, 1870), p. 232.

3 https://actu.fr/societe/rouen-la-vieille-source-gaalor-continue-de-se-deverser_527087.html.

4 Alfred Cerné, *Les anciennes sources et fontaines de Rouen*, p. 7.

各会获取泉水的过程中，他们又得到了法国国王路易九世的帮助。鲁昂市镇、国王、主教这三方都参与到了为修道院修建输水管道的协商过程中。这三方围绕方济各会修道院形成了一个能够进行有效沟通的信息网络。12 世纪 60 至 70 年代，英国国王、诺曼底公爵亨利二世为鲁昂颁布了特许状，允许鲁昂居民不再处于领主的管理之下，而是进行自治，鲁昂市镇得以成立。自此以来，市镇、主教和国王这三方的权力同时在鲁昂存在。而在处理加洛泉的过程中，鲁昂市镇的作用不容忽视。1526 年鲁昂市政长官雅克·勒·利厄尔在其作品《泉水之书》的开头强调了水的重要性，并指出鲁昂市镇一直以来都深知水是一种重要的自然资源："水非常有用，对人的生命来说非常重要，所有的顾问、管理者和有政治职责的官员都应当尽其所能，努力为城市提供水，因为水是如此重要和必不可少。在我们之前掌握职位的人们，即鲁昂的顾问和管理者，都深知这一点。"[1] 而国王路易九世取得泉水的过程也证明了这一点。

1257 年 4 月，鲁昂市镇发布了一份文件，同意国王从加洛泉中引水。[2] 在此之后国王发布了契约，同意方济各会修道院接收加洛泉的水。这个先后顺序证明了：国王需要与鲁昂市的市长和市政长官协商才能得到引水许可。由此可以看出国王并不直接控制地方的自然资源，不能随意支配地方的自然资源，实际控制本地自然资源的是地方市镇。

编年史家弗朗索瓦·法翰记载了鲁昂方济各会修道院得到泉水的过程："1257

---

[1] Jacques Le Lieur, *Livre des fontaines*(manuscrits), 1526, bibliothèque municipale de Rouen, folio 3 verso: "Comme il soit ainsy que l'eau soit tant utille et nécessaire pour la vye des hommes, tous conseillers, gouverneurs et officiers ayans charge de l'afaire politique, se doibvent de tout leur povoir efforcer et avoir reguard à fournir les villes et cytés de affluences d'eaues en tant qu'il est possible et nécessaire. En quoy noz antécesseurs et pères, anciens conseillers et gouverneurs de ceste ville de Rouen, n'ont pas esté négligens." 市政长官：échevin。由市民阶层或全体居民选举产生的长官，负责管理市镇的事务。

[2] ADSM, 35H2. 文件全文如下："Universis presentes litteras inspecturis major et pares Rothomagensis salutem in Domino. Noveritis quod volumus et placet nobis que dominus noster Ludovicus Dei gratia francorum rex illustris accipiat de aqua conductus fontis Gaalor plenum pollicem in rotundum, et ut acceptam ibidem aquam deduci faciat in conductu sub terra per vicos Rothomagensis ad locum et per locum quem nunc fratres minores Rothomagi inhabitant, secundum quod sue placuerit voluntati. In cujus rei testimonium sigillum communie nostre presentibus duximus apponendum. Actum anno domini MCC quinquagesimo septimo, mense aprili."

年，鲁昂的市长和市政长官同意把直径为一法寸的加洛泉泉水给了国王，以便将泉水引到方济各会的修道院去，国王与市镇之间达成了某项协议。"[1] 19世纪的文件集《诺曼底契约集》中收录了国王写给鲁昂方济各会的文书，雷奥帕德·德利斯勒在提及该文书时写道："编号577，1257年4月，国王当时正在日索尔，他给了鲁昂的方济各会一法寸的水，这是该市的市长和市政长官同意让他从加洛泉中引出的。"[2]

1257年4月，国王路易九世准许鲁昂方济各会修道院接收从加洛泉引来的直径为一法寸的水，水将通过地下的管道经由鲁昂市的街道到达并进入修道院。[3] 路易九世还强调：这份输水管道及其附属物，不论是其整体还是其中的一部分，其所有权都属于国王。虽然路易九世在此之前已经签署过若干有利于鲁昂方济各会修道院的契约，但是他或许并不能完全了解方济各会规章对财产权的要求，也未必对方济各会用于界定财产权和使用权的词汇了如指掌。而这份关于输水管道的契约却非常完美，使用的词汇完全依照修会规章，这说明国王大概得到了其他人的帮助。这份契约是在日索尔签署的，而在鲁昂大主教厄德·里戈（Eudes Rigaud）的访问日记中可以看到如下记载："1257年4月18日，在日索尔，国王和王后也在。"[4] 而鲁昂大主教厄德·里戈本身就是一名方济各会修士，而且曾在巴黎获得神学学位，他必定十分了解方济各

---

[1] François Farin, *La Normandie Chrestienne*, p. 201. 市长：maire，负责市镇事务的主要职务。市政长官：pair，由市镇内的市民（bourgeois）或全体居民选举产生的负责事务的职位。市镇可以发布具有法律效力的命令、征税、管理财务并组织发动军事行动。

[2] Léopold Delisle, *Cartulaire normand de Philippe Auguste, Louis VIII, saint Louis et Philippe le Hardi* (Caen: Hardel, 1852), n. 577.

[3] ADSM, 35H2. 契约全文如下："Ludovicus Dei gratia francorum rex, universis presentes litteras inspecturis, salutem. Noveritis nos de assensu, majoris et parium civitatis Rothomagensis coram nobis expresse fratribus minoribus Rothomagensibus pietatis intuitu concessisse licentiam accipiendi de aqua conductas fontis Gaaloz plenum pollicem in rotundum et ut acceptam ibidem aquam deduti faciant in conductu sub terra per vicos civitatis Rothomagensis usque ad locum et per locum quem nunc inhabitant dicti fratres. Cujus conductus cum pertinentiis ex quo pro toto, vel pro parte factus fuerit, proprietatem penes nos retinemus, salvo jure alieno. Actum apud Gisortium. Anno domini M ducentesimo quinquagesimo septimo, mense aprili."

[4] *Regestrum visitationum archiepiscopi rothomagensis: journal des visites pastorales d'Eudes Rigaud, archevêque de Rouen, MCCXLVIII-MCCLXIX* / publié d'après le manuscrit de la Bibliothèque nationale par Th. Bonnin (Rouen: A. Le Brument, 1852), p. 273.（*XIIII. Kl. Maii. Apud Gisortium, rege et regina ibidem existentibus*）

会对于财产权问题的界定。大主教同时还是国王的顾问和朋友。我们可以推断是厄德帮助路易九世斟酌了契约中使用的词汇。

至此,方济各会没有违反修会的规章,没有触及物的财产权。而且在契约中,方济各会的角色是被动的,国王给了他们接受泉水的许可,在行文中财产权的问题表达得十分明确,修道院接受的只是一个许可,而输水管道的财产权在国王手中。[1] 研究 13 至 15 世纪鲁昂城市化过程的学者菲利普·加约认为鲁昂的市政长官把加洛泉的水让给国王以后,国王便可以把这个权利(droit)让给方济各会。[2] 这显然是一种错误的认识:在契约中从来没有出现给方济各会"权利"的表达,国王强调的是给方济各会接受水的"许可"。根据方济各会的规章,方济各会是拒绝接受一切权利的,尤其是物权(droits réels),所以国王把用水权利交给方济各会的说法是站不住脚的。

由契约内容可见,鲁昂方济各会在实践中也很重视清贫观念,对物品的财产权和使用权做出了清晰的区分。从契约行文的谨慎程度来看,鲁昂方济各会应该对 1253 年开始在巴黎大学进行的有关清贫问题的讨论是知情的。而且鲁昂大主教厄德·里戈在 1256 年曾参与平息巴黎大学的争端。[3] 我们可以推测:鲁昂的方济各会与巴黎的方济各会存在紧密的联系,信息交流顺畅,在巴黎大学的对清贫问题的讨论的结果最终对鲁昂方济各会的清贫实践产生了影响。

三、1261 年:输水管道的施工

在获得了接收加洛泉泉水的许可之后,随之而来的是输水管道的施工过程。而方

---

1 接受泉水的许可:licentiam accipiendi de aqua。

2 Philippe Cailleux, *Trois paroisses de Rouen, XIIIe-XVe siècle: Saint-Lô, Notre-Dame-la-Ronde et Saint-Herbland* (Mont-Saint-Aignan: Presses universitaires de Rouen et du Havre, 2011), p. 71. 原文为:"En 1257, le maire et les pairs de Rouen cèdent à saint Louis un « plein pouce en rond» de l'eau de la fontaine Gaalor, pour que cette eau soit menée, à travers les rues de la ville, jusqu'au couvent des Cordeliers, installés depuis 1254 dans l'angle sud-ouest de la première enceinte. Cette cession permet au roi d'accorder à son tour ce droit aux frères mineurs."

3 Jean-Louis Eloy, *Le couvent de Saint-Jacques de Rouen*, p. 45.

济各会修道院并没有直接参与施工的过程，根据一份 1261 年的契约，负责管理施工并且出资的是鲁昂市民尼古拉·瓦斯托尼（Nicolas Vastoni）。[1] 根据这份契约，加洛泉的输水管道将经过鲁昂的城堡的沟渠，从那里取水，然后把水引到方济各会修士所居住的修道院。瓦斯托尼为此与一位名为让（Jean）的水管工签订了施工协议。这名水管工并非鲁昂居民，而是博韦（Beauvais）居民。国王签订契约的地点日索尔正好位于鲁昂和博韦之间，这也说明了 13 世纪时区域之间已经存在非常紧密的联系。

瓦斯托尼不是唯一的出资人，水管工让也有所花费。水管工让负责制作由铅和锡制成的水管，用支撑物和支柱支撑水管，并且负责把其他所有与管道相关的物品安装好，这些费用都由水管工个人承担。瓦斯托尼提供材料，包括制作水管所用的铅和锡，提供火源，并且提供放置在管道上方和下方的干净的石头。在开工之前瓦斯托尼付给水管工让 27 图尔里弗尔，在工程完成之后再付给他 10 图尔里弗尔。

这份讨论施工的流程和细节的契约是瓦斯托尼和让一起签订的，方济各会没有出现在契约中。我们可以看出方济各会很注意遵守规章，尽量避免接触金钱。瓦斯托尼作为方济各会和水管工之间的中间人为方济各会完成了施工，并且提供了施工花费。但是我们还是可以发现方济各会在参与的蛛丝马迹，比如他们很在意施工所花费的时间，并且制定了施工完成的期限和相关条款。如果出于水管工的失误以外的原因耽误了工期，瓦斯托尼需要为水管工赔偿损失，而让需要继续完成施工。修道院的负责人将会派人把通知传达到博韦，让需要在 15 天内完成施工。[2] 如果让在修道院负责人规定的日期内没能出现，或者迟了 15 天，他需要向瓦斯托尼赔偿损失，因为方济各会修道院的成员们承受了工程延期的不便。从契约的内容中可以看出：不论因为何种原因导致了工期延长，方济各会都不需要付钱，负责赔偿损失的是瓦斯托尼或者是让，而方济各会对施工的工期有决定权，契约的内容中也优先考虑的是方济各会对泉水的使用，考虑是否给他们造成了不便。方济各会虽然不是签订契约的双方，但是这份契约确实是为了他们的利益而签订的。他们既遵守了规章，又得到了输水管道。

1　ADSM, 35H2.
2　修道院的负责人：guardien，负责修道院的管理工作。

作为中间人的瓦斯托尼的出现与13世纪的若干位教宗对方济各会的规章的再解读有关。方济各会创始人阿西西的方济各本人对清贫的理解是基于福音书的，他主张修士们不接触金钱，不能收取金钱，也不能通过他人收取金钱，不拥有物品和地点，而是通过乞讨来获得生活所需的食物。而这些规定在修会的规模壮大以后显然变得难以操作，13世纪以来的若干新文本都为方济各会添加了帮助他们处理财产和金钱的中间人。1223年的规章对1221年规章进行了修改，新设了"精神之友"（amicus spiritualis），"精神之友"负责帮兄弟们买衣服和照顾生病的修士。1230年的教宗诏书 *Quo Elongati* 中新设了"使者"（nuntius），"使者"可以帮方济各会收取金钱，而且根据该诏书的解释，"使者"不是方济各会的使者，而是为方济各会捐出金钱的人的使者。[1] 1247年的教宗诏书 *Quando studiosius* 中新设了"采购者"（procurator）。这些依次设立的中间人的作用是帮助规模日渐扩大的方济各会取得生活所需的物品。而在1261年有关鲁昂输水管道的施工契约中没有指明瓦斯托尼具体是哪种中间人，但通过设立不同种类的中间人，方济各会取得了更为广阔的行动空间，规模日渐扩大的修会的日常生活得以维持。

那么瓦斯托尼和让为什么要对施工负责并且出资呢？这与13世纪盛行的炼狱信仰相关，也与炼狱信仰催生出的特别经济形态有关。雅克·勒高夫在《炼狱的诞生》一书中认为炼狱信仰是1150至1250年间成为西方天主教世界的信仰的一部分的，炼狱是进入天堂前的一种中间状态，一些死者会进入炼狱并在其中受折磨，如果有他在世的子孙帮忙做"灵修帮助"，在炼狱中的时间则可以缩短。[2] 13世纪上半叶托钵僧修会的若干神学家发展了炼狱概念，其中包括方济各会的亚历山大·德·阿勒斯（Alexandre de Halès）和波那文图拉，以及道明会的托马斯·阿奎那和大阿尔伯特。[3] 而炼狱概念的发展使得教会掌握了巨大的权力，教会提供祈祷和弥撒，死者的在世亲

---

1 qui taliter presentatus a fratribus non est eorum nuntius, licet presentetur ab ipsis, sed illius potius, cuius mandato solutionem tacit, seu recipientis eandem.

2 Jacques Le Goff, *La naissance du Purgatoire* (Paris: Gallimard, 1981), p. 14.

3 Jacques Le Goff, *La naissance du Purgatoire*, p. 330.

属为教会捐赠，教会因此获利。[1] 鲁昂的方济各会修道院也因此得到了大量的帮助，鲁昂市民瓦斯托尼和博韦水管工让也许也是为了自己的"救赎"而承担了输水管道的施工工程吧。

而国王路易九世对鲁昂的方济各会格外青睐似乎也有类似的原因。13 世纪上半叶大量对方济各会的捐赠者都把捐赠物的所有权放在了路易九世手中，路易九世选择接受这些所有权是对方济各会的极大帮助。13 世纪以来，方济各会逐渐受到信徒的欢迎，取得了多方的捐赠和帮助，因而得以在以清贫为中心的修会规章的限制下得以生存。而路易九世对鲁昂的方济各会修会的格外帮助也有另一个原因，即鲁昂大主教厄德·里戈来自方济各会，他是国王的顾问，经常到巴黎出席会议，与国王有较多的往来。从获得泉水的时间来看，国王对方济各会十分重视，方济各会在 13 世纪上半叶已经获得了泉水使用权，而鲁昂的道明会虽然也收到了路易九世的捐赠，但直到 1520 年才有了从永维尔泉直通修道院的水管。[2] 而布列塔尼地区坎佩尔的方济各会修道院在 1529 年才有了自己的输水管道。[3] 因为国王和主教对鲁昂方济各会的帮助，鲁昂方济各会在 13 世纪已经取得了泉水。而鲁昂市民则要等到 15 世纪才能使用加洛泉。

四、15 世纪鲁昂市镇修建新的输水管道

15 世纪中叶，鲁昂市镇决定将加洛泉引入市内供市民使用。而鲁昂市镇修建水管的过程并不顺利，1456 年鲁昂市镇和方济各会修道院围绕加洛泉的使用问题产生了若干分歧。这些分歧的影响直到 17 世纪也尚未消散，因为我们可以看到 17 世纪的鲁昂方济各会修士马修·卡斯坦仍在书写这一争端。

---

1 Jacques Le Goff, *La naissance du Purgatoire*, p. 335.
2 Lucien-René Delsalle, "Les fontaines de Rouen du XVIe au XVIIIe siècle," in *Connaître Rouen*, tome VI (1993), p. 16.
3 Hervé Martin, *Les ordres mendiants en Bretagne vers 1230–vers 1530: pauvreté volontaire et prédication à la fin du Moyen-Age* (Paris: C. Klincksieck, 1975), p. 284.

1456年，为了满足城市的用水需求，鲁昂市镇决定修建通往市内的输水管道，管道通往马萨克（Massacre）和旧广场。而通往马萨克的输水管道使用了一部分13世纪为方济各会修道院修建的输水管道，正因此鲁昂市镇需要在施工前和方济各会修道院商量。[1] 鲁昂方济各会修道院负责人纪尧姆·福尔廷（Guillaume Fortin）是一位神学博士，他负责在1456年5月25日撰写与鲁昂市镇修建输水管道相关的契约。方济各会修道院在集体会议上进行了讨论，会议上达成的共识形成了这份契约。在15世纪加洛泉已经被人们习惯性地称为城堡泉，因为水源地离菲利普·奥古斯特修建的城堡很近。福尔廷写道："曾经被称为加洛泉、如今被称为城堡泉的泉水很大一部分损失在地下，这是由于引水过程中的疏忽和不当造成的，并不是由于我们的错误造成的；而且鉴于旧市场地区还没有任何水源，也没有适合居民饮用和使用的干净的水……而且也是为了避免火引起的危险和不便，可以向该地区引水，这是为了城市的用水和市容的美观，也是为了这座城市的公共福祉。"[2] 不过福尔廷也承认了输水管道中损失的水流到了其他地方，对管道沿线的房屋和地窖造成了损失。[3] 从这种微妙的笔调之下我们可以感受到鲁昂市镇与方济各会修道院围绕水源的使用问题而产生的若干分歧，这份撰写于1456年的契约实际上是对这些分歧的解决方案的总结，提出了鲁昂市镇与方济各会修道院共同使用加洛泉的操作方案。

福尔廷同意鲁昂市镇使用修道院13世纪的输水管道将泉水从城堡引到位于钟楼附近的马萨克，并且可以在马萨克修建一个取水口，方济各会修道院也将持有一把该取水口的钥匙。方济各会修道院继续使用13世纪路易九世同意给他们的水量。鲁昂市的顾问和官员有权从钟楼附近的马萨克取水，取水的水量没有明确的限制，他们有权取用所需的水量。而方济各会修道院是十分谨慎的，在确定输水管道的路线之前，方济各会还咨询了专业的瓦工、木匠和水管工的意见，确认了工程的可行性。输水管道将从钟楼附近的马萨克的取水口再延伸到旧市场。福尔廷强调这是"为了这座城市

---

1 Jacques Le Lieur, *Livre des fontaines*, folio 11 verso.

2 Jacques Le Lieur, *Livre des fontaines*, folio 12 recto et verso.

3 Jacques Le Lieur, *Livre des fontaines*, folio 12 verso.

的福祉"[1]。这些输水管道的工程费用由鲁昂市镇承担。而方济各会修道院将获得一把马萨克取水口的钥匙。契约中还规定了如果出现了水源不足的情况，根据13世纪的契约，必须优先保证方济各会修道院的用水需求。

而在1456年福尔廷撰写与鲁昂市镇的契约之前，早在1414年，加洛泉的使用已经出现了一定的问题。根据菲利普·加约的研究，1414年加洛泉的水量已经下降到了以往的三分之二，达不到应有的水量。经过调查发现需要维修管道，而与此相关的多方都拒绝支付工程费用。国王查理六世在1415年年初命令驻在鲁昂的、代表国王的行政长官召集本地有名望的人，一起讨论哪些教区和哪些人需要支付维修费用，确定以后要强制他们支付费用。[2] 菲利普·加约的依据是一份鲁昂圣洛教区的文件，这份文件表明圣洛教区需要支付水道维修费用，菲利普·加约认为很可能圣洛修道院（prieuré de Saint-Lô）和圣洛教区居民两方都在使用加洛泉。这说明：不论浪费是哪一方造成的，1456年确实存在加洛泉泉水不足的问题，而且这个问题甚至开始得更早，在1414年已经显露出来。方济各会在契约中尽量避免提及用水问题具体是哪一方造成的，但是承认了加洛泉存在问题。

五、17世纪对15世纪引水分歧的再书写

1659年，鲁昂编年史作者弗朗索瓦·法翰描写了1456年围绕加洛泉产生的争端："1456年，鲁昂的市民顾问认为方济各会浪费了大量城堡泉中的水，而城市非常需要用水，于是城市下令把泉水引到马萨克，他们发现如果能使用通往方济各会修道院的输水管道，那么把水引到马萨克将十分容易。正因如此，鲁昂的城市顾问与方济各会

---

1 Jacques Le Lieur, *Livre des fontaines*, folio 14 verso.
2 Philippe Cailleux, *Trois Paroisses de Rouen*, p. 95. 行政长官：bailli，由国王派出，在地方代表国王管理地方事务，有行政权，也可以审理案件。

修道院的负责人和其他成员们达成了某项协议。"[1] 法翰的重点是方济各会修道院的过失导致浪费了加洛泉的泉水。而 1456 年由方济各会修士纪尧姆·福尔廷撰写的契约提到的是"引水过程中的疏忽和不当"导致了水的浪费，并且强调"这不是由于我们的错误造成的"。[2] 法翰的态度引发了方济各会修道院的不满，这或许是方济各会在 17 世纪对 15 世纪的分歧进行再书写的一个原因。

1660 年鲁昂方济各会修道院的财务负责人马修·卡斯坦出版了涉及该修道院有权使用的土地和物品的契约。在这部文件集中，卡斯坦着重书写了 1456 年契约所反映出的修道院与鲁昂市镇关于使用加洛泉的分歧，捍卫修道院的利益，否认法翰的观点，他提到了法翰的书名，并且指出自己并没有要指责或者冒犯任何人，他认为方济各会在面对"一些被想象出来的事情"时是无辜的。[3] 虽然卡斯坦的笔调看似温和，实际上则是在控诉法翰。卡斯坦认为方济各会修道院是这场分歧的受害者，因为修道院并没有收到 1456 年契约中约定好的水量，而且修道院并没有声张此事，"他们从来没有要求严格执行契约中的内容，不想扰乱和平的状态，不想把泉水变成争端之水"[4]。1456 年契约中确实也提及修建新的输水管道是"为了我们和这座城市的福祉和利益"，方济各会修道院在 1456 年并没有把自身和城市对立起来，而是认为新的输水管道工程将对双方都有利。[5] 而且卡斯坦强调修道院一直"很有节制地"用水。

而围绕马萨克取水口的钥匙，法翰和卡斯坦各执一词。法翰认为 1516 年鲁昂的市政长官收走了方济各会的钥匙。[6] 卡斯坦也承认了鲁昂市的记录中记载了方济各会所持有的钟楼取水口的钥匙在 1516 年被收走了，鲁昂市记录中认为因为方济各会修道院滥用泉水，因此决定收走钥匙。但是卡斯坦认为这是无中生有，因为"这个文件

---

[1] François Farin, *La Normandie Chrestienne*, p. 202.
[2] Jacques Le Lieur, *Livre des fontaines*, folio 12 recto.
[3] Mathieu Castain, *Recueil des principales pièces qui concernent la fondation et les privilèges du grand Couvent des FF. Mineurs Cordeliers de Roüen* (Rouen: impr. de L. Maurry, 1650), pp. 65–66.
[4] Mathieu Castain, *Recueil*, p. 65.
[5] Jacques Le Lieur, *Livre des fontaines*, Folio 14 recto: "au bien et prouict de nous et de lad. ville."
[6] François Farin, *La Normandie Chrestienne*, p. 202.

没有被任何官员签署，而且也没有任何更早的文件能证明这一点。"[1] 卡斯坦认为修道院没有浪费水，也不曾被收走钥匙，而且认为修道院收到的水量不足，"没有得到全部属于他们的水"[2]。卡斯坦提到1650或1651年，为了防止取水口附近的一个人使用取水口，取水口换了新的锁具，修道院因此得到了一把新钥匙，但是他们一直保留着旧钥匙。

六、方济各会对清贫的理解的变化

我们目前无法验证取水口钥匙是否被收走了，但是通过方济各会书写这一系列事情时所使用的词汇，我们可以看出他们对于物品的财产权和使用的观念发生了变化。13世纪围绕方济各会的清贫问题在教会内部和巴黎大学都产生了一系列的讨论，讨论的重点集中于对物品的所有权和对物品的使用，讨论中也涉及了对消耗品的理解。而水正是一种消耗品，水在经过饮用之后就消失了，水不同于房屋，如果房屋的所有权在他人之手，使用者在使用房屋之后并不会导致房屋的消失，而对于水，谈何使用权和所有权的区分？方济各会不可能没有注意到这一点，因为1253年以来巴黎大学的教区神甫（séculiers）教师与托钵僧修会的教师产生了激烈的争论，虽然争论的起因并非对财产权认识的分歧，而是托钵僧修会教师不参与巴黎大学的罢课，如同罢工中的"工贼"一般，打乱了巴黎大学与巴黎市镇对抗的阵脚。但这场争论的范围开始扩大到方济各会的清贫问题上，巴黎大学的教区神甫阿布维尔的杰拉德（Gerard of Abbeville）攻击方济各会的清贫，他认为"消耗品的所有权和使用权是无法分离的"[3]。教宗约翰二十二世提出了解决方案，他承担方济各会的消耗品的所有权。[4] 波那文图

---

[1] Mathieu Castain, *Recueil*, p. 65.

[2] Mathieu Castain, *Recueil*, p. 65: "encore qu'ils n'ayent pas toute l'eau qui leur appartient."

[3] Malcolm D. Lambert, *Franciscan Poverty: The doctrine of the Absolute Poverty of Christ and the Apostles in the Franciscan Order 1210–1323* (New York: The Franciscan Institute, 1998), p. 142.

[4] Thomas Frank, "Exploring the Boundaries of Law in the Middle Ages: Franciscan Debates on Poverty, Property, and Inheritance", in *Law and Literature*, Vol. 20, No. 2 (Summer 2008), p. 255.

拉在《捍卫清贫》一书中提出了涉及物品时必须考虑的四个方面，即"所有权、占有状态、用益权和单纯使用"[1]。他认为对消耗品的使用属于单纯使用（simplex usus）。

而在1247年路易九世发布的关于输水管道的契约看似明晰了所有权的归属，即输水管道及其附属物的所有权归国王，但是消耗品的所有权和使用权的问题被巧妙地规避了，契约并没有讨论水的所有权的问题。而从先前国王与鲁昂市镇达成的协议来看，国王似乎也无法拥有水的所有权，因为实际控制加洛泉的是鲁昂市镇。阿尔弗雷德·切尔内认为：根据1247年的契约，加洛泉的所有者是鲁昂市；鲁昂市镇把水让给国王而非直接让给方济各会，是为了避免其他使用泉水的人的不满。[2] 笔者认为这个观点是不太可信的，因为国王替方济各会向市镇提出用水的要求实际上是为了避免方济各会接受物权，是为了防止他们违反修会规章。13世纪时方济各会对清贫的理解似乎仍然局限于对物的所有权和使用权的区分，清贫的实践的重点是不占有物的所有权。同时，方济各会巧妙灵活的思路也改善了他们的生活条件，他们在努力保持清贫的同时开拓了比规章中的内容更为广阔的行动空间。

而15世纪的鲁昂方济各会修道院似乎已经忽视了消耗品的所有权和使用的问题。在1456年的规章，福尔廷直接认为从加洛泉引出的水是属于修道院的，为此修建的输水管道也是属于修道院的，他的用词分别是"我们的水"、"直到目前属于我们的输水管道和铅制水管"和"我们的铅制水管"。[3] 15世纪的方济各会似乎不再将对物品的所有权和使用视为核心的讨论议题，消耗品的所有权问题已经被教宗约翰二十二世解决了。1456年契约的起源是鲁昂市镇修建新的输水管道时想要借用通往方济各会的旧输水管道，鲁昂市镇选择了与方济各会修道院交涉，而不是选择与国王交涉，这说明在鲁昂市镇眼中对旧输水管道有决定权的是方济各会。而且根据阿尔弗雷德·切

---

1 *Works of St. Bonaventure(XV): Defense of the Mendicants*, trad. de José de Vinck et Robert J. Karris (New York: The Franciscan Institute, 2010), p. 307.

2 Alfred Cerné, *Les anciennes sources et fontaines de Rouen: leur histoire à travers les siècles*, p. 103.

3 Jacques Le Lieur, *Livre des fontaines*, folio 12 verso, folio 13 recto. "我们的水"：nostred. eaue；"直到目前属于我们的输水管道和铅制水管"：iceulx conduictz et tuyaulx de plomb de present à nous appartenans；"我们的铅制水管"：nos conduictz de plomb。

尔内的说法，在 1456 年市镇提出修建新的管道之前，一直是方济各会负责支付管道的维护费用；而市镇在 1456 年提出帮忙分担从城堡到钟楼这一段管道的维护费用的一半。[1] 这也说明了 13 世纪国王的两个契约只是为了帮方济各会承担管道的财产权，是为了避免方济各会违反修会规章，防止方济各会陷入因财产权而产生的麻烦。国王并不真正负责管道的维护，实际上是方济各会在支付管道维护费用。

而 17 世纪的鲁昂方济各会修士马修·卡斯坦在书写 15 世纪有关加洛泉的分歧时使用的词汇也说明了关于财产权和使用权的区分已经淡化了，对清贫的理解不再局限于物品的财产权和使用权的归属。卡斯坦认为修道院"没有得到全部属于他们的水"[2]。"属于"并没有区分财产权和使用情况，只是强调方济各会有权使用加洛泉。鲁昂方济各会在 17 世纪已经产生了变化，与 13 世纪时不同。13 世纪时修道院避免作为签订契约的主体出现，从加洛泉引水的契约由国王和鲁昂市镇签订，输水管道施工的契约由一位鲁昂市民和一位水管工签订，虽然契约的内容都涉及修道院，但修道院不是签约的一方。13 世纪鲁昂方济各会认为对所有权和使用情况的区分体现了他们遵守修会规章中所要求的清贫，他们努力在他人签订的契约中明确他们自己所使用的物的所有权属于其他人，极力强调输水管道的所有权属于路易九世，而对水的所有权避而不谈。而 15 世纪以来，他们已经认为加洛泉的一部分泉水是他们的，输水管道也是他们的。虽然在这个过程中他们也没有使用"所有权"的字眼，但他们在声明修道院可以对泉水和管道做出决定。17 世纪的马修·卡斯坦也是如此。

但是我们也可以看到，直到 17 世纪，方济各会也没有放弃对清贫的追求，清贫仍然是修会的核心理念，马修·卡斯坦在文件集的前言中写道："完美的清贫是修会的特点和核心理念。"他认为印刷文件集将会产生"徒劳和无用的花费"，但考虑到"一个显而易见的用途"，不得不印刷。[3] 由此可见，有用途的花销在方济各会看来并不违

---

1 Alfred Cerné, *Les anciennes sources et fontaines de Rouen: leur histoire à travers les siècles*, p. 104.
2 Mathieu Castain, *Recueil*, p. 65. "没有得到全部属于他们的水"：encore qu'ils n'ayent pas toute l'eau qui leur appartient。
3 Mathieu Castain, *Recueil*, Petit avis aux lecteurs. "徒劳和无用的花费"：des dépenses vaines & inutiles；"一个显而易见的用途"：une utilité toute évidente。

反清贫的理念。而卡斯坦强调修道院一直在"有节制地"用水，也说明了他们依然将清贫视为重要的品质，但对清贫的理解不再局限于 13 世纪那种对所有权和使用的区分，而是合理地、有节制地使用物品。这也解释了方济各会在面临浪费泉水的指控时的愤怒。从 13 至 17 世纪鲁昂方济各会修道院对加洛泉的使用这个个例可以看出：方济各会一直在追求清贫，而在修会壮大、生活条件发生变化以后，对清贫的理解产生了变化，不同时代对清贫的实践方式各有不同。方济各会的清贫是相对的，实行清贫的程度与所处时代的社会整体经济状况有关。

结　论

以鲁昂方济各会对加洛泉泉水的利用的个案为例，我们得以管窥 13 世纪以来的方济各会对清贫的实践以及他们对清贫的认识的变化。13 至 17 世纪，方济各会对清贫的理解发生了变化，从不占有所有权过渡到了有节制地使用物品。但从表面上看，17 世纪的方济各会修士马修·卡斯坦使用的一整套话语与 13 世纪并没有明显的不同，他们使用的都是"清贫"一词，强调清贫是方济各会的特点，由此可见，同一个词在不同时代的意义可能是不同的，词汇本身出于方济各会对自身认同的强调而得以保留，但其中的内涵已经发生了变化，即在词汇的"外壳"之下，其内涵可能随着时代的变化已经发生了变化。在历史研究中，我们应当对词汇保持警惕，不能想当然地认为不同时代的同一词汇具有相同的意思，词汇的外表可能没有变化，但在词汇的内在承载了历史的变化，如果将其理解为不变的词义集合，对史料的理解可能发生偏差。

而本文涉及的另一个词义发生了变化的词是"泉水"一词，拉丁文为 *fons*，法文为 fontaine。阿尔弗雷德·切尔内注意到了雅克·勒·利厄尔在《泉水之书》中使用的"泉水"一词其实有两个意思。[1] 阿尔弗雷德·切尔内认为拉丁文 *fons* 翻译成法语，

---

[1] Alfred Cerné, *Les anciennes sources et fontaines de Rouen: leur histoire à travers les siècles*, p. 31.

既可以是 source（水源），又可以是 fontaine（泉、取水口）。研究中世纪城市供水系统的波兰学者乌尔祖拉也认为雅克·勒·利厄尔使用的 fontaine 一词有两种含义，但她与切尔内的观点不同，她认为 fontaine 的一个意思是人工修建的泉，另一个意思是地下的输水管道。[1] 两位学者的观察都证明在雅克·勒·利厄尔写作的时代，fontaine 一词的词义与当今的词义不同。笔者倾向于认同阿尔弗雷德·切尔内的观点，即雅克·勒·利厄尔在使用"泉水"一词时有时指的是水源、泉水，有时指的是泉水被引入城市以后而修建的取水口。本文在使用雅克·勒·利厄尔和方济各会的相关契约时已经对其中出现的"泉水"一词的含义进行了区分，分别翻译成了"泉水"和"取水口"，尽量避免理解上的偏差。

鲁昂方济各会获得泉水的过程具有特殊性，他们获得泉水的时间比鲁昂的道明会和附近的方济各会早了大约三个世纪。国王路易九世和鲁昂主教厄德·里戈的帮助是主要的推动力。如果只从方济各会的规章出发，我们大概会得出方济各会的日常生活依赖信徒的施舍的结论。而鲁昂方济各会的经验说明了方济各会在到达一个城市的最初阶段得到的帮助并不是完全来自本地的信徒，作为刚刚兴起的修会，方济各会到达鲁昂时，鲁昂市民可能并没有对他们有足够的了解，方济各会在取得本地信徒的信任和经济支持之前，主要依靠对托钵僧修会已经有所了解的主教、法政牧师，甚至是远在巴黎的国王的支持。在市镇、主教和国王这三种力量交错的城市中，方济各会灵活地与多方沟通，争取自己的利益。这也说明了 13 世纪的鲁昂方济各会处在一个信息通畅的网络中，他们了解发生在巴黎的有关清贫的争论，能通过主教与国王取得联系，通过本地信徒的帮助联系到了来自博韦的水管工。鲁昂方济各会并没有把自己的活动范围局限在鲁昂，而是与周边的地区保持联系。而这些都是在只阅读方济各会的规章时无从想象的。这也是具体研究的魅力所在吧。

（本文作者为法国社会科学高等研究院［EHESS］博士生）

---

[1] Sowina Urszula, Kobylarz Richard, "De l'eau pour la ville: Le Livre des Fontaines de J. Le Lieur (Rouen 1524–1525)," p. 27.

简谈西方古典学铭刻研究的
若干发展与挑战[*]

吴靖远

前 言

在传统的古典学谱系中,文献学(Philologischen Wissenschaft)被视为是可承载古人完整思维与意念的主干资料体系,并可以就其内容进行较缜密的辩证与分析,除可梳理真伪、提炼意义与思想精华,从真善美等层面了解古代文明。当时学者普遍认为铭刻学[1]等辅助学科(Hilfsdisziplinen/Hilfswissenschaften),细节丰富却庞杂,缺乏可依仗的诠释逻辑,得仰赖与文献的偶然契合,才能产生历史意义,用途上仅能补充、增补书写文献的不足,较无法建构用铭刻资料为主的研究体系,而铭刻学者的主要工作,就是从采集分类开始,并就字母文句、版面范式等归纳分析,然后就残泐处填补

---

[*] 本文为中国博士后科学基金资助项目阶段性成果,资助编号 2019M660354。感谢雅典美国古典研究院布雷根图书馆(Blegen Library, American School of Classical Studies at Athens)、宾夕法尼亚大学图书馆(University of Pennsylvania Libraries)、北京大学图书馆提供研究协助。

[1] 西方铭刻学或亦可称为金石学,因为其与中国之金石学有诸多可类比之处,但 Margherita Guarducci, *Epigrafia Greca. Caratteri e Storia della Disciplina. La Scrittura Greca dalle origini all'età imperiale* (Roma: Istituto Poligrafico dello Stato, 1967), pp. 1-3 指出,所谓铭刻学(Epigraphik/Inschriftenkunde),意指古典学(Klassische Altertumswissenschaft)范畴下对于任何载体之上铭写文字的研究传统。考虑金石二字中指涉者为有铭刻文字的文物,与源于希腊文 ἐπιγραφή/ἐπιγραφεῖν 与拉丁文 inscriptio/inscribere 所指涉的铭刻动作不同,或可以铭刻学、金石学区分二者。

注释的工作,技术型倾向重。[1]

随铭刻收录、整理、分析、评论的技术与方法不断演进,铭刻学的地位也有所改变。普鲁士皇家科学院(Königlich-Preußische Akademie der Wissenschaften)推动的《希腊铭刻》(*Inscriptiones Graecae*)以及《拉丁铭刻汇编》(*Corpus Inscriptionum Latinarum*)两套大型的铭刻汇编计划,将原本一位铭刻学者穷尽一生都无法遍览的铭刻,用科学、传真的方法采集后,依循地理与时间两个主轴,以分类法将铭刻整理归类,佐以技术批评分析,彻底改变了学界对于铭刻是零散琐碎、不成系统、仅能填补书写文献空白的刻板印象。[2] 随铭刻学研究发达,如《铭刻通讯》(*Bulletine Epigraphique*)、《希腊铭刻增补》(*Supplementum Epigraphicum Graecum*)、《铭刻学年汇》(*L'Année épigraphique*)等增补类刊物,以及多种以数年为一期的铭刻研究回顾专论[3],系统性整理新出土的或学界每年正在讨论的铭刻。另外,两个大型的拉丁与希腊铭刻集成计划在1992年新成立的柏林-布兰登堡科学院和人文学院(Die Berlin-Brandenburgische Akademie der Wissenschaften)领军下,继续推动采集汇整框架的运作更新,类似的模型也在各国家的研究院和大学复制[4],让铭刻资料除了在数量与质量、时间纵度与空间广度不断增加外,还建立了庞大的索引与关联性系统,

---

[1] Karl Urlichs, "Grundlegung und Geschichte der klassischen Altertumswissenschaft," in *Handbuch der classischen Altertumswissenschaf*, ed. Iwan Müller Vol. 1, ed. 2 (1892), pp. 19-20. August Böckh, *Encyklopädie und Methodologie der philologischen Wissenschaften* (Leipzig: Teubner, 1877), pp. 719-722; Jonathan Edmondson, "Inscribing Roman Texts: Officinae, Layout, and Carving Techniques," in *The Oxford Handbook of Roman Epigraphy*, eds. Christer Bruun and J. Edmondson (Oxford: Oxford University Press, 2015), pp. 111-130.

[2] Christopher Bruun, "The Major Corpora and Epigraphic Publications," in *The Oxford Handbook of Roman Epigraphy*, pp. 66-77.

[3] 重要的学术回顾系列包括陶德(Marcus Tod)从1906至1953年间以《希腊铭刻学发展》(The Progress of Greek Epigraphy)为题的希腊铭刻学研究回顾,最后一期为 Marcus Tod, "The Progress of Greek Epigraphy, 1952-53," in *JHS*, Vol. 75 (1955), pp. 122-152;蕾娜德(Joyce Reynolds)、高登(Richard Gordon)、米契尔(Stephen Mitchell)、顾理(Alison Cooley)、萨威(Brent Salway)等人从1966年起为《罗马学期刊》以五年为一期所写的回顾专论,最新一期为 Alison Cooly and Benet Salway, "Roman Inscriptions 2006-2010," in *JRS*, Vol. 102 (2012), pp. 172-286。

[4] Christer Bruun, "The Major Corpora and Epigraphic Publications," in *The Oxford Handbook of Roman Epigraphy*, pp. 70-75.

就不同的主题、人物、地区、关键词等，做细部的深入研究。[1] 20世纪间，铭刻学已自成一格，与书写文献形成两套互补的系统，重要问题如雅典霸权兴衰、地中海宗教和社会集体之发展、地中海地区王国与帝国的实际运作等，都与铭刻学发展息息相关。[2]

本文的目的，不是要全面梳理铭刻学的主要著作和知识积累[3]，而是要问西方铭刻学界发展过程中所遇到的一些挑战和问题是什么，而学者们又发展出何种解决的方法和尝试。本文第一部分检视近代国外学界对西方之古代铭刻的研究传统与发展的经验，并于第二部分讨论铭刻资料采集、汇编、运用的实例，并特别就近来铭刻学研究从语言（verbal）到非语言（non-verbal）甚至铭刻文化（epigraphic culture）的研究方法转向，提出关注。有鉴于西方"古典学"的语义在当今不仅仅是西方人传统上理解的古希腊罗马的"古典"研究，而是被理解为拓展到了对古希腊罗马以及中世纪欧洲的研究（Classical and Medieval Studies），其范围一般也会包括在世界文明进程中有非常重要作用的拜占庭文明，本文在研究实例部分将有所回应。

---

[1] 新一代铭刻手册，如 B. McLean, *An Introduction to Greek Epigraphy of the Hellenistic and Roman Periods from Alexander the Great down to the Reign of Constantine (323 B.C.–A.D. 337)* (Ann Arbor: the University of Michigan Press, 2002), pp. 27–176，以及 Margherita Guarducci, *Epigrafia Greca. Caratteri e Storia della Disciplina. La Scrittura Greca dalle origini all'età imperiale* (Roma: Istituto Poligrafico dello Stato, 1967), pp. 8–26 可反映这个发展。

[2] 有许多会议论文集讨论关于铭刻学对历史研究的影响，以下略举：John Bodel, Nora Dimitrova, eds., *Ancient documents and their contexts: First North American Congress of Greek and Latin Epigraphy (2011)* (Boston: Brill, 2014); John Davies and John Wilkes, eds., *Epigraphy and the Historical Sciences* (London: British Academy, 2012); Lynette Mitchell, Lene Rubinstein, eds., *Greek History and Epigraphy: Essays in honour of P.J. Rhodes* (Swansea: Classical Press of Wales, 2009); John Bodel, ed., *Epigraphic Evidence: Ancient History from Inscriptions* (London: Routledge, 2001)。

[3] 相关介绍可见《新保利百科》(*Der Neue Pauly*) 中，由石密德（Manfred Schmidt）所写的"拉丁铭刻"（Lateinische Inschriften）与郭斯登（Thomas Corsten）的"希腊铭刻学"（Inschriftenkunde, griechische）等条目的介绍，另可见铭刻学手册专论如 Marco Buonocore, "Epigraphic Research from its Inception: The Contribution of Manuscripts," in *The Oxford Handbook of Roman Epigraphy*, pp. 21–37; Margherita Guarducci, *Epigrafia Greca. Caratteri e Storia della Disciplina. La Scrittura Greca dalle origini all'età imperiale*, pp. 27–42; B. McLean, *An Introduction to Greek Epigraphy of the Hellenistic and Roman Periods from Alexander the Great down to the Reign of Constantine (323 B.C.–A.D. 337)*, pp. 1–2。

一、汇编：铭刻学资料体系的建立与挑战

19世纪末之《古典学手册》(Handbuch der klassischen Altertumswissensschaft)中希腊铭刻与拉丁铭刻的专论、劳费尔(Wilhem Larfeld)《希腊铭刻》、寇那《罗马铭刻》(René Cagnat, Cours D'Épigraphie Latine)等专论显示，当时铭刻学界对中世纪以降的铭刻记录的挑战已经过相当成熟的辩证发展，并在此基础之上推动铭刻分类、语言使用之普同性与特性的规律辨识等工作，铭刻定性、定年、诠释系统已相当发达。[1] "二战"后学界承继了这个传统，但开始有将铭刻学与文献学脱钩的倾向，《新保利百科》甚至直接把铭刻研究归在考古学的范畴下。就此比较来看，虽然铭刻学仍然重视分类与规律辨识等技术性基础分析，在现代研究成果中往往可以看见较多跨学科层次的工具、分析和策略，并且在主题上朝"铭刻文化"的研究方向发展。以下就这两种铭刻学理论基础提出若干观察。

1.从《古典学手册》看铭刻

我们从《古典学手册》第二版的两篇铭刻专论开头。此二篇专著的作者分别为希腊铭刻专家、伯恩大学教员劳费尔以及拉丁铭刻学家、柏林大学教授余布纳(Emil Hübner)所撰写。余布纳为蒙森的合作者之一，所负责的《拉丁铭刻汇编》第二册《西班牙拉丁铭刻汇编》(Inscriptiones Hispaniae Latinae)于1869年出版。他随后于1870年升柏林大学教授，此间编辑了《西班牙基督教铭刻》(Inscriptiones Hispaniae Christinae，1871)、《不列颠拉丁铭刻》(Inscriptiones Britanniae Latinae，1873)、《不列颠基督教铭刻》(Inscriptiones Britanniae Christianae，1876)等铭刻汇编，经验非常丰富。余布纳在专论的引言中主张，古人铭刻目的有二：标示不同物件的归属、意义、来源等性质，以及赋予若干文件持久与公开的特质。铭刻研究的挑战，就在于将这些零散的资料整理成可以利用的"补充材料"(Ergänzung)，系统性掌握铭刻技术层面知

---

[1] Roland Kent, *The Textual Criticism of Inscriptions* (New York: Kraus Reprint, 1966 [1926]), pp. 5-8; R. Austin, *The Stoichedon Style in Greek Inscriptions* (London: Oxford University Press, 1938), pp. 3-5.

识就是应用铭刻资料的关键。[1] 他指出,为数庞大且基数不断扩张的铭刻资料,在未经整理前是存在许多问题的:常会有承载铭刻的石材或文物,受到再利用过程的影响,在不同地域间流动,甚至受损,导致铭刻内容残缺不全、难以识读等等,而要能够克服铭刻研究的挑战,所需要掌握的技术有三种,包括铭刻采集分类、字母方言识别与整理、规律性语言或特征分析等。[2] 在学术史回顾部分,余布纳特别重视铭刻资料的采集问题。他指出,由于中世纪与文艺复兴时期出现的许多喜好造假碑的人士[3],才有如马费(Scipio Maffei,1675—1755年)在其《石刻文批判法》(*Ars critica lapidaria*)所提倡的"回到原件"原则(Zurückgehen auf die Originale)[4],以及马林尼(Gaetano Marini)用"人该批判,而非照抄"这句普鲁塔克传下来的名言来作为打假运动的号召[5]。他强调,单靠铭刻学汇编的成果来做研究的基础是不够的。研究者永远都要尽可能看到铭刻原件,确定经过他人转抄处理后的版本是否可靠、是否原件有资讯在汇编过程中被遗漏或改变等等。[6]

劳费尔的专论,也反映出对资料准确性的重视,但角度略有不同。他将铭刻学定性为研究"纪念性书写的科学"(Epigraphik ist somit die Wissenschaft von der monumentalen Litteratur)[7]。他视铭刻为文件、档案(Die Inschriften sind . . . Urkunden und Aktenstücke),认为是古代最可靠的资料(Sie sind die zuverlässigsten Quellen des Altertums),且涉及的内容涵盖广泛,许多古典时期作家不会讨论,是以具有与书写文献同等重要性。有鉴于此,他认为铭刻学家应该采取的立场为:从事纪念性

1　Emil Hübner, "Römische Epigraphik," in *Handbuch der classischen Altertumswissenschaft,* Vol. 1, ed. 2 (1892), pp. 627–628.

2　Emil Hübner, "Römische Epigraphik," pp. 629–630.

3　关于铭刻造假的传统与研究之相关书目,可参见 Silvia Orlandi et al., "Forgeries and Fakes," in *The Oxford Handbook of Roman Epigraphy,* pp. 42–65.

4　Emil Hübner, "Römische Epigraphik," p. 638.

5　Emil Hübner, "Römische Epigraphik," p. 639; Plutarch, *De glor. Ath.* 2: μωμήσεταί τις μᾶλλον ἢ μιμήσεται.

6　Emil Hübner, "Römische Epigraphik," p. 645.

7　Wilhelm Larfeld, "griechische epigraphik," in *Handbuch der classischen Altertumswissenschaft,* Vol. 1, ed. 2 (1892), p. 360.

文书研究的铭刻学,是与文献学平起平坐的。[1] 比起余布纳,劳费尔或许更强调铭刻资料的代表性。19世纪重要著作如博克(August Böckh)的《雅典公共财政》(*Die Staatshaushaltung der Athener*, 1840),利用了以铭刻形式保存的古典时期雅典政权公共文件,重新搭建起其政府运作的结构与若干规则。但是,当一则铭刻刻文的内容没有其他证据可以佐证,或佐证材料少的时候,其信度如何判断?其内容所代表的是通则还是特性,又该如何拿捏?若铭刻原件已经亡佚,所存抄录资讯的信度又如何判断?抄录资讯来源为非专业人士,又当如何?虽为专业人士制作,又该如何检验是否有错误?甚至,当一则刻文可能是当代或甚至古代伪造的,又有何价值可言?[2]

若我们用余布纳、劳费尔等人对马费的评价来比较,可看出两人在价值观上稍有差异。上文提到,余布纳认为马费"回到原件"的原则是最重要的贡献,但劳费尔认为,马费确实写了西方第一部系统性检验铭刻真实性的著作,对打假和铭刻资料价值的批判性思考有重要作用,但过于苛刻,并不可取。[3] 这个评价倒也可以理解:以马费针对夏立格(Iosephus Iustus Scaliger, 1540—1609年)的批判为例,夏立格引用了两句他号称是古早的抑扬格对句(distichon Iambicum infimae vetustatis),来为哈德良在雅典注入的投资做个小结[4],马费花了相当大的力气,纠正一位近一百五十年前的学者,说他引用的其实是在雅典的某座拱门两侧的铭刻刻文,齐列古(Cyriacus of Ancona, 1391—约1453年)早已录下,并非什么传世诗句等等。[5] 事实证明马费是对的:齐列古等人所录的铭文至今还可见于雅典的哈德良拱门两侧,且与马费转述的相同。[6] 但是,就如这种例子来看,马费所做的侦错工作毕竟是个挑小毛病的功夫。劳费尔并非不认同学界需要如马费等改善文艺复兴以降各种造假、杜撰、误引的贡献,但

---

1 Wilhelm Larfeld, "griechische epigraphik," pp. 362–363.
2 这些问题皆有许多讨论,提要可参见 B. McLean, *Introduction to Greek Epigraphy of the Hellenistic and Roman Periods from Alexander the Great down to the Reign of constantine (323 B.C.–A.D. 337)*, pp. 14–25.
3 Wilhelm Larfeld, "griechische epigraphik," p. 378.
4 Scaliger, *Emend. Temp.* 5.481A.
5 Maffei, *Ars Crit. Lap.* 3.52–53.
6 *IG* II² 5185; A. Adams, "The Arch of Hadrian at Athens," in *Bulletin Supplement* (*University of London. Institute of Classical Studies*), Vol. 55 (1989), pp. 10–11.

挑小错毕竟无法改善问题的核心。就劳费尔的立场，马费仅是引了一位曾经造访过雅典、录下亲眼见到铭刻原件的人所留下的抄本，但他自己也没有亲自到雅典去确认这则录文的正确性，所以仍只是在传递二手讯息，此讯息无法验证的情况下，与夏立格的传言差异不大。劳费尔就另外一个侦错的案例提了比较详尽的意见，可为参照。[1]

图1 哈德良拱门东侧，铭刻位于拱顶横梁，作者摄

2. 铭刻搜集的可靠性问题

希腊刚独立建国后，因为土地开发、皇室兴趣、学界支持等综合因素，使得已知希腊铭刻数陡然大量增加，此时博克刚出任柏林大学教授，向柏林研究院申请推动全面收录希腊铭刻的计划（Corpus Inscriptionum Graecarum），希望将当时约六千笔散在不同出版物中的希腊铭刻条目，以及所有以抄本形式留存在不同机构中的铭刻资料，全数收录，并在局势允许的情况之下，派遣田野调查队，去探索和记录尚未有录文产生的铭刻。[2] 十年后出版的第一册，此铭刻汇编的方法论所犯的错误招来了学界的批

---

1 Wilhelm Larfeld, "griechische epigraphik," pp. 387−390.
2 Glenn Most, "One Hundred Years of Fractiousness: Disciplining Polemics in Nineteenth-Century German Classical Scholarship," in *TAPA*, Vol. 127 (1997), pp. 353−354.

评,最著名的包括莱比锡大学教授贺曼(Gottfried Hermann)的批判以及博克的学生美尔(Eduard Meier)的反驳。博克为了全面收录希腊铭刻,不得不将一些没有非常明确根据的铭刻也收录了。但是,两位学者深陷笔战之中,争论的反而是文学批评与解释,以及铭刻和文学的价值等高层次问题。博克汇编的铭刻抄本录文究竟信度如何,并非两人眼中关键。[1]

劳费尔对博克的评价就从铭刻学者的角度,点出了关键所在。这段阐述将铭刻学在发展中所面对的挑战形容的很深刻:

> 若要给博克的工作下个评断,就必须考虑19世纪初期铭刻采集的一些思维和条件,与19世纪末有相当的差异,即便今日之铭刻学者无法将博克的汇编当作自己研究的基础资料使用,也不当忘记,当今铭刻学研究已经存在的许多基础要件,是在不断精进的铭刻研究过程中累积而成的,在博克编纂汇编时就是尚未达到,这包括对于铭刻刻文得有确切证据的要求,以及谨慎、仔细地填补残泐文句的方法。博克几乎完全仰赖旅行人士所提供的抄本,往往并不可靠。由专家从原件处用机械法拓下来的传真拓本,在当时他还不熟悉,而考虑当时希腊的政治情况,要大量取得传真印本会非常困难。……铭刻汇编工作的基本条件改善,唯有到机械法普及、产生出品质较好的传真本,以及更多新残块的发现(证明了许多残泐填补的错误),才让编纂者(采取比较谨慎的态度)开始避免制造出令人困扰的残泐填补,从可不可能(进步到)真不真实的(工作思维)。[2]

劳费尔借对博克的评价,将当时汇编工作最大的挑战点了出来,也就是资料来源的可靠性不足,过于依靠非专业人士誊抄或绘制的情况。字母研究和铭文分类等,都是铭刻汇编中的分析工作,所建立起的资料库确实能够让学者发现不同的规律性,

---

[1] Glenn Most, "One Hundred Years of Fractiousness: Disciplining Polemics in Nineteenth-Century German Classical Scholarship," in *TAPA*, Vol. 127 (1997), pp. 356–357.

[2] Wilhelm Larfeld, "griechische epigraphik," p. 390.

建立通例以及特例的判别法。问题是，若资料的采集本身有问题，那用归纳法提炼出来的规律本身就有问题。劳费尔认为，关键在资料采集面必须要跟进，铭刻汇编才有意义，而学科演进仰赖技术进步，技术进步又得有过程，所以批评必须考虑历史过程，避免全然否定过去研究者的贡献。简单来说，若铭刻汇编计划用的是机械拓印法生产的传真本，那信度问题就会降到最低。

以上文中马费提到的齐列古为例：他是 15 世纪最为活跃的铭刻记录者，游历欧洲各地，并勤于描述与绘制地理和建筑物的细节，编成一部《散记》(*Commentaria*)，是在 15 至 17 世纪间相当受到重视的参考书籍。[1] 他曾游历巴尔干半岛，并在雅典待了一段时间，雅典当时的重要遗迹与铭刻，他都有比较详细的考察和记录。[2] 他的手稿原件已经亡佚，目前传世的版本皆已经过多次传抄，修改更动的幅度不一，所以作为研究者使用的资料是较有难度的。[3] 薄迪纳的分析显示，若比对现存铭刻与齐列古《散记》的传世本，已经无法判断铭刻录文出错的人究竟是否是齐列古。但从一般经验来看，齐列古的录文有一定的可靠性。[4]

一个比较著名的例子，就是齐列古《散记》中记录的雅典卫城南边山丘上的费洛帕伯纪念堂(Philopappos Monument)。这是栋大型罗马时期大理石墓葬建筑，为了纪念古马根尼(Commagene)王室后裔费洛帕伯(Gaius Iulius Antiochus Epiphanes Philopappos)，于图拉真朝到哈德良朝之间所建。[5] 这座建筑体在漫长的中世纪岁月中，石材逐渐被拆卸、再利用，到齐列古绘制的时候，或许已经仅剩下现在看到的曲面雕刻组合了。[6] 由于齐列古的绘图原件已经不见，现在于梵蒂冈图书馆所藏的副本，已是一位名叫散迦洛(Giuliano da Sangallo)的佛罗伦萨建筑师传抄修改后的形象。[7]

---

1 Edward Bodnar, *Cyriacus of Ancona and Athens* (Bruxelles-Berchem: Latomus, 1960), pp. 21–23.
2 Edward Bodnar, *Cyriacus of Ancona and Athens*, pp. 35–40.
3 Edward Bodnar, *Cyriacus of Ancona and Athens*, pp. 121–124.
4 Edward Bodnar, *Cyriacus of Ancona and Athens*, pp. 131–139.
5 M. Santangelo, "Il monumento di C. Julius Antiochos Philopappos," in *Atene Annuario della Scuola Archeologica* 3–5 (1947), pp. 153–253; Diana Kleiner, *The Monument of Philopappos* (Roma: G. Bretschneider, 1983).
6 Diana Kleiner, *The Monument of Philopappos*, pp. 24–25.
7 Vat. Bar. lat. 4424 Fol. 31r.

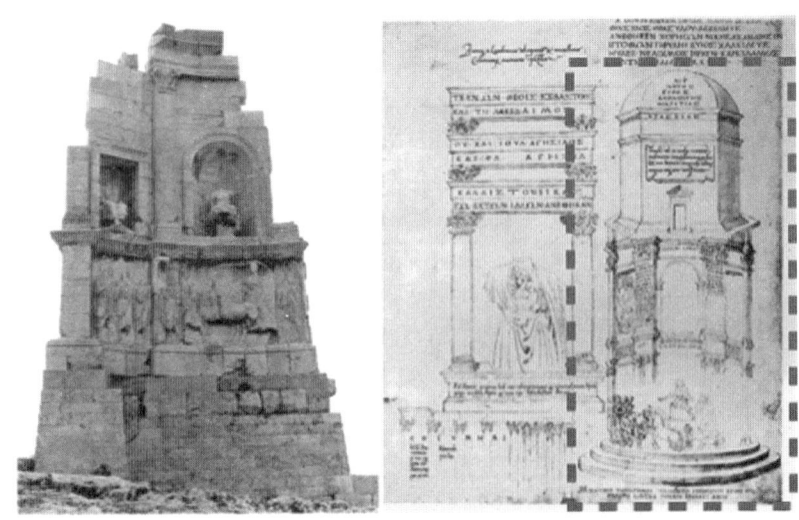

图 2　左：雅典费洛帕伯纪念堂曲面装饰壁全景[1]
右：梵蒂冈巴贝里尼拉丁语手抄本编号 4424，第 31 对开页正面[2]

图 3　费洛帕伯纪念堂曲面装饰壁放大图[3]

1　图摘自 Kleiner 1983, Pl. IV。
2　Vaticanus Barberinus latinus 4424, fol. 31r，图摘自 Kleiner 1983, Pl. XXXV。
3　图摘自 Kleiner 1983, Pl. XXXV。

散迦洛所传的曲面装饰壁，没有中间拱门型塑像龛内的雕像，是否为齐列古本来就没有绘制之故，已不得而知。较特别的倒是散迦洛不知为何，将雅典罗马广场（Roman Agora）的风之塔（Tower of the Winds）当作是费洛帕伯纪念堂的上层建筑了[1]，由于形象上与若干已知的其他双层纪念型建物有些雷同之处，散迦洛如此处理，也连带影响到了后代建筑史学者在提出费洛帕伯纪念堂的上层复原模型时所做的可能性评估。[2]

除了建筑绘图的问题外，将抄本与现存铭刻刻文对比后，可见资料可靠性随传抄散播而递减的现象。放大图中拱门左侧记载费洛帕伯罗马官爵的拉丁铭刻，应该是 C(aius) Iulus C(aii) F(ilius) Fab(ia) Antiochus Philopappus, Cos. etc.，但图中漏抄了第三行，所以费洛帕伯的名字的前半部（Philopa）在上图中是看不到的。[3] 右侧希腊铭刻记载费洛帕伯的王室后裔身份，与现存遗址的铭刻内容基本吻合，唯第一行应为 Βασιλεύς，看起来却是写成了复数 Βασιλεῖς。在三个塑像龛下方也有铭刻，中间与左边所录的都与现存铭刻基本吻合，左边记录费洛帕伯的祖父、古马根尼最后一位国王安提根尼四世（Antiochos IV）的铭刻，甚至还可以填补残泐。这些与原件的歧义，究竟是《散记》原本如此，还是传抄之后的结果，已然难以厘清，但大抵来说，即便是传抄后的《散记》，内容也显然维持一定信度，杜撰的因素或可免除了，只是若没有实物验证，信度不好拿捏。

当这类有基本信度的资料中，出现现在遗存已经没有的资讯时，采信与否成了两难。以右侧的抄文为例：上图还保存了胜利者赛流卡士的名字（Βασιλεὺς Σέλευκος Ἀντιόχου Νικάτωρ），但现址看来，右侧龛室与铭刻已然不存。右侧龛室下方铭刻内容对于解读这个纪念墓葬有重要意义。墓主人选择与他同祀的，包括了古马根尼的第一位王赛流卡士以及最后一位王，墓主人自己的名字直译又是爱祖父（Φιλοπάππος），且此墓所选的位置为雅典卫城旁的高地，非常醒目，显然不只是想要透过雕像群传达复

1　Diana Kleiner, *The Monument of Philopappos*, p. 26.
2　Diana Kleiner, *The Monument of Philopappos*, pp. 61–67，考虑了在帝国一些地方所见到类似于散迦洛所绘的曲型正面带龛室的双层建筑。
3　Diana Kleiner, *The Monument of Philopappos*, pp. 14–15; Edward Bodnar, *Cyriacus of Ancona and Athens*, pp. 170–179.

杂的道德与身世背景的讯息而已,铭刻也透露了墓主人与图拉真关系良好,在罗马政府中贵为执政与祭司,在雅典也被录为公民,还透露了若干彰显个人和家族权力的手段。[1] 是否可以因为纪念碑的其他刻文都大致正确,就合理推论齐列古所录的右下侧铭刻当也为真?这已牵涉到学者对自己的证据有多少信心的主观臆断了。

3. 蒙森的"亲眼看"原则与传真拓本

若从齐列谷的案例考虑,余布纳回到原件的立场,劳费尔应该是会同意的;但他或许还会评估,一个汇编中若掺有相当比例的资料是当下或永远无法验证的,但在资讯来源较为可信的前提下,有此资料也比无此资料好,所以博克的计划固然有无法验证的盲点,但他所开拓的模式、衍生出的问题,以及可能收录的许多正确的但信度未能检验的资料,都是学界的资产。对余布纳或蒙森来说,若要建立在博克的基础上推动汇编工作,那关键就是出版物负责者是否有办法能够亲眼见到铭刻原件、对他所出版的铭刻条目负责。

蒙森这个"亲眼看"(Autopsia)的原则,与余布纳提出的"回到原件"是同一种概念。蒙森在对柏林研究院的倡议里写道:光有书是不够的;"必须要往原件本身追溯,越接近原件越好。"(Es muss, so viel es möglich ist, auf die Originale selbst zurückgegangen werden.)[2] 若有人要编一本李维的文本,他就会去佛罗伦萨或者巴黎。若有人号称要出版一本权威性的铭刻汇编,他不也应该要看到石头或载体本身吗?他当然且更加必须如此做,不然他就是轻率放弃铭刻与其他文学文类之间最不同的特色,也就是"最不受质疑的、最没有争议的文本准确性"(die unzweifelhafte, unanfechtbare Sicherheit des Textes)。若退一步,蒙森一派愿意接受的,是让他们能够如亲眼见到一般,判定他们所出版的内容是真是假的工具,也就是照片与传真拓本。

---

1 Magharita Facella, *La Dinastia degli Orontidi nella Commagene ellenistico-romana* (Pisa: Giardini Editori e Stampatori, 2005), pp. 338–358.
2 转引自 Lorraine Daston, "Authenticity, Autopsia, and Theodor Mommsen's *Corpus Inscriptionum Latinarum,*" in *For the Sake of Learning: Essays in Honor of Anthony Grafton,* ed. Ann Blair, Anja-Silvia Goeing, Vol. 2 (Leiden: Brill, 2016), p. 961。

若把铭刻学发展简化来看,博克的学术工作所造成的最大推进效应,或许就是促使蒙森在推动拉丁铭刻汇编计划时,决心采取以上文所提到的机械复制本(mechanische Copieen)来搜集铭刻为原则。

机械法复制本乃是余布纳于1870年一篇《关于机械法拓印铭刻的技术》的论文中,为了描述法国学界所设计的机械法拓印步骤所使用的词汇。法国于20世纪40年代初也想要推动的拉丁铭刻汇编计划的准备工作,也引入了埃及学的拓印技术(estampage);虽然最后法国的搜集计划没有能够落实,但其准备工作在欧陆学界传播,终于在德国学界发扬光大,突破了19世纪铭刻采集工作上所遇到的瓶颈。[1] 这种技术与中国的拓印法在核心技术上是相同的。两者都是将浸湿的纸铺在有铭刻载体上,再用一把不硬不软、平整而密的有柄马毛刷,用力拍打,尽可能与铭刻面平行,让有弹性的马毛逐渐将纸沉入铭刻面的各种缝隙之中。若纸有破损,则再加一层浸湿的纸即可。待纸已完全沉入刻面,可将纸缓缓取下,让其风干后,铭刻的印子就会留在纸上。由于机械法拓本的目的,就是制造传真(facsimile)的效果,本文以传真拓本称之。

图4 机械法的传真拓本,麦肯纳尼(Jeremy McInerney)教授提供,作者摄

---

1 Emil Hübner, "Mechanische Copieen von Inschriften," in *Alterthumsfreunden im Rheinlande*, Vol. 49 (1870), pp. 60–61.

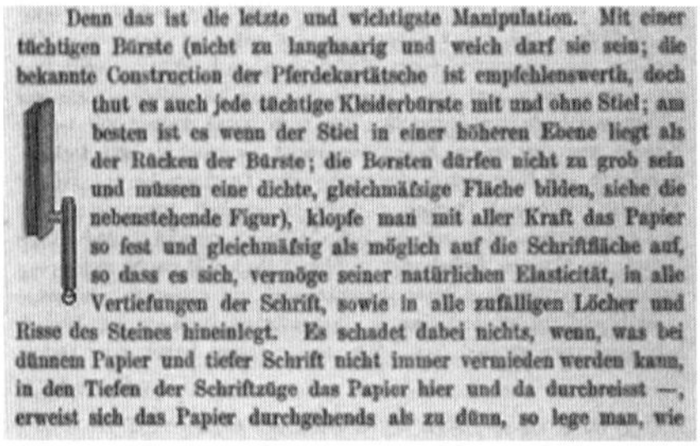

Denn das ist die letzte und wichtigste Manipulation. Mit einer tüchtigen Bürste (nicht zu langhaarig und weich darf sie sein; die bekannte Construction der Pferdekartätsche ist empfehlenswerth, doch thut es auch jede tüchtige Kleiderbürste mit und ohne Stiel; am besten ist es wenn der Stiel in einer höheren Ebene liegt als der Rücken der Bürste; die Borsten dürfen nicht zu grob sein und müssen eine dichte, gleichmäfsige Fläche bilden, siehe die nebenstehende Figur), klopfe man mit aller Kraft das Papier so fest und gleichmäfsig als möglich auf die Schriftfläche auf, so dass es sich, vermöge seiner natürlichen Elasticität, in alle Vertiefungen der Schrift, sowie in alle zufälligen Löcher und Risse des Steines hineinlegt. Es schadet dabei nichts, wenn, was bei dünnem Papier und tiefer Schrift nicht immer vermieden werden kann, in den Tiefen der Schriftzüge das Papier hier und da durchreisst —, erweist sich das Papier durchgehends als zu dünn, so lege man, wie

图 5　余布纳《关于机械法拓印铭刻的技术》一文中所附之拓印刷示意图 [1]

由于传真拓本的拓印法仅需要使用比较坚韧的纸、一把刷子、水，就能把铭刻的刻文拓下来，相对于素描、照相、石膏、软胶等方法，成本更加低廉且容易操作，对田野工作来说，是最为合适的选择之一。拓印者携带拓印纸以及运送拓印好的传真拓本，只要不平压、保持干燥等，就能将这类传真印本带回研究。[2] 20 世纪以来，西方铭刻学界对使用的纸质以及拍打的器具更有讲究了，一般建议用的是 Whatman no. 1 cat. no. 1001-917 型号的高韧性化学滤纸，至于刷子，也有学界权威建议的尺寸。[3]

4. 传真拓本的极限：以《艾格斯塔决议》为例

铭刻学虽然在资料采集上有明显的改善，可以用机械方法生产传真印本，但面对受损的铭刻要如何分析，就是另外一种挑战了。受损铭刻的字符若被磨平，倒也罢了，在一些情况下，传真拓本或会难以分辨刮痕与字符痕迹的情况。面对这种挑战，西方铭刻学界会采用归纳和演绎并行的策略。一个例子是所谓《艾格斯塔决议》的残泐填补争议。

《艾格斯塔决议》出于雅典卫城，碑面受损严重，原编辑者瞿勒（Ulrich Köhler）

1　截图来自 Emil Hübner, "Mechanische Copieen von Inschriften," p. 64。

2　Emil Hübner, "Mechanische Copieen von Inschriften," pp. 63-66.

3　B. McLean, *An Introduction to Greek Epigraphy of the Hellenistic and Roman Periods from Alexander the Great down to the Reign of Constantine*, pp. 69-73; A. Woodhead, *The Study of Greek Inscriptions* (Cambridge: Cambridge University Press, 1967), pp. 78-82.

从刻文的第一、十、十四行，推测碑文是雅典与优卑亚岛（Euboea）上城市赫斯提亚（Hestiaea）之间，为了交换结盟誓言与盟约而立的决议[1]，年代根据字母形状以及第三行雅典执政残存的姓名部分，推测应该是阿里斯东（Ariston）为执政的公元前454年[2]。罗琳（Habbo Lolling）于1891年重新发表此碑时，同意瞿勒对于执政姓名的判断，但对于第一行碑文提出不同识读，认为可能是西西里岛西部玉拉米人（Elymioi）的城镇艾格斯塔（Egesta），遂以《艾格斯塔决议》定名。

劳必谢于1944年提出了两个修正：首先，根据自己拓片识读的结果，他修正了执政的名字为Habron，也因此将定年提前为公元前458/7年。再来，他提出《艾格斯塔决议》应该与另一枚雅典与哈利其亚结盟的碑文同源。[3] 这个诠释所造成的问题，就是雅典竟然在提洛联盟正式成立之前，就将视野放到西西里上头了。根据古典时期雅典史家修昔底德叙述，艾格斯塔于公元前418/7年间，派使节到雅典要求他们应之前盟约的承诺，提供他们抵抗邻邦的军事协助，并制造富有的假象，欺骗雅典出兵来换取重金报酬，而当发现艾格斯塔承诺提供的援助一一落空，雅典早已陷入西西里的乱局之中，也成为雅典最终兵败叙拉古城、步向衰颓的关键原因。[4] 劳必谢的定年若为真，不止修昔底德的说法得要用新的角度诠释了：雅典在伯里克利（Pericles）领政下，于公元前5世纪50年代本就在东地中海地区推动具霸权性质的领地控制策略，所以新定年所代表的意义，就是西西里在此时也进入了雅典的大盘战略考量之内。[5] 但是，艾格斯塔位置在西西里的极西处，远超过了希腊殖民区的范围，麦廷立（Harold Mattingly）就问：为何雅典会先与这个偏远的、与他们在各方面都没有明显关系的城邦建立关系呢？

---

1 Angelos Matthaiou, "Περὶ τῆς IG I³ 11," in Ἀττικαὶ Ἐπιγραφαί. Πρακτικὰ Συμποσίου εἰς μνήμην Adolf Wilhelm, eds. Angelos Matthaiou, G. Malouchou, (Αθήναι: Ελληνική Επιγραφική Εταιρεία, 2004), p. 106; Angelos Matthaiou, *The Athenian Empire on Stone Revisited* (Αθήναι: Ελληνική Επιγραφική Εταιρεία, 2010), pp. 11-12.

2 U. Köhler, "Attische Inschriften," in *Hermes*, Vol. 2.1 (1867), pp. 16-18.

3 Antony Raubitschek, "Athens and Halikyai," in *TAPA*, Vol. 75 (1944), pp. 10-14.

4 Thuc. 6.6-6.13; 6.46-48.

5 Silvana Cagnazzi, *Tendenze politische ad Atene. L'espansione in Sicilia dal 458 al 415 A.C.* (Bari: Adriatica Editrice, 1990), pp. 89-108; Harold Mattingly, *The Athenian Empire Restored: Epigraphic and Historical Studies* (Ann Arbor: the University of Michigan Press, 1996), pp. 262-263.

图6 上：《艾格斯塔决议》残块 A（左）B（右），雅典铭刻博物馆藏[1]
下：郭瑞（Manolis Korres）绘制之字符解析图[2]

麦廷立又问了另外一个问题：《艾格斯塔决议》新的定年究竟可不可靠？新的定年是建立在两个资料点上头：第一是刻文中的雅典执政，为何年出任；第二则是字母 Σ 和 Ρ 的字体，与雅典其他可定年的铭刻所使用的字体是否雷同。麦廷立与亨利（Alan Henry）两人近年来发表多篇关于这个议题的专论：麦廷立看第三行残缺部分有 Φ，所以 Habron 是不正确的，Antiphon 才是正确的，这铭刻的定年也因此该从公元前 458/7 年下修到公元前 418/7 年。[3] 而亨利则持反对立场：他认为梅格斯（Russell

---

[1] 图摘自 Matthaiou 2004, pp. 101-102。

[2] 图摘自 Matthaiou 2004, p. 110。

[3] Harold Mattingly, "The Growth of Athenian Imperialism," in *Historia*, Vol. 12.3 (1963), pp. 257-273; Harold Mattingly, "Some Fifth-Century Attic Epigraphic Hands," in *ZPE*, Vol. 83 (1990), pp. 110-122; Harold Mattingly, "Epigraphy and the Athenian Empire," in *Historia*, Vol. 41.2 (1992), pp. 129-138; Harold Mattingly, "What are the Right Dating Criteria for Fifth-Century Attic Texts?" in *ZPE*, Vol. 126 (1999), pp. 117-122.

Meiggs）和沃班克（Michael Walbank）所做的字母定年法对于定年推断有相当高的权威性，而《艾格斯塔决议》中有三线的 Σ(ϟ) 以及有右撇的 P（R），代表刻制石碑的年代必然早于公元前 438 年。[1] 执政定年与字母定年这两个立场形成《艾格斯塔决议》定年的关键问题：执政定年是最稳定的，但当无法使用执政定年的时候，字母定年是否具有相同效力？

梅格斯于 1966 年发表的专论中，希望透过《清册》的时间纵度以及其本质为正式文件的代表性，建立适用于公元前 446 至前 404 年之间的细部定年准则。[2] 他用《清册》"第一碑"、"第二碑" 的 23 年作为时间纵度，统计 Β、Φ、Σ、P 四个争议性最大的字母在这期间所出现的样式有几种，再将性质十分类似的《帕特农神庙账目》碑文系列（公元前 446—前 432 年，共 15 年）、《卫城城门楼账目》（公元前 436—前 432 年，共 6 年）以及其他可定年于公元前 460 至前 431 年之间的财产清单类碑文交互比对，并提出几个观察。与本文相关的包括：三线 Σ 最后一次出现是在公元前 446 年；带把 P 最后一次出现是在公元前 438 年，之后就只有一种不带右撇的 P。梅格斯认为这个研究将《清册》与具有相同时间纵度与资料总量的档案类碑结合，适用性应该可以遍及全部雅典–阿提卡地区公元前 5 世纪的铭刻，并列出 40 枚尚未确定定年或定年有争议的铭刻中 Β、P、Φ、Σ 的样式，用此推演各枚石碑可能的细部定年。[3]《艾格斯塔决议》也包含在其中，而根据字母定年规则，此碑应该是在公元前 5 世纪中叶，不可能晚于公元前 438 年。

沃班克用同样方法，将调查范围扩大到公元前 5 世纪可以明确定年的碑文，总数 150 枚，其成果明确地支持了梅格斯所观察出的三线 Σ 与右撇 P 所具有的时间

---

1 A.S. Henry, "The Sigma Stigma," in *ZPE*, Vol. 137 (2001), pp. 93–104; A.S. Henry, "Fact, Fiction and Formulae in Athenian Decrees," in *Atti dell'XI Congresso Internazionale di Epigrafia Greca e Latina. Roma, 18–24 settembre 1997*, ed. Silvio Panciera (Roma: Edizioni Quasar, 1999), pp. 335–343; A.S. Henry, "Pour encourager les autres: Athens and Egesta encore," in *CQ*, Vol. 45.1 (1995), pp. 237–240; A.S. Henry, "Athens and Egesta (*IG* I^3 11)," in *Ancient History Bulletin*, Vol. 7 (1993), pp. 49–53; A.S. Henry, "Through a Laser Beam Darkly: Space-Age Technology and the Egesta Decree (*IG* I^3 11)," *ZPE*, Vol. 91 (1992), pp. 137–146.

2 Russell Meiggs, "The Dating of Fifth-Century Attic Inscriptions," in *JHS*, Vol. 86 (1966), pp. 86–98.

3 Russell Meiggs, "The Dating of Fifth-Century Attic Inscriptions," p. 94.

特性。¹ 这个研究还扩大了梅格斯之前选择以档案类碑为主的资料到任何可明确定年的碑石，试图扩大梅格斯所发现的规则的效力。但150枚资料中仍以档案账目类的碑文为主，且残碑占的比例很高，再加上母体数究竟多少，150个样本到底有多少代表性，都是问题。斯马特（J.D. Smart）就质疑，虽然梅格斯使用的是有时间纵度和可观资料量的碑文，但这些碑文基本上是属于同一类的档案类碑文，可能只反映出这类碑文所被雇用的工匠是固定一批，而不能反映雅典–阿提卡地区的铭刻习惯。² 举例来说，有数位学者采用了梅格斯和沃班克的成果来重新为 Aigina 岛上的界碑定年³，但雅典占领该岛只有在公元前431至前404年之间，但这三位仍然套用了梅格斯–沃班克的雅典–阿提卡法则，将许多三线 Σ 以及带把 P 的界碑往前推到公元前5世纪中叶之前。这也就意味着雅典对于该岛的控制提前了将近三十年，而这是没有古代文献支持的论点。⁴

1990年，钱伯斯等人（Mortimer Chambers et al.）决定以科技解决这个识读问题。⁵ 他们丈量了石碑、碑文、行距、字距、字母大小等数据，并用镭射照射石碑第三行［- - -］ONEPXE 的区块，要确定究竟 ON 前面的两个字母凿痕到底是什么样子。他们认为相片可以清楚显示 ON 前面一个字母是 Φ，再下一个可能是 I。他们的研究显示，ANTIΦON 的可能性最大。钱伯斯等人的研究对于字母定年法的参考价值有两层意义。首先，字母定年法经过他们谨慎检验后，通则的权威性降低了。再来，他们引进了新科学仪器方法，扩大了铭刻采集辨识工具的选择范围。这一系列的新尝试，可以代表古典学界对于整合前缘科技和传统研究分析方法的开放性思维，也

---

1 Michael Walbank, "Criteria for the Dating of Fifth-Century Attic Inscriptions," in *Phoros, Tribute to Benjamin Dean Meritt*, eds. Donald Bradeen and Malcolm McGregor (Locust Valley: J. J. Augustin, 1974), pp. 161-169.
2 Smart, J.D. "Athens and Egesta," in *JHS*, Vol. 92 (1972), p. 137.
3 M. Amit, *Great and Small Poleis: A Study in the Relations between the Greak powers and the Small Cities in Ancient Greece* (Bruxelles: Latomus, 1973), pp. 40-44; J.P. Barron, "The Fifth-Century Horoi of Aegina," in *JHS*, Vol. 103 (1983), pp. 1-12; T.J. Figueira, *Excursions in Epichoric History: Aiginetan Essays* (Lanham, MD: Rowman & Littlefield, 1993).
4 Irene Polinskaya, "Fifth Century Horoi on Aigina: A Reevaluation," in *Hesperia*, Vol. 78.2 (2009), p. 234.
5 Mortimer Chambers et al., "Athens' Alliance with Egesta in the year of Antiphon," in *ZPE*, Vol. 83 (1990), pp. 38–57.

意味着古典学在应对 21 世纪所带来的新挑战、新契机上，有长足的发展空间与潜在动能。

近年来，铭刻学界省思机械法在采集与辨识上的限制，以及对铭刻可能会造成的伤害，开始转换成使用三维数据采集技术、感光技术、模型建立策略等不同的采集和互动呈现方法，提升研究与教学效率。[1] 这些都是相当重要的研究积累，马太武在评价字母定年争议时所引述铭刻学重要学者梅瑞特的意见，"前人的努力，不论对错，都是让最终解决方案能够出台的贡献"[2]。近十年来，学界对于字母定年法仍然有活跃讨论，如崔希以铭刻字体字形和铭刻工匠为研究核心的学者，就是希望建立在已知的经验上，不断辩证铭刻汇编资料经过归纳后提炼出的规律所具备的分析价值，以及透过归纳法生产出的规律可以用来进行推论和演绎的极限[3]。但对马太武来说，不论各种归纳法所推论出来的规律看起来再怎么可靠，都仅具有辅助性质，主要还是得用历史脉络、考古发掘、文法句法等要素综合判断[4]，而且这些经验显示，铭刻的研究必须建立在"清楚的文本"（clear texts）之上，也就是可靠的、仔细小心从原件上头抄录下来的、没有经过"复原"（restoration）的文本，而若有复原，也必须是"确定"的复原，才适合加入文本之中。[5]

---

1 Angelos Barmpoutis, Eleni Bozia, "Augmenting the Workspace of Epigraphists, An Interation Design Study," *Digital and Traditional Epigraphy in Context, Proceedings of the EAGLE 2016 International Conference*, eds. Silvia Orlandi et al. (Roma: Sapienza Università, 2017), pp. 209-220.

2 Benjamin Meritt, *Epigraphica Attica* (Cambridge, Mass.: Harvard University Press, 1940), p. 129, 转引自 Angelos Matthaiou, *The Athenian Empire on Stone Revisited*, p. 33。

3 Stephen Tracy, *Athenian Lettering of the Fifth Century B.C.: The Rise of the Professional Letter Cutter* (Berlin: De Gruyter, 2016), pp. 1-6; Stephen Tracy, "Down Dating Some Athenian Decrees with Three-Bar Sigma: A Palaeographic Approach," in *ZPE*, Vol. 190 (2014), pp. 105-115, esp. 107-108; 另可参见 Harold Mattingly, *The Athenian Empire Restored: Epigraphic and Historical Studies*; P. Rhodes, "After the Three-Bar Sigma Controversy: The History of Athenian Imperialism Reassessed," in *CQ*, Vol. 58 (2008), pp. 501-506; Sarah Bolmarcich, "Beyond the Three-Barred Sigma: IG I³ 11," in *Ancient Documents and their Contexts*, eds. John Bodel, Nora Dimitrova (Leiden: Brill, 2011), pp. 54-66。

4 Angelos Matthaiou, "Περὶ τῆς IG I³ 11," pp. 119-121; Angelos Matthaiou, *τὰ ἐν τῆι στήληι γεγραμμένα: Six Greek Historical Inscriptions of the Fifth Century B.C.* (Αθήναι: Ελληνική Επιγραφική Εταιρεία, 2011), pp. 57-70。

5 Angelos Matthaiou, *The Athenian Empire on Stone Revisited*, p. 33.

5.《涂礼雅悼词》的复原问题

延续此讨论,另一个著名例子是《涂礼雅悼词》(Laudatio Turiae)的复原问题。所谓《涂礼雅悼词》,是一套根据数枚铭刻残块的内容所重建的一篇丈夫悼念妻子的丧礼演说,根据其内容,年代可定在公元前 8 至前 1 年之间,但时过境迁,刻着悼词的大理石被割开、再利用,有的被当作建材,有的被当作石棺盖板。随着各界对古代铭刻的兴趣增长,若干知识分子和好古人士在一些残块被毁之前抄录了其中内容,又有收藏家如艾巴尼大主教(Alessandro Albani,1692—1779 年)对这类铭刻文物的嗜好,使得若干残块得以留存,终于在蒙森推动拉丁铭刻汇编计划时,得以勾勒出此铭刻的原貌。[1]

早在 18 世纪便有人根据已知残块的内容,推断悼词的两位主角是为书写文献中提到的陆贵祺(Q. Lucretius Vespillo)与涂礼雅(Turia)这对活跃于共和末年到帝国初年的元老阶级夫妇。根据瓦莱里乌斯·马克西姆斯(Valerius Maximus)的《善行名言录》(*Factorum ac dictorum memorabilium*),陆贵祺上了屋大维、安东尼、雷必达这三巨头的黑名单,在他妻子涂礼雅冒死把他藏在阁楼里,渡过难关,别人或死或逃时,这位丈夫反而在家中妻子的怀里,传为妻子对丈夫尽夫妻之义的一段佳话。[2] 蒙森于 1863 年发表关于这篇悼词的一篇专论,替这个看法背书,并填补了各残块残泐处的文句,还在陆贵祺为元老身份的假设之上,做了一些定年、婚姻制度和继承权等罗马法相关的推断[3],并于 1876 年出版的《拉丁铭刻汇编》第六册,提供了综合手抄本录文和铭刻录文结合后的重建图,下图中所呈现的,左侧完全依靠手抄本以及传世录文所复原的成果,右侧则是藏于艾巴尼主教别墅(Villa Albani)中的铭刻录文(*CIL* 6.1527)。

---

1 Josiah Osgood, *Turia: A Roman Woman's Civil War* (Oxford: Oxford University Press, 2014), pp. 2–8; Marcel Durry, *Éloge funèbre d'une matrone Romaine* (Paris: Les Belles Lettres, 2002), pp. xlvi–l.

2 Val. Max. 6.6.7.

3 Theodor Mommsen, "Zwei Sepulcralreden aus der Zeit Augusts und Hadrians," in *Abhandlungen der Königliche Akademie der Wissenschaften zu Berlin* (Berlin: Realschul-Buchhandlung, 1863), pp. 455–479.

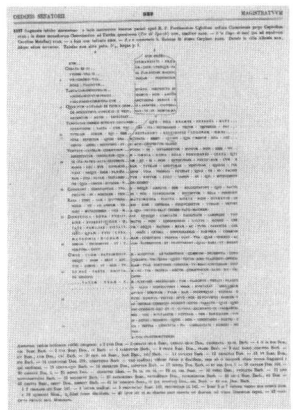 

图 7 《拉丁铭刻汇编》6.1527 [1]

    蒙森的基础工作无疑奠定了后续残块发现时重要的辨识和整理基础,增加了散在不同地方的残块被"重新发现"的机会。1898年,一枚包含了大字标题的新残块在罗马国家博物馆被发现,其内容足以挑战学界对悼词内容已经形成的共识。在此之前,已知残块并无大字标题,所以刻文的上部界限仍属未知,而这枚新残块的出现也就提供了拼图的右侧上方界线。再来,新增加的九行内容中提到,宣读铭刻的丈夫上了黑名单后,其实是远走他乡的,没有躲在家里头,因此陆贵祺的故事是否适用也就更有争议了。[2] 倒是妻子仍然想方设法供应丈夫的各种财物和生活需求的细节,仍给学界支持蒙森者若干希望。虽然没有实证,但许多学者都对这对夫妇的身份地位一直维持关注,也显示出西方铭刻学界使用演绎法分析推断,是具有相当深厚的传统的。[3]

    除了推断铭刻当事人的身份外,演绎法的使用还出现在填补残泐上。从《拉丁铭

---

[1] 图摘自 E. Bormann, W. Henzen, eds. *Corpus Inscriptionum Latinarum,* Vol. 6. Pars Prima. Inscriptiones Urbis Romae Latinae (Berlin: G. Reimerum, 1876), pp. 332–333。

[2] Hirschfeld, O, "Die sogenannte Laudatio Turiae," in *Wiener Studien*, Vol. 24 (1902), pp. 233–237.

[3] Hugh Lindsay, "The Man in Turia's Life, with a Consideration of Inheritance Issues, Infertility, and Virtues in Marriage in the 1st c. B.C," in *JRA*, Vol. 22 (2009), pp. 183–198; Josiah Osgood, *Turia: A Roman Woman's Civil War*, pp. 117–134; Dieter Flach, *Die Sogenannte Laudatio Turiae* (Darmstadt: Wissenschaftliche Buchgesellschaft, 1991), pp. 3–4; Nicholas Horsfall, "Some Problems in the 'Laudatio Turiae'," in *Bulletin of the Institute of Classical Studies*, Vol. 30 (1983), pp. 85–98.

刻汇编》的条目来看,《悼词》各残块皆有约 10 至 20 个字符左右的残泐,而蒙森所填补的准确度如何,就需要新证据检验。高登于 1950 年再度发表了一枚新残块,认为就字体、格式、文意等方面,这在罗马国家博物馆的新残块可以与在艾巴尼主教别墅中的残块 D + E 对接,这也成了检验蒙森提出的残泐填补方案是否可靠的机会。[1]

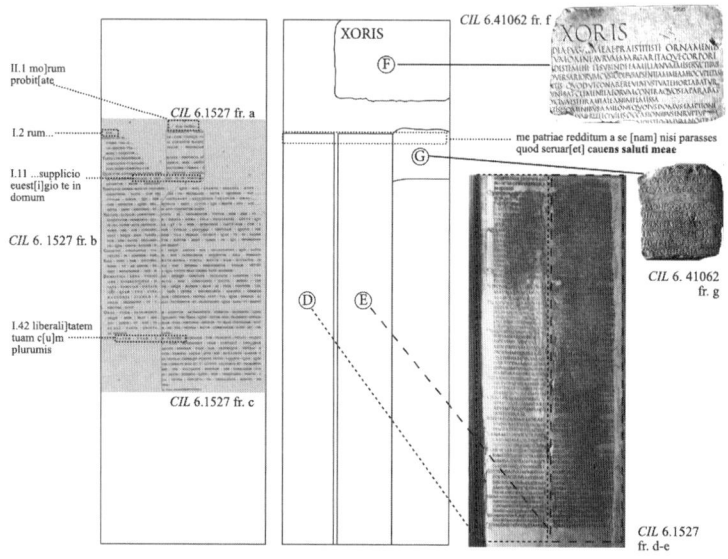

图 8 《涂礼雅悼词》残存部分示意图[2]

高登所发表的新残块提到了包括 CAESARI、SOROREM 等悼词中关键人物,且新残块的字体如长尾 Q、高体 I,以及字体之高度和行距等,残块 D + E 多有吻合之处。另外,新的残块中有若干字句与蒙森为残块 D + E 所提供的残泐填补完全一致或高度契合。蒙森填补残泐的功夫显然是相当到位的:他凭借对文意的判断,完全无误

---

1 Arthur Gordon, "A New Fragment of the *Laudatio Turiae*," in *AJA*, Vol. 54 (1950), pp. 223–224.

2 总体结构示意摘自 Josiah Osgood, A Roman Woman's Civil War (Oxford: Oxford University Press, p. 4);左侧摘自 *CIL* 6.1527;右侧上方 1898 年残块(*CIL* 6.41062 fr. f)与 1950 年残块(*CIL* 6.41062 fr. g)摘自 Erik Wistrand, *The So-Called Laudatio Turiae: Introduction, Text, Translation, Commentary* (Göteborg: Acta Universitatis Gothoburgensis, 1976),Plate 1;右侧下方残块为 Villa Albani 所藏之 *CIL* 6.1527 fr. d-e,图摘自 Nicolas Horsfall, "Some Problems in the 'Laudatio Turiae,'" Plate 10。

地填补了 1950 年残块第七行的 "你为我准备了藏身处"（receptacula pararis），并正确填补了第八行的 "姐姐"（sororem）等。其他行虽然文字稍有不同，但文意几乎是相同的：丈夫先提到关于他之所以终于能被奥古斯都召回国，是因为妻子保住他的命，不然奥古斯都的承诺也没有意义，所以丈夫欠妻子对他的情意，不少于他欠奥古斯都的恩情。接着，丈夫使用了雄辩术里的不谈法（praeteritio），说为何我现在要公开我们私下、秘密的计划和对谈，妻子的计划如何在得知他立即有危险的消息时救了他，如何避免让他鲁莽地挑战命运，如何让他冷静下来，还帮他准备一个藏身地，如何让他的姐姐和姐夫一起参与计划救他，让他们冒极大的危险，因为若要列举，将无穷尽等。比较值得注意的是第二行：蒙森填补后的文意为，"所以，我的命不只是靠他（恺撒）的慈悲才保住的，也是靠你的情义"（ita non minus pietati tu[ae quam clementiae illius] | me debeo），而 1950 年残块不提慈悲（clementia），仅是恺撒/屋大维本人（ita non minus pietati tu[a]e quam Caesari | me debeo）。这里的问题不是用词简略而已，而是在填补残泐的时候，刻文版面还剩下多少空间、可以用什么字的问题。当时蒙森所知道的残块并没有整行出现的例子，所以无法就此问题有比较好的拿捏，以至于会出现上述残块的残泐填补中，字数明显多余其他行的情况。[1] 高登的文章出版后，学者对如何填补残泐部分才有了新的判断基础。

6. 小结

总结 19 世纪末铭刻学者对于铭刻研究所面对的若干挑战，首先便是铭刻资料的信度问题。虽然如游历各国、抄录铭刻的人士中，有如齐列古等对铭刻内容的正确性非常注重的例子，但若铭刻汇编者无法亲眼见到原件，确认抄录的内容是否真实、准确，那汇编成果的信度就无法保证。再来是铭刻复原的问题，而《涂礼雅悼词》的研究工作发展提供了一个经典案例。蒙森参考了手抄本、铭刻录文，以及铭刻原件后，一篇在两千年间不断受到切割、分解、再利用的铭刻终于再现，蒙森再根据雄厚的学术经验以及对拉丁语言的掌握为残泐处填补文句，并在新发现的残块验证下，显示与

---

[1] Erik Wistrand, *The So-Called Laudatio Turiae: Introduction, Text, Translation, Commentary*, p. 11.

原本文意相当接近。然而,填补残泐所需要考虑的可能性不止于已知的文意和语言表达套式而已,还需要考量铭刻的刻文所采用的字体大小、行字间距、刻文范围等参数,才能够建立起成功填补残泐的版面环境。也就是说,单纯将铭刻内容抽离,转写成为汇编印刷版本,虽然有益于铭刻类型、语言使用规则、时代或地理区域等分类和分析方法,对于古典学研究有各方面的帮助,但从视觉呈现法抽离后,也会造成若干的潜在问题,以下从手抄本的录文开始,讨论选编和编译这两种去视觉化的铭刻资料结集的行为,以及选编所延伸的若干问题。

二、从汇编,选编到汇集:实用性的代价

西方铭刻选编的行为可追溯至上古晚期,如《天下盛览》(*Expositio totius mundi et gentium*)、《罗马城珍奇》(*Mirabilia Urbis Romae*)等,但性质较接近于让基督徒朝圣者使用的旅游手册。加洛林时期的抄经院也有如《洛尔希寺院文书》(*Codex Laureshamense*)、《艾因西德伦文书》第 326 本(*Codex Einsidlensis 326*)等抄本,留下了一些 4 世纪左右仍然可见的铭刻。薄诺克对《艾因西德伦文书》这个现存最早的铭刻选编做了比较简单的介绍,提到这本集成的读者对象,似乎是对罗马有向往的基督教信徒,让他们能够透过铭刻想象城市市景的风貌。[1] 这种文类成为尔后人文主义与文艺复兴时期向往古代文明的文人复制的典范,而如《席诺里尼集粹》(*Sylloge Signoriliana*)以及巴裘临(Poggio Bracciolini)所写的《论命运多变》(*De Varietate Fortunae*)等,皆显示编者对罗马城的市景相当熟悉,其所抄录铭刻当为亲眼所见抄录而成。[2] 采取"亲眼看"为原则的可信度问题已在上一部分中用齐列古的例子讨论了。

---

[1] Marco Buonocore, "Epigraphic Research from its Inception: The Contribution of Manuscripts," in *Oxford Handbook of Roman Epigraphy*, p. 23.

[2] Marco Buonocore, "Epigraphic Research from its Inception: The Contribution of Manuscripts," in *Oxford Handbook of Roman Epigraphy*, pp. 27–28; Frances Muecke, "Humanists in the Roman Forum," in *Papers of the British School at Rome*, Vol. 71 (2003), pp. 207–211.

我们以《艾因西德伦文书》第 326 本第 72 页为例，再来讨论选编铭刻的一些特性与问题。此套文书已完全数位化，由弗里堡大学（University of Fribourg）的 e-codices.ch 平台提供开放权限给大众阅读使用，在此也附上影像，来讨论这个选编文本的一些特征和这类处理方法的一些问题。

1.《艾因西德伦文书》：选编的特性与问题

《艾因西德伦文书》作为旅游指引的价值，已有许多学者研究。根据文书中所附的行进路线叙述做了较为深入的分析，内容提到 12 条不同的行进路线，与近现代罗马城市动线有很大不同，是以对于了解罗马城在古代晚期到中世纪早期之间的城市市景研究价值甚高，且其所保存的许多铭刻，原件在现代已经没有留存，对于了解罗马城的古代建筑史、地景地标、城市规划等，具有相当重要的参考价值。[1] 在此讨论的重心，放在第一与第二个区块，将其录文与现存遗址可见的铭刻相互参照。

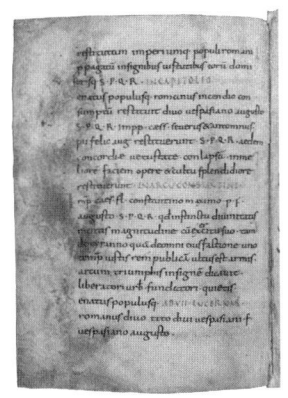

图 9 《艾因西德伦文书》[2]

上图中，可见红色大写字体表示铭刻出处，故此页第一个完整的区块，是录自卡比托利欧山丘区域（in Capitolio）的几座庙宇的建筑铭刻，内容包括元老院与人民重修大火烧毁的农神庙（senatus populusq[ue] romanus incendio consumptum restituit），元老院、人民、塞维鲁朝皇帝等重修维斯帕先神庙（diuo uespasiano augusto S.P.Q.R. Impp. Caess. severus Antoninus Pii felic. aug. restituerunt），以及元老院与人民重修因过于老旧而倾颓的和谐神庙（S.P.Q.R. aedem Concordiae vetustate conlapsam in meliorem faciem opere e cultu splendidiore restituerunt）等。这三则铭刻原件中，农神

---

[1] Gerold Walser, *Die Einsiedler Inschriftensammlung und der Pilgerführer durch Rom (Codex Einsidlensis 326)* (Stuttgart: Franz Steiner Verlag, 1987), pp. 159–162.

[2] Einsiedeln, Stiftsbibliothek, Codex 326(1076), f. 72v，图摘自 https://www.e-codices.ch/en/list/one/sbe/0326。

—— 古典与中世纪研究 ——

庙的留存较为完整,维斯帕先神庙上原先由多米提安所献的铭刻已经不见,后来由塞维鲁帝(Septimius Severus)的重修纪念铭刻仅有最后一字留存[1],而和谐神庙的铭刻已全然不见踪影了。若要研究这些建筑的建造、修缮、再造等过程,《艾因西德伦文书》的记录就是相当重要的证据。[2] 第二个区块抄录的是君士坦丁凯旋门上的铭刻。以下为从红色大写 I 开始之黑色小体录文转抄,其中缩写部分不还原,斜体括弧者为手抄本简写,并附上铭刻录文和原件照片参照。

图 10　君士坦丁凯旋门顶阁铭刻,原件照片为罗达托(Carole Raddato)摄[3]

录文最后多了一行字:致城市解放者(liberatori urb[is])、致和平奠基者(fundatori quietis)。从照片中可以清楚看到,顶阁铭刻止于 dicauit。读者若不熟悉君士坦丁凯旋门的情况,就可能会怀疑录文是否是抄写人多加的赞语,或凯旋门哪里还有这两小句话。答案是后者:抄写人将大门门道两侧的铭刻,与顶阁的铭刻录在一起了。由下图可见,这两句话其实有搭配对应的雕刻画像。

1　Susann Lusina, *Creating Severan Rome: The Architecture and Self-Image of L. Septimius Severus (A.D. 193-211)* (Bruxelles: Peeters, 2014), p. 242.
2　举例来说,Patrizio Pensabene, *Tempio di Saturni, architettura e decorazione* (Roma: De Luca, 1984), pp. 59-63,就从农神庙与和谐神庙在《艾因西德伦文书》中的铭刻,就 4 世纪城市行政官员任务分派与政府出资之工程如何用铭刻标记的传统做了比较详细的讨论。
3　照片摘自维基百科相关词条。

图 11　图拉真大浮雕，凯旋门中间通道部分，西侧有铭刻 LIBERATORI VRBIS（左），东侧有铭刻 FVNDATORI QVIETIS（右）[1]

右侧"和平奠基者"的铭刻搭配的是全副武装的皇帝由身后荣誉之神执权杖簇拥、左侧腾空的胜利女神加冕、右侧德行女神引路，搭配罗马骑兵冲杀的场景[2]，而左侧"城市解放者"铭刻搭配的则是皇帝率罗马军队飞骑砍杀大齐人（Daci）的形象[3]。这个皇帝头部受损相当严重，但根据雕刻构图元素与形象比对等，一般推测，原本的面貌是图拉真帝。[4] 罗马雕塑传统中，将雕塑完成品的面部再次加工，二次献礼的情况是常态，而瑟尔分析，就人物形象的描绘来看，雕画与图拉真柱的技法是相近的，但衬托大齐人风情的茅草屋建筑型态，则又与奥勒留柱的特点相当，三者之间能够存在关联性，当意味着图拉真时期征服型帝国偏好的叙事风格，不断为后续皇帝引用使然。[5] 学界一般将其与君士坦丁凯旋门另外风格相似的部件，以及巴黎和罗马所藏的部件组合起来看，推测这些浮雕共属于一幅约 36 米的大型浮雕巨作，称为"图拉真大

---

[1] 图摘自维基百科，THE ARCH OF CONSTANTINE，© Steve Kershaw。

[2] Anne-Marie Touati, *The Great Trajanic Frieze: The Study of a Monument and of the Mechanisms of Message Transmission in Roman Art* (Stockholm: Paul Aströms Förlag, 1987), pp. 14–15, Slab I. The adventus.

[3] Anne-Marie Touati, *The Great Trajanic Frieze. The Study of a Monument and of the Mechanisms of Message Transmission in Roman Art*, pp. 21–22, Slab V. The charging emperor.

[4] Anne-Marie Touati, *The Great Trajanic Frieze. The Study of a Monument and of the Mechanisms of Message Transmission in Roman Art*, p. 14, n. 9.

[5] E. Thill, "Setting War in Stone: Architectural Depictions on the column of Marcus Aurelius," in *AJA*, Vol. 122.2 (2018), pp. 298–305.

浮雕"（Il grande fregio di Traiano）。[1] 由于单靠艺术风格形象评断，没有铭刻记载证实，是以此浮雕中的皇帝究竟是谁，以及雕塑风格属于那个皇帝统治的时代，学界见解仍有歧异[2]，但可确定的是，这两幅雕画在君士坦丁时期经过了较为复杂的"挪用"（appropriation）过程[3]。不论如何，《艾因西德伦文书》的抄写者显然没有考虑到铭刻与雕画部件之间的关系，而成因或许很简单：抄写者并非亲眼见过君士坦丁凯旋门的样貌。

或许会有人认为，《艾因西德伦文书》两则铭刻虽然混在一起，也算是都录了，虽然有些瑕疵，但至少说明此文书并非毫无根据，其资料倒也可以利用，选编的目的既已方便。但是，除了将中央通道的铭刻与顶阁铭刻混在一起外，抄录者还完全忽略了这个凯旋门最关键的一组铭刻。这组铭刻位于镇住东西两个小侧门的一对圆形雕画上方。在北面为 VOTIS X VOTIS XX，在南面为 SIC X SIC XX。所谓 VOTIS X VOTIS XX，即 "与登基十年（decennalia）、登基二十年（vicennalia）之誓言一起献上（此门）"，而 SIC X SIC XX 则是 "十年之庆如是、二十年之庆亦如是" 之意。[4] 据狄奥·卡西乌斯（Dio Cassius）的说法[5]，奥古斯都时，元老院与人民投票授予他军权，并向他发誓效忠，此授权维持十年，待十年期满，又再授予他同样权力，随后各皇帝登基，权力之概念由此而来，到古代晚期，形式已颇为不同[6]：皇帝登基，就大办庆典，此时十年起算，子民得先发誓承诺效忠（uota suscepta），待十年到，曾发此誓者在大宴之际先表示坚守无悖，所发之誓已解（uota soluta），并再一次发誓效忠。

---

1 Anne-Marie Leander Touati, *The Great Trajanic Frieze: the Study of a Monument and of the Mechanisms of Message Transmission in Roman Art*; Ross Holloway, *Constantine and Rome* (New Haven: Yale University Press, 2004), p. 31; Anne-Marie Leander Touati, 1987; M. Pallotino, "Il grande fregio di Traiano," *in Bulletino Commissione archeologica comunale di Roma*, Vol. 66 (1938), pp. 17–56.

2 Steven Tuck, *A History of Roman Art* (Malden, MA: Wiley-Blackwell, 2015), p. 234.

3 D. Kinney, "Spolia. Damnatio and Renovatio Memoriae," in *Memoirs of the American Academy in Rome*, Vol. 42 (1997), pp. 136–137.

4 Raymond van Dam, *Remembering Constantine at the Milvian Bridge* (Cambridge: Cambridge University Press, 2011), p. 125.

5 相关文献叙述可参见 Dio Cass. 53.16.3; 57.24.1, 58.24.1。

6 SHA *Gall*. 7.4.

—— 简谈西方古典学铭刻研究的若干发展与挑战 ——

图12　君士坦丁凯旋门南面，作者摄

2. 汇编、选编、选译的资讯递减效应

与《艾因西德伦文书》相较之下，《拉丁铭刻汇编》条目不只是比较详尽地记述铭刻与载体之间的关系而已：虽然所录者仅有文字，但在版面设计上做出了相当清楚的区分，让参考者了解有几则铭刻，以及每则铭刻彼此之间的概略空间配置。条目开头就解释，以下铭刻皆出现在弗拉维朝竞技场附近的宏伟的君士坦丁凯旋门上，而每个铭刻上方都有斜体字说明刻文出现在凯旋门上的概略位置。这些视觉化的安排之外，还有比较详细的文献回顾，在此就可看到，有许多重要手抄本都收录了这些刻文内容。最后，编者还提供了对内文的简短评注，并指出雕像群是从另外一个图拉真凯旋门拆过来用的讯息（de anaglyphis arcus magnam partem detractis de arcu aliquo Traiani）。另外，《汇编》引了罗西（Giovanni Battista de Rossi）发在《基督教考古学通讯》（*Bulletino di archeologia Christiana*）期刊里的报告，来驳斥一些当时学界对于 instinctu diuinitatis 的新解读。罗西指出，若干学者主张，instinctu diuinitatis 似有凿平后重刻的痕迹，而被凿毁的字样当是"宙斯首肯"（nutu Iouis O[ptimi] M[aximi]），如此替换的原因，是君士坦丁公开他的基督教信仰后，想要将"宙斯首肯"这个异教说法给抹去，替换成一个基督教的说法。[1] 罗西开头就写他两次登上凯旋门，对南北两面铭刻做了仔细的

1　Antonio Nibby, *Roma nell'anno mdcccxxxviii descritta da Antonio Nibby: Patre Prima. Antica* (Roma: Tipografia delle belle arti, 1838), p. 447.

勘查，并与其他一起上凯旋门的人也做了同样的观察。南面受损不严重，在场所有人都没有发现任何重刻的痕迹，但考虑了南北两面的铭刻受损情况不同，所以针对北面受损较严重的铭刻做了比较仔细的勘查与研究，但也没有发现任何重刻的情况。[1]《汇编》能将19世纪60年代最新的考古成果纳入条目的资讯之中，也显示其注释的学术参考价值有相当高的水平，特别像罗西所出版的考古报告，是对研究主体有相当仔细、多方位的考虑，对现代学术研究工作也维持相当重要的参考价值。[2]

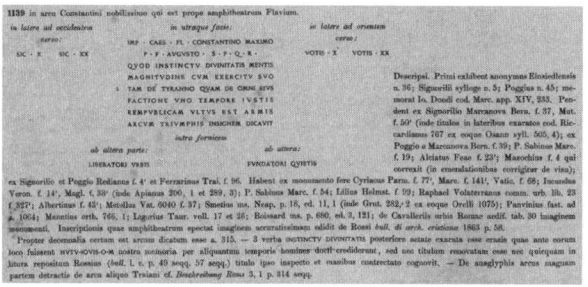

图13 《拉丁铭刻汇编》6.1139

现在把此条目与德梭（Hermannus Dessau）的《选编》来比较。《选编》虽是精简产品，但比较著名的是德梭的《拉丁铭刻选编》(Inscriptiones Latinae Selectae, 1892-1916)、狄藤伯（Wilhelm Dittenberger）的《东部希腊铭刻选编》(Orientis Graeci Inscriptiones Selectae, 1903-1905)与《希腊铭刻荟萃》(Sylloge Inscriptionum Graecarum, 1883-1920)，在资讯量上都不含糊。这些选集将浩瀚的汇编成果中，对古典学研究最重要的铭刻刻文结集在一起，让学界能够不用依靠体积庞大、价格昂贵、册数繁杂的《拉丁铭刻汇编》以及《希腊铭刻》，就能够参考到重要铭刻的内容以及学界增补的关键评注。

---

1 Giovanni Battista de Rossi, "L'iscrizione dell'arco trionfale di Costantino," in *Bullettino di archeologia Cristiana*, Vol. 8 (1863), p. 57.

2 Elizabeth Marlowe, "Framing the Sun: the Arch of Constantine and the Roman Cityscape," in *The Art Bulletin*, Vol. 88.2 (2006), p. 236, n. 81，认为罗西将 instinctu diuinitatis 解读为一种罗马元老院当局非常精密的语言计算，既对君士坦丁的新神主表示了尊重，又不让非基督教信徒的元老院和罗马人民感到受到冒犯的看法，相当值得参考。

从下图可见，《拉丁铭刻选编》的条目在录文内容上，与《汇编》相同，且排版虽有不同，但将空间配置问题考虑进去的核心方法是相同的。《拉丁铭刻选编》694 这条目甚至对于不同区域的铭刻在空间关系上做了比较细致的考虑：铭刻面积最大的献词位置上，接续为中央通道内的铭刻，最后为献词。条目的解释虽然完全省略了文献回顾，雕像群为从另外一个图拉真凯旋门拆下来的讯息也删去，但是就一些较关键性的诠释问题，如上文提到的 instinctu diuinitatis 等，皆大体相同。

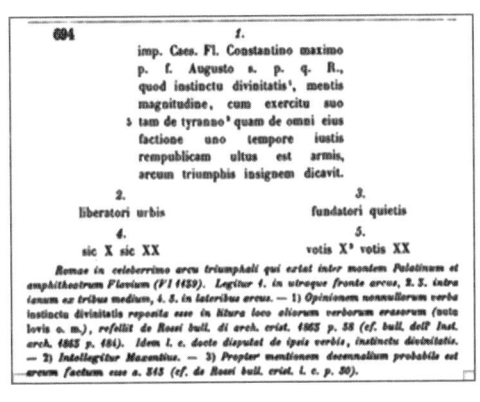

图 14 《拉丁铭刻选编》694

总结比较 9 世纪、19 世纪末、20 世纪初等三笔相同铭刻系列的条目，最大的差别还是编辑者有没有"亲眼看"到铭刻的情况。《艾因西德伦文书》的抄写者或许没有这个条件，而《汇编》与《选编》都尽可能做到与原件相符的功夫，甚至还用版面配置将铭刻的空间关系简单地视觉化了。这种编辑方法除了对读者有相当大的益处外，对于编者也增加了一层资料检核的保障。

资料检核这层保障，是相当重要的。因为连网路相当发达、搜寻即有图片的时代，学界对君士坦丁凯旋门上的铭刻究竟有几则，各则之间的关系为何，都有可能出现比较不理想的处理方法。如李依的《古代晚期异教徒与基督徒资料汇集》中，似是采用了如《艾因西德伦文书》的录文，将城市解放者、自由奠基者并入，而不录十年、二十年庆的版本，而这竟然是在参考了《拉丁铭文汇编》第六册以及《拉丁铭文选编》

这两个条目的情况之下所做的选择。[1] 若李依在条目说明中有解释他收录与不录的原则，并为读者解释十年、二十年庆的铭刻在定年问题上所提供的证据基础，如此处理无可厚非，但作为资料选集，而无法提供读者关于这个条目较为完善的资讯，在编辑方法上就较不理想了。

> 4.3 Constantine's arch in Rome: *CIL* 6.1139 (= *ILS* 694)
>
> This dedication of the famous arch erected in Rome *c.* 315 to commemorate Constantine's defeat of Maxentius in 312 is chiefly of interest here for the studied ambiguity of its language concerning 'divinity', acceptable both to a Constantine who has begun to embrace Christianity and to a pagan senate (for the likely classical resonances of the phrase *instinctu diuinitatis*, see Hall 1998). Similarly, the representations of Constantine's soldiers on the reliefs adorning the arch do not show them bearing shields with any sort of Christian symbol (Lane Fox 1986: 620).
>
> To the emperor Caesar Flavius Constantine the greatest, dutiful and blessed, Augustus, the Senate and people of Rome dedicated this arch, distinguished by [representations of] his victories, because, by the inspiration of divinity and by greatness of mind (*instinctu diuinitatis mentis magnitudine*), with his army he avenged the state with righteous arms against both the tyrant and all of his faction at one and the same time. To the liberator of the city, and the establisher of peace.

图 15 李依对君士坦丁凯旋门上铭刻的翻译与呈现方式 [2]

或许会有意见认为，君士坦丁凯旋门的顶阁铭刻才是诠释此纪念建筑的核心证据，对于其他条目的录与不录做太多讨论，仅是吹毛求疵，走上马费的路子。若是将铭刻视为文献资料的补充，那确实是另外一种考虑方式。以上图中李依提供的参考文献为例，郝尔将顶阁铭刻与中央通道铭刻合并起来，视为四个重要"当代见证文献"（four key ancient witnesses），可用来深入探究 instinctu diuinitatis 如此特殊的说法所隐含的历史意义。[3] 郝尔全文在这个论证框架下的讨论，对于铭刻与凯旋门之间的关系是没有考虑的，焦点是放在 instinctu diuinitatis 是否可以放在罗马文献传统中解释，而答案是肯定的：郝尔认为，从西塞罗开始，罗马文人对于至高无上神的概念就已经存在，而 instinctu diuinitatis 所代表的概念是对于异教徒以及基督徒都可以接受的通

---

1 A. D. Lee, *Pagans and Christians in Late Antiquity: A Sourcebook* (New York: Routledge, 2000), p. 83.
2 截图来自 A. D. Lee, *Pagans and Christians in Late Antiquity: A Sourcebook*, p. 83。
3 Linda Hall, "Cicero's instinctu divino and Constantine's instinctu divinitatis: The Evidence of the Arch of Constantine for the Senatorial View of the 'Vision' of Constantine," in *Journal of Early Christian Studies*, Vol. 6. 4 (1998), p. 650.

用词汇，元老院成员也就透过这种模糊语言的使用，参与了君士坦丁解放城市、奠定和平的功业。[1] 如此解释是完全可以接受的：解放城市、奠定和平的铭刻出现在凯旋门的任何地方，都可以视为是元老院属意要出现的装饰性元素，而在这个以考察铭文与历史文献有无互文关系的研究中，十年、二十年庆的铭刻，略过不谈，也是可以理解的。但是，郝尔的文章毕竟不是资料汇集，但李依的却是；既然出发点不同，读者对这两种出版物的期待也应该不同。

3. 铭刻的物件性与视觉诠释

那使用李依选译的资料究竟有何风险？若将铭刻等同于文献的角度抽离出来，将铭刻视为物件，或能较清楚解释。在君士坦丁之前，目前已知的凯旋门中，没有一座是以内战胜利作为庆祝主题的。[2] 但顶阁铭刻中铲除暴君与同党等，毫无疑问是指君士坦丁击败马克森提乌斯（Maxentius）的内战斗争。这是相当特殊的转变。以也是从内战斗争中胜出的塞维鲁为例，他的凯旋门铭刻中，点缀了大量征服外族后获得元老院敕封的封号，对内战只字不提，将塞维鲁剿灭佩斯切尼乌斯·奈哲尔（Piscennius Niger）势力的惨烈不堪完全掩盖了起来，而凯旋门上的雕塑组合与铭刻呈现相当一致的讯息，就是征服外族人才是凯旋胜利的定义。[3] 反观君士坦丁凯旋门上，米尔维安大桥战役中的战争场景，却狰狞地刻在君士坦丁凯旋门上头。可以说，凯旋门在君士坦丁时代转变成了给斗争胜利者的祭礼。[4] 在这个解读下，于中央通道刻的城市解放者、和平奠基者等称号，谄媚至极，政治讯号似乎是臣服而已，格调不高。但这正是将中央通道的铭刻与顶阁的铭刻合起来看的风险，因为铭刻的物件性和视觉效果所能传达的讯息，就因为传录、汇编、选编、选译的资讯递减过程，而逐渐消匿。

---

1 Linda Hall, "Cicero's instinctu divino and Constantine's instinctu divinitatis: The Evidence of the Arch of Constantine for the Senatorial View of the 'Vision' of Constantine," pp. 669–671.

2 Richard Brilliant, *The Arch of Septimius Severus in the Roman Forum* (Rome: American Academy in Rome, 1967), p. 94.

3 Hans L'Orange, *Der Spätantike Bildschmuck des Konstantinsbogens* (Berlin: De Gruyter, 1939), pp. 134–136; Richard Brilliant, *The Arch of Septimius Severus in the Roman Forum*, pp. 91–95.

4 Hans L'Orange, *Der Spätantike Bildschmuck des Konstantinsbogens*, p. 135.

虽然君士坦丁凯旋门的铭刻以及历史浮雕对内战并不避讳，但整座凯旋门采取所谓的"掠夺呈现"（spoliation）设计法，将帝国中期不同君主的建筑上的雕刻艺术拼贴起来，所要呈现的讯息并不单纯。[1] 这个拼贴艺术最大的特点之一，就是用比君士坦丁的内战浮雕还要来得大而显眼的图像。克拉克认为，从当代观者的角度，虽然眼光会先看到那些大片的雕画，但这些历史雕画的吸引力是比不过这个窄小带状雕画的：其中人物穿着与形象是 4 世纪的形态，观者较为熟悉，且其中君士坦丁的胜利才是能够引起大众回想的图像叙事，也是这个带状区才能让一般的观者解读凯旋门上其他雕画的钥匙。[2]

侯楼待则解读，可能君士坦丁于罗马城外战胜政敌马克森提乌斯时，凯旋门主体已经兴建一半，而所剩可以歌颂君士坦丁凯旋的部分，仅剩下这个窄小的带状区来叙述君士坦丁的功业。[3] 两人利用图像空间面积配置比例所做出的不同诠释，就显现出凯旋门在设计上引人遐想的特性。若回到上文已简单介绍了中央通道里头两幅皇帝与罗马大军砍杀大齐人的图拉真大浮雕，涂艾悌（Anne-Marie Leander Touati）就显得相当谨慎：若考虑和平奠基者这个称谓在塞维鲁朝的钱币上就已经出现，如何确定这两句话指涉的是君士坦丁，而不是君士坦丁之前的皇帝？[4] 就算指的是君士坦丁，这

---

1 Steven Tuck, *A History of Roman Ar.* (Malden, MA: Wiley-Blackwell, 2015), p. 342; Jas Elsner, "From the culture of Spolia to the Cult of Relics: The Arch of Constantine and the Genesis of Late Antique Forms," in *Papers of the British School at Rome*, Vol. 68 (2000), p. 158.

2 John Clarke, *Art in the Lives of Ordinary Romans: Visual Representation and Non-Elite Viewers in Italy, 100 B.C. – A.D. 315* (Berkeley: University of California Press, 2003), pp. 59–65.

3 Ross Holloway, *Constantine and Rome* (New Haven: Yale University Press, 2004), pp. 36–53. 君士坦丁凯旋门落成时间相对确定，但何时兴建就是个相当复杂的定年问题，需仰赖考古与艺术元素分析。Frothingham 于 1912 至 1915 年间一系列文章中，提出君士坦丁凯旋门或许于多米提安年间就开始打地基兴建凯旋门。此后定年问题获得相当密集的关注，反对此论的重要著作如 Armin Gerkan, "Entstehung und Datierung des Bogens," in *Der Spätantike Bildschmuck des Konstantinsbogens*, eds. Hans L'Orange, Armin Gerkan (Berlin: De Gruyter, 1939), pp. 26–29, 另最近 Sabina Zeggio, "La realizzazione delle fondazioni," in *Arco di Costantino tra archeologia e archeometria*, eds. Patrizio Pensabene, Clementina Panell (Roma: "L'Erma" di Bretschneider, 1999), pp. 117–138 总结了 1986 至 1994 年间罗马考古单位就凯旋门南边弗拉维朝所建的锥形涌泉（Meta Sudans）区域做了一系列考古勘探工作。已探测区域的弗拉维时期地表层充满了比较复杂地面与地下设施等，若有个与这些设施同时期、又在其上的凯旋门，有些困难，需要更详细的调查才能较好断定。

4 Anne-Marie Leander Touati, *The Great Trajanic Frieze: the Study of a Monument and of the Mechanisms of Message Transmission in Roman Art*, p. 27.

两句话搭配的图像不是顶阁铭刻所提到的铲除罗马暴君,而是平定北边外患,就意念上是不连贯的,如何解释?我们或可推论:既然城市解放者、和平奠基者的铭刻是与征服外族人的视觉元素置于同一个空间之中,而不是与顶阁铭刻的内战陈述放在一起,那这两则铭刻要沟通的讯息是不同的,必须得分开诠释。

郭碧尔分析,市景中如叙事刻文、指示标牌、碎语涂鸦(graffiti)等不同类型的文字呈现,是要让行人揣摩其传达的意念,而精心设计的[1],且罗马社群中普遍存在的"弱识字力"现象,即一个普通人能够认识与同化简单文字所传达的内容,仅够写一些常见的、但不见得了解或能够使用的字词,凭借记忆力所建立起的简单词汇或词义关联(如可以于文字游戏或双关语中修改或替换的单元),若要进行有意义的文字宣传,必须得在口语和书写单元上维持紧密联系,才较有可能达到宣传的意义。[2] 从这个角度看,凯旋门顶阁上宣传君士坦丁除暴君,又混搭大齐人武士俘虏和若干传统仪式雕画,其对一般大众的宣传力,又如何会大过在中央通道头杀外族人、标记为人人皆可认得的城市解放者、和平奠基者的标记?[3] 或可推论,设计者希望宣传的对象有不同层次,且观者站在不同位置时,会对君士坦丁会产生不同的联想。更甚者,若也考虑顶阁的观众群,那这座凯旋门利用语言与图像的空间配置所传达的讯息,层次又更加丰富了:君士坦丁战胜的不是异己,因为暴君与异族无异。而下这个结论的是谁?

艾斯那(Jas Elsner)指出,从顶阁的铭刻来看,叙事者不是君士坦丁,而是元老院;不是一位君主想要用个纪念性建筑物来正当化为自己的行为,而是一群罗马精英希望君士坦丁能够成为他们心中期待的君主典范:在被君士坦丁击溃前,马克森提乌斯在罗马广场东边推动了一系列的大型建设计划,而君士坦丁凯旋门选址的位置恰

---

[1] Mireille Corbier, "Writing in Roman Public Space," in *Written Space in the Latin West, 200 BC to AD 300*, eds. Gareth Sears et al. (London: Bloomsbury, 2013), pp. 19–21.

[2] Mireille Corbier, "Writing in Roman Public Space," pp. 38–39.

[3] 顶阁南北面的八面雕画的来历问题,目前学界看法是来自庆祝奥勒留帝征服日耳曼人与撒尔马提人所建的凯旋门。参见 Lawrence Richardson, *A New Topographical Dictionary of Ancient Rome* (Baltimore: Johns Hopkins University Press, 1992), pp. 24–25。

好是在这些大型建设计划的终点位置，绝非巧合，当是希望君士坦丁循前人榜样，继续为罗马的建设投注支持。[1] 范丹分析，君士坦丁凯旋门的各种雕刻部件，应当是来自罗马为了因应赫卢利人（Heruli）而运用各种建筑所盖起的城墙，由设计者从中仔细挑了许多描绘 2 世纪贤君的图像材料组合而成，目的就是要邀请当时已经将君士坦丁堡视为首都的皇帝重回罗马过去的权力中心，并提醒他要效法各种尊重罗马元老院与罗马人民的贤帝的公开表述。[2] 同时，顶阁呈现的语言与图像，谨慎地将基督教的元素引入了一些，将异教的元素排除一些，希望能与君士坦丁达成一种在权力分配、意识形态、宗教信仰等不同面向上的巧妙妥协。[3] 简单来说，君士坦丁凯旋门应当视为是相当高明的权力协商产物，所以将其铭刻的空间配置模糊化，有制造误读的风险。

综合以上，汇编、选编、汇集代表了一种朝向方便性取向前进的出版趋势。汇编的出发点就是尽可能把已知的类型铭刻集合在一起，方便学者了解大盘趋势。选编则是将精华挑出，学者可以较方便地掌握对于研究工作较为重要的条目。汇集则提供了如主题性、逐文翻译等更进一步的方便性。

选择使用何种铭刻资料出版物，或多或少就反映出了不同类型的研究者倾向采取的不同路线。有些将铭刻视为文物与物件的研究者，会对于铭刻的每个部分、每个载体、每种设计安排，都视为是能够提供重要讯息的资料。历史研究者则视铭刻的文字为唯一重要资讯，且散在载体不同位置的文字，可以因为假设生成因素为同一个因素，而将不同区域的文字放在一起分析，或做些选择，仅讨论部分。这个观察或可为第二部分做个小结。《选编》所服务的对象与期待的读者，与《汇编》已稍有不同，是对于铭刻作为文字的兴趣大，而对铭刻作为文物的特性就有取舍，其中隐含了"铭刻是文件"这个劳费尔强调的逻辑。值得注意的是，古典学界对于铭刻的理

---

[1] Mark Humphries, "Emperors, Usurpers, and the City of Rome: Performing Power from Diocletian to Theodosius," in *Contested Monarchy: Integrating the Roman Empire in the Fourth Century AD*, ed. Johannes Wienand (Oxford: Oxford University Press, 2015), p. 157.

[2] Raymond van Dam, *Remembering Constantine at the Milvian Bridge*, pp. 126–129.

[3] *Ibid.*, pp. 130–133.

解和研究方向，反而是朝向将铭刻视为文物的路线前进。以下在第三部分叙述这个发展。

三、分析：朝铭刻文化研究发展

考察新一代的铭刻学研究书籍，可看到学界开始从强烈技术导向的铭刻学传统，朝较复杂的量化、视觉艺术、文化诠释等分析研究转移。伍德海的《希腊铭刻研究》是将铭刻与美学这两个议题放在一起讨论的铭刻学手册中的经典。他在第八章"希腊艺术史中的铭刻"开头就写，虽然学界鲜有将铭刻放在希腊艺术发展脉络中考虑的铭刻学者或艺术史学者，但是铭刻一直是与建筑和雕塑息息相关，且字母与排版若执行得当，自然会有一种简单、优雅、规律的美感。[1] 这种美感的发展过程与希腊雕塑艺术的发展过程有许多概念上的相似之处，可以用相同的词汇和分期概念来形容不同时期的铭刻风格。[2]

中世纪有许多教堂在选材上就反映出文字形象本身所具备的装饰价值。以一间由中世纪重要翻译家莫尔贝克人威廉所盖的教堂为例，这间教堂在建材的选择上品味十分特别，不仅挑了许多特殊陶釉工艺特色的器皿点缀教堂四周，还搜集了不少雕有古典时期和罗马时期元素的石碑作为建材，而最特别的则是选了两块刻工不俗且具有浓厚历史隐喻的拉丁铭文和希腊铭文的石碑，安装在西面入口与北墙上方。[3] 桑德斯分析，这个视觉元素丰富的建筑体里，铭刻所扮演的角色不只是提点参访者，让他们领悟到建筑设计者的高文化水平而已，还是莫尔贝克人威廉为了他的托马斯主义学派

---

1 A. Woodhead, *The Study of Greek Inscriptions*, p. 86.
2 *Ibid.*, pp. 88–92.
3 G. Sanders, "William of Moerbeke's Church at Merbaka: The Use of Ancient Spolia to Make Personal and Political Statements," in *Hesperia*, Vol. 84.3 (2015), pp. 601–604.

（Thomism）竖立一个亲近希腊古典文化与知识传统的视觉典范。[1] 姑且不论是否接受桑德斯的诠释，他所采取的分析方法，是将古代铭刻的视觉价值当作是与陶釉工艺、雕刻艺术、建筑美学等视为可以类比分析的材料，而这种发展在古典学学界已逐渐成为常态。[2]

此外，顾理的《剑桥拉丁铭刻手册》就有一个小节，讨论铭刻在艺术品中所扮演的角色，值得注意。[3] 在这个小节中，顾理在谈涂鸦现象与视觉分析时，也提到了铭刻学的另外一个非常重要的发展，就是所谓的"铭刻习惯"（epigraphic habit）以"及对观众的感知"（sense of audience）这两个概念。[4] 从艺术家的签名，到艺术作品中人物的人格身份、所说的话语，从图画装饰到文字涂鸦，文字对于观者视觉上和思维上的刺激都可视为是铭刻学研究中值得延伸进行的分析工作。较吊诡的是，这两个概念的来源其实是两篇非常重要的铭刻量化分析专论所产生的。以下就讨论量化研究为何会与观众感知、铭刻习惯、视觉分析形成一套新的铭刻学研究套路。

量化研究是目前影响比较显著的分析方法之一，也与铭刻汇编工作所引发的效应有绝对关系。根据估计，已收录的希腊与罗马铭刻达到了六十万条目，且种类繁多，在质量与数量上皆已达到可以弥补亡佚的古代档案，平衡书写文献观点偏见的价值。[5] 问量化研究的成果究竟具有什么样子的解释力？这个问题可从莫哲克的《关于罗马帝

---

[1] G. Sanders, "William of Moerbeke's Church at Merbaka: The Use of Ancient Spolia to Make Personal and Political Statements," pp. 607-608.

[2] 如用视觉角度解读在彩陶器上的刻文讯息对艺术分析的重要性，可参见 Dimitrios Yatomanolakis, "Art and Epigraphy: Ancient Greek Vase-Inscriptions," in *Epigraphy of Art, Ancient Greek Vase-Inscriptions and Vase-Paintings*, ed. Dimitrois Yatromanolakis (Oxford: Archaeopress Archaeology, 2016), pp. xi-xiii, 以及同本论文集中讨论科林斯与雅典彩陶上的刻文设计如何配搭歌舞形象产生视觉意义的 Tyler Jo Smith, "Instant Messaging: Dance, Text, and Visual Communication on Archaic Corinthian and Athenian Vases," pp. 145-163。另有 Sara Chiarini, *The So-Called Nonsense Inscriptions on Ancient Greek Vases: Between Paideia and Paidiá* (Leiden: Brill, 2018), pp. 187-215, 讨论雅典彩陶上常常出现不成字的"乱语"（nonsense）来诠释图像中如声音、外族语言、神谕等复杂知觉再现。

[3] Alison Cooley, *The Cambridge Manual of Latin Epigraphy* (Cambridge: Cambridge University Press, 2012), pp. 104-116.

[4] *Ibid.*, pp. 112-113.

[5] F. Lloris, "The 'Epigraphic Habit' in the Roman World," in *The Oxford Handbook of Roman Epigraphy*, p. 135.

国盛期铭刻时代分布》一文来看。他问：学界对于罗马帝国时期铭刻的时代分布是集中于2至3世纪间，这个印象要如何检验，而检验结果又代表什么意义。他整理了当时学界重要铭刻著作中可精确或概略定年在特定皇帝统治年间生产的铭刻刻文，再根据这2892笔资料，计算每个皇帝统治期间一年的铭刻生产量，所得结果是铭刻以1世纪最少，2世纪下半叶到3世纪初最集中、年产量最高，但就突然往下降，在五十年间降到1世纪水准。[1] 可是这个规律的历史意义为何？莫哲克认为，若仔细看使用铭刻者的社会分层，可发现2世纪间，帝国各地使用铭刻似乎不论阶级，成为"一种铭刻的习惯"（la coutume de dresser les inscriptions）[2]，而3世纪初到中叶间，私人建设、基金设立、金钱往来、解放奴或城市管理相关的铭刻减少得最明显，到了3世纪中叶以后，帝国行政人员、军人、宗教人士等使用铭刻的情况相对出现最频繁，所以莫哲克认为，这个量化研究的结果应该与3世纪中叶以后政治、社会、经济动荡有直接关系，导致中下阶层停止了生产铭刻的行为。[3]

麦穆伦于1982年所发表的《罗马帝国铭刻习惯》则提出了不同看法。麦穆伦将包括莫哲克在内的几位学者的量化成果，用来考虑拉丁铭刻集中于特定时期的意义。他指出，传统铭刻分类的动机其实是要将不同的铭刻意图区分开来，所以有纪念往生者的、有献祭的、有赞颂功德的、有政府要下命令的铭刻，都是要纪念人的行为所刻的[4]，而这些起心动念往往与一个人是不是识字有关：人可以识字而不纪念，而不识字的也可以起这个纪念的念头，或起这个念头但用另外的媒介、载体、方式执行[5]。当一大部分铭刻是非常简单的墓碑，只是记载一个人的名字和活的概略岁数这种纪念内容相当贫乏的刻文，而这类刻文产生的频率又与所有其他类刻文产生的频率一样的时

---

1 Stanislaw Morzek, "À propos de la répartition chronologique des inscriptions latines dans le Haut-Empire," in *Epigraphica*, Vol. 35 (1973), pp. 114–117.

2 Stanislaw Morzek, "À propos de la répartition chronologique des inscriptions latines dans le Haut-Empire," p. 116.

3 Stanislaw Morzek, "À propos de la répartition chronologique des inscriptions latines dans le Haut-Empire," p. 118.

4 Ramsay MacMullen, "The Epigraphic Habit in the Roman Empire," in *American Journal of Philology*, Vol. 103.3 (1982), pp. 233–234.

5 Ramsay MacMullen, "The Epigraphic Habit in the Roman Empire," pp. 237–238.

候，若是要采取莫哲克最后的解释方法，将统计分析结果与文献中已知的特定政治、社会、经济等事件或现象，硬是联结在一起，则大可不必。[1] 若接受莫哲克将这种铭刻行为视为铭刻习惯的说法，或视为一种罗马化（Romanization）的文化风潮所附带的现象，倒也在情理之内，但最好是将这个现象单纯理解为一种对于他们自己世界、他们的听众会持续存在下去的感知。[2] 虽后来有如梅尔者，仍希望将铭刻习惯的兴盛及衰退与历史事件联结，遂提出 212 年卡拉卡拉帝（Caracalla）赋予帝国内所有人公民权，使得利用铭刻宣传自家身份地位、以确保家族延续的功能开始式微的说法[3]，但是麦穆伦已让学界看到，在若干情况下，若量化研究从硬性解释退一步，反而可以释放出更有意义的诠释空间。

3 世纪中晚期铭刻类型、形制、风格为何会与 3 世纪前有如此大的差异，若单纯用政治事件来解释，是比较困难的。沃夫认为，若从文化行为下手，考虑罗马文化中用文字纪念的"铭刻冲动"（epigraphic impulse）从何而来，或许另有蹊径。[4] 他分析，铭刻行为不只是纪念而已，还是昭示，而罗马文化下的人们对于自己活在一个公领域社会之中、对于他们的人格是建立在公共认同的尊严、评价、荣誉、名声之上，是有很深刻的体认的。[5] 铭刻所具有的程式性、规范性，可以将人的社会人格形塑成社会可接受的但又具有若干独立特质的范式，来解决帝国的稳定环境下，政治、社会、经济、文化生活方式不断复杂化，人的垂直与水平移动动能不断增加、扩张的现象，而铭刻冲动在 3 世纪中晚期衰退的情况，则可归咎于罗马文化甚至新兴的基督教文化对于同样的需求发展出了新的表述方式。[6] 近来学界积极开发这个视野所带来的新诠释路线，将古代晚期铭刻看似较为凌乱、缺乏古典美感的刻字符，以及在若干区域的铭刻中采用诗文对句

1　Ramsay MacMullen, "The Epigraphic Habit in the Roman Empire," pp. 239–244.

2　*Ibid.*, p. 246.

3　Elizabeth Meyer, "Explaining the Epigraphic Habit in the Roman Empire: The Evidence of Epitaphs," in *JRS*, Vol. 80 (1990), pp. 95–96.

4　Greg Woolf, "Monumental Writing and the Expansion of Roman Society in the Early Empire," in *JRS*, Vol. 86 (1996), pp. 25–29.

5　*Ibid.*, p. 32.

6　*Ibid.*, pp. 32–39.

作为铭刻内容的比例明显增加，视为是地域性认同或新式美感的刻意选择等。[1] 文字如上文讨论君士坦丁凯旋门上，再利用掠夺呈现、挪用等策略所呈现的铭刻与视觉艺术混搭成果，或许就可以作为这种铭刻文化改变下的另一种表述方式。古代观者如何理解、诠释他们所看到的铭刻，也发展成为另外一种相当具吸引力的研究套路。

结　论

本文从汇编、选编、铭刻文化三个主题，来看铭刻研究传统和未来发展。铭刻学传统从中世纪开始积累能量，透过辑录、描绘、传抄等途径，将许多铭刻保留了下来。虽然在铭刻原件已然不见的情况下，难以判断何者可信，但若干优秀的记录者所传下来的资料显示，许多中世纪的好古人士对于精确保存铭刻内容是有执着的。现代铭刻学研究者回顾他们的成果时，往往会发现如齐列古等人提供的资料是存在一定信度的。然而，若要揭发杜撰造假，或发现错误辨识等，最好的方法就是采取蒙森"亲眼看"的策略。这个策略的另外一种执行方法，是采用机械印制法的方式制造传真印本，而蒙森等人推动的《拉丁铭文汇编》就全面采用这种印制法，其成果也就达到学界比较认可的信度。汇编法处理铭刻所造成的效应，就是学者开始使用精简化的选编本，以快速、方便地获得重要铭刻的资讯。然而，选编的品质就与汇编不同了，除了篇幅较小，所以限制了可以提供的资讯外，还有选编者本身的能力问题。近年来，一些学者编辑的资料选译，不仅不再录拉丁文或希腊文，仅直接提供翻译，甚至其所翻译的内容还会与铭刻内容有出入，是以学者在使用这类参考书籍时，较有可能产生误引或错误，是需要避免的。

分析研究方法上，西方铭刻学界采用的归纳与演绎并行的策略，产生了为数可观

---

[1] Erkki Sironen, "The Epigram Habit in Late Antique Greece," in *The Epigraphic Cultures of Late Antiquity*, eds. Katharina Bolle et al. (Stuttgart: Franz Steiner Verlag, 2017), pp. 449–472.

的辩证系统，对于关键问题不断做出多种尝试，形成非常成熟且多元的研究氛围，是一种能量庞大且具有前瞻性的学术传统。在这种不断侦错、检验、挑战、创新的驱动机制下，铭刻学界将大型汇编计划的成果做出了比较有效的提炼，这也直接形成了从20世纪70年代开始的量化与文化研究综合的研究趋势。[1]本文最后的结论是，上古地中海世界的铭刻研究已经朝向追求综合文字、文书、文物三者的研究方法前进，对于铭刻研究的定义以及可以分析的资料范围，已与19世纪末形成了相当大的不同。虽然如此，新的电子资料库对地理、图像、版本等资料的提供，反映出了从蒙森以来对于资料采集严谨度和资料正确性的坚持[2]，而伴随科技发展与三维数据采集与分析方法的成本不断降低[3]，不仅反映"亲眼见"的采集收录理论核心仍然延续，也代表数位化铭刻学的助力下，多角度分析单则或多则铭刻条目的方法又会有新的增长。西方铭刻学的多角度、多层次、多领域成长形态，值得中国学界长期观察。

（本文作者为北京大学历史学系助理教授）

---

[1] John Davies, "Rhodes Forward: Meditations on the Progress of a Discipline," in *Greek History and Epigraphy. Essays in Honour of P.J. Rhodes*, eds. Lynette Mitchell and Lene Rubinstein (Swansea: the Classical Press of Wales, 2009), pp. 268–272.

[2] 就铭刻数位化所面临的一些经费、资料库营运、维护与数据开放性等问题，可参见 Roger Bagnall, Sebastian Heath, "Roman Studies and Digital Resources," in *JRS*, Vol. 108 (2018), pp. 177-178，相当重要的一部论文集是 Silvia Orlandi et al., eds., *Digital and Traditional Epigraphy in Context: Proceedings of the EAGLE 2016 International Conference* (Roma: Sapienza Università Editrice, 2017); 另外可参见 Silvio Panciera, "Epigraphy and Informatics. An Introduction," in *Proceedings of the British Academy*, Vol. 177 (2012), pp. 271-273; John Bodel, "Latin Epigraphy and the IT Revolution," in *Proceedings of the British Academy*, Vol. 177 (2012), pp. 275-296。

[3] Heather Parker and Christopher Rollston, "Teaching Epigraphy in the Digital Age," in *Ancient Manuscripts in Digital Culture: Visualisation, Data Mining, communication*, eds. David Hamidovic et al. (Leiden: Brill, 2019), pp. 195–200.

攫取世俗权力还是道德改革

英美史学界对"叙任权之争"及教会改革认识的转变

李振宇

1958年,英国学者诺曼·坎托在他的著作《英格兰的教会、王权与世俗授职,1089—1135》中,用他一贯略带夸张的文风写道:"西方历史的一大特点在于,其命运是由四次世界革命塑造的……有三次广为人知的革命发生在现代,它们是16世纪的新教革命、18世纪的自由革命和20世纪的共产主义革命。叙任权之争,则是西方历史上首次世界革命。"[1] 这段评价虽然没有被现代学者们普遍认同,但是,它毫不夸张地表明了"叙任权之争"在历史研究,或至少是在现代中世纪史研究中举足轻重的地位。"叙任权之争"研究的领军人物之一、德国学者格尔德·特伦巴赫认为,这场变革是"中世纪史承前启后的转折点"[2]。在"叙任权之争",以及与之息息相关的、开始于11世纪中叶的教会改革中,基督教欧洲首次出现了对教会与世俗国家、教权与世俗权力之间关系的大规模争论。这场争论不仅为现代历史学界贡献了丰富的史料和研究问题,也在某种程度上被现代历史学界继承了下来。其中,对教会改革世俗性或精神性的认定,以及教会改革者对世俗事务和精神事务的处置的正当性的认定,一直是学者们讨论的重点问题。本文试以一些具有代表性的英语史学研究成果为主要考察对

---

1 Norman F. Cantor, *Church, Kingship, and Lay Investiture in England, 1089-1135* (Princeton, NJ: Princeton University Press, 1958), p. 6.

2 Gerd Tellenbach, *Church, State and Christian Society at the Time of the Investiture Contest*, trans. R. F. Bennett (Oxford: Basil Blackwell, 1948), p. 162.

象,梳理现代史家针对"叙任权之争"和教会改革的观点交锋和认识转变。

一、反国家或反世俗:教会改革性质之辩

许多重大的历史事件都有一个共同的特点:其名称本身就构成了一个众说纷纭的议题。"叙任权之争"便是一个典型的例子。实际上,在现代学者的笔下,"叙任权之争"和教会改革两种说法往往指的是同一段历史。不同的是,在 20 世纪初,选用"叙任权之争"为这段历史命名的学者,往往更强调教会与世俗国家之间的政治权力冲突。"叙任权"或称"授职权",在这里指的是授予某人主教或修道院院长等圣职以及相应的宗教和世俗职权的权力。在中世纪,主教或修道院长不仅具有宗教权力,也普遍具有世俗权力,因为其管辖的教堂或修道院往往掌握着大量土地。因此,"叙任权之争"是教会与国家之间对宗教权力和世俗权力的双重争夺。从表面上看,"叙任权之争"这一说法,点出了这场变革最直观的一面。[1] 因此,这种说法往往被政治史学者们引用,以突出这场冲突中政治思想和实践方面的变革,尤其是世俗权力的变革。

相对地,研究教会史和宗教思想史的学者往往认为,这段历史最为突出的特点,应该是教会在宗教思想和制度方面的改革,这一改革的目的则是摒除世俗思想对教会的侵蚀,恢复教会圣洁的思想和秩序。因此,他们选择用"教会改革"为这段历史冠名,甚至用改革中形象最为突出的人物——格里高利七世命名,称之为"格里高利改革"。这种说法的公认创始者是法国学者奥古斯丁·弗利什,他在 1924 年后陆续出版了三卷本著作《格里高利改革》。[2] 有关学者们对"叙任权之争"命名的论辩,美国学者桑迪·希克斯在他的综述中有着详细的论述。正如希克斯所说的那样,学者们采取

---

[1] Oliver J. Thatcher, Edgar Holmes McNeal, *A Source Book for Mediaeval History* (New York, Chicago, Boston: Charles Scribner's Sons, 1905), pp. 165–166.

[2] Augustin Fliche, *La Réforme Grégorienne*, Tome 1–3 (Louvain: Spicilegium Sacrum Lovaniense Bureau; Paris: Librairie Ancienne Honoré Champion, 1924–1937).

的每一种说法都表现了一部分史实,却没有一个完全正确。[1]

这两种对同一历史的不同命名方法,大致可以体现出 20 世纪初学者对整个历史事件的两种基本态度。一方面,强调权力争夺的历史学者,倾向于从世俗角度理解"叙任权之争"。持这种观点的学者有相当一部分是德国学者或德国史的研究者。这是因为,"叙任权之争"最为激烈的部分主要发生在神圣罗马帝国境内。格里高利七世不仅迫使德国国王亨利四世走上"卡诺莎之行",还在著名的《教宗如是说》中宣称自己有权罢黜神圣罗马帝国皇帝。[2] 因此,这些学者将自克吕尼运动以降教会出现的各种改革趋势,笼统地理解为教会有意与世俗国家,尤其是神圣罗马帝国争夺世俗权力的表现,由此突出教会作为一个整体的反国家性及其对历史进程的阻碍。格里高利七世则是这个反国家整体的核心与象征。他们或从政治角度出发,如英国学者詹姆斯·布赖斯认为,在"叙任权之争"中,格里高利七世和他的追随者们"努力把对此世事物的权力和对彼世事物的权力都攫取到自己手中"[3]。或从经济角度出发,如美国学者詹姆斯·汤普森认为,整个事件根本上是由经济利益驱动的,源于教会过于强烈的"财富欲"和"权力欲",所谓的"改革运动"只是教会"披着道德伪装追逐自身利益"的行为;格里高利七世与"克吕尼派","相比教会改革,更关心教会霸权;相比完善其宗教职能,更关心增加其政治权力和物质财富"[4]。

值得一提的是,与此类似的观点也被持反宗教态度的苏联历史学家们采纳,进而对中国的相关研究产生了相当的影响。1961 年在中国出版的苏联科学院主编的《世界通史》认为,加入克吕尼运动的人,主要是少地骑士的儿子们,他们为了找到获得土地的捷径,纷纷穿上黑道袍,并"力求把西方基督教会封建割据的组织变成以教皇

---

1 Sandy B. Hicks, "The Investiture Controversy of the Middle Ages, 1075–1122: Agreement and Disagreement Among Historians," in *Journal of Church and State*, Vol. 15, No. 1 (Winter, 1973), p. 8.

2 "Dictatus Papae," in *A Source Book for Mediaeval History*, p. 137. 需要说明的是,20 世纪晚期的历史学家指出,《教宗如是说》很可能不是格里高利七世本人所作或他参与创作的。参见 I. S. Robinson, *Authority and Resistance in the Investiture Contest* (New York: Manchester University Press, 1978), p. 30。

3 James Bryce, *The Holy Roman Empire* (New York: The MacMillan Company, 1904), p. 380.

4 James Westfall Thompson, *Feudal Germany* (New York: Frederick Ungar Publishing Co., 1928), pp. 102–124.

为首的中央集权的教会组织";他们坚决反对"德意志皇帝任免主教与修道院长……并授予这些教会人员封地或采地";他们的政治纲领被教皇,尤其是格里高利七世采纳;进而,以格里高利七世为首的教会和以亨利四世为首的德意志帝国这"两个反动势力"为争夺西欧的统治权爆发了冲突。[1] 1972年朱寰主编的《世界通史·中古部分》认为,克吕尼派僧侣是"主张教会独立,反对俗界授职权"的先驱者,教皇则"积极赞助克吕尼运动借以打击皇帝的权力"[2]。

另一方面,强调教会改革的学者,则认为上述观点在看待中世纪的问题时过于主观,走向了"世俗化"的极端。他们认为,在11世纪之前,欧洲的基督教会乃至整个社会的道德堕落是不可忽略的事实。世俗权力和世俗思想对教会的侵蚀也显而易见。在这一背景下产生的以克吕尼运动为主导的修道运动,以及受到修道运动影响的教会改革,恰恰都是"反世俗"的,二者的目标都是恢复基督教既有的道德原则和秩序观念,而非与世俗国家争夺权力与财富。格里高利七世和其他教会改革者们的行动基础是其宗教信仰,追求的是崇高的精神目标,而非对世俗物质与权力的渴望。总而言之,教会改革是一场以重建道德体系为目标、制度和精神的双重改革。这些学者中有相当一部分是本就对教会抱有好感的法国学者,如弗利什和保罗·福涅尔(Paul Fournier)等人。[3] 此外,英国学者惠特尼也是一位代表性人物。他认为,格里高利七世的书信集可以表明他并不是一个披着宗教外衣的现实主义政治家,而是一个致力于将基督教理想转化为现实的理想主义者。教会改革则是一次按照基督教和基督教法律规划人类社会的方方面面的尝试。[4]

这两派观点可以被笼统地概括为"同情"国家的观点和"同情"教会的观点。实际上,早在16世纪,这两派观点就已经形成并开始相互批判了。[5] 随着20世纪初史

---

1 H. A. 西多罗夫主编:《世界通史》第三卷上册,生活·读书·新知三联书店1961年,第226—228页。

2 朱寰主编:《世界通史·中古部分》,人民出版社1972年,第43—45页。

3 对19世纪末至20世纪上半叶格里高利七世研究的综述,参见 J. P. Whitney, *Hildebrandine Essays* (Cambridge: Cambridge University, 1932), pp. 59-64。在惠特尼看来,格里高利七世的形象已经随着史料考订和历史研究的进步而发生了转变。

4 J. P. Whitney, *Hildebrandine Essays*, p. 57.

5 I. S. Robinson, *Authority and Resistance in the Investiture Contest*, pp. 1-2.

料编纂的推进，尤其是对格里高利七世书信集考证的完善，教会改革者的宗教虔诚跃然纸上，后一派学者的观点也似乎得到了更有力的证明。[1] 尽管如此，这些学者在论证自己的观点时并未显得比前一派学者更理性。如弗利什认为，格里高利七世"有着火热的灵魂，他渴望实现基督教理想，渴望恢复秩序，渴望重建教士独身制，渴望终结丑恶的圣职买卖"[2]。推翻亨利四世的统治并非格里高利七世的本愿，相反，上任初期，格里高利七世也希望与亨利四世协作推进教会改革。只是因为亨利四世对他采取的所有政策都坚决反对，才使得格里高利七世最终绝罚了他。[3] 这种对历史人物过度主观的评判使弗利什不乏严谨的学术讨论失色不少。希克斯认为，弗利什的观点之所以被后世的大部分学者摒弃，就是因为他对格里高利七世和亨利四世"一白一黑"式的描写"过于明显地表现出了一方的高尚和清白，和另一方的恶毒和虚伪"，而且"这样的论点显然是在吸引那些偏袒教会，或者至少是维护教宗地位的人"。[4]

诚如英国学者凯瑟琳·库欣所言："史料数量的增多并没有让我们对11世纪教会改革的理解更进一步。"[5] 在弗利什之后，学者们依然将自己对国家或教会的"同情"潜藏在对叙事角度的选取和对史实的选择性叙述当中。"同情"国家的学者虽然普遍抛弃了将教会改革者刻画为贪恋世俗权力之人的做法，但他们转而强调教会改革超越了应有的限度，侵害了世俗国家的权力，破坏了世俗国家的传统，背离了修道运动的精神乃至基督教的精神。相对地，"同情"教会的学者否认教会改革和格里高利七世的"革命性"，强调教会改革非但没有背叛、反而继承与发扬了基督教传统原则，并

---

1 格里高利的书信集最初在1865年由法国学者菲利普·雅费（Philippe Jaffé）整理结集，名为《格里高利文献集》（*Monumenta Gregoriana*）。1920年，德国学者埃里希·卡斯帕（Eric Caspar）编纂了《格里高利七世书信集》（*Gregorii VII Registrum*），收录在《日耳曼文献集成》中。经过不断的研究，学者们基本证实了该书信集确为原稿而非二次创作，并将之采纳为格里高利七世研究的最权威史料。参见 Reginald L. Poole, *Lectures on the History of the Papal Chancery* (Cambridge: Cambridge University Press, 1915), pp. 124–135。

2 Augustine Flicke, *La Réforme Grégorienne*, Tome 1, pp. 381.

3 Norman F. Cantor, *Church, Kingship, and Lay Investiture in England, 1089–1135*, p. 6.

4 Sandy B.Hicks, "The Investiture Controversy of the Middle Ages, 1075–1122: Agreement and Disagreement Among Historians," p. 12.

5 Kathleen G. Cushing, *Reform and the Papacy in the Eleventh Century* (Manchester and New York: Manchester University Press, 2005), p. 30.

且突出世俗权力对该原则的破坏。这种对立在 20 世纪两位著名的历史学者——格尔德·特伦巴赫和沃尔特·厄尔曼——的著作中有着鲜明的体现。由于特伦巴赫的德语著作在出版后被译为英语，而厄尔曼的著作以英语写作，因此，二者的观点交锋对英美史学界产生了尤为深远的影响。

二、特伦巴赫与厄尔曼——教会训导俗世的限度之辩

作为一位生于德国、经历过两次世界大战、感受过 20 世纪波及全世界的意识形态斗争的历史学家，特伦巴赫必然对意识形态的破坏力具有天然的敏感性，对具有鲜明人格魅力的意识形态领袖也抱有鲜明的反感。因此，他难以认同教会改革及其领导者格里高利七世。虽然他也承认或者默认格里高利七世等教会改革派信仰的坚定，但他更倾向于用"狂热"而非"虔诚"来形容这种坚定。相应地，他往往从"心理"、"性格"等更加个体化的角度出发分析"叙任权之争"中的人物，并认为格里高利七世是一个性格固执而激烈的人。这样的人带来的必然不是一场温和的"改革"，而是以新思想体系颠覆旧思想体系的"革命"。

在他著名的《自由：叙任权之争时代的教会与世界秩序》（以下简称《自由》）一书中，特伦巴赫从教会改革派秉持的思想，或曰"意识形态"入手分析"叙任权之争"，将"叙任权之争"理解为两种不同的思想体系发生的冲突。[1] 他首先将中世纪的"自由"概念作为论证起点。他认为，中世纪的"自由"指的是摆脱尘世、接近上帝的程度。对上帝越虔敬、越接近，一个人就越"自由"；而基于对获得"自由"的方式的不同理解，教会产生了两种秩序观念。其一是以"苦修主义"为核心的秩序观念。这种观念认为，实行禁欲生活，弃绝尘世的一切诱惑，是接近上帝的唯一办法。实行禁欲

---

1 该书德文原版题目为 "Libertas. Kirche und Weltordnung im Zeitalter des Investiturstreits"，英译本去掉了 "Libertas" 一词。

生活的程度和默想上帝的深度决定了一个人的"自由"程度。因此，这种秩序观念是"个人主义"式的，"爱邻人"对升入天国没有任何裨益。这种秩序观念带来的结果是厌恶和避离俗世。[1] 其二是以"圣礼主义"为核心的秩序观念。这种观念认为，世俗教士是基督的代表，是人类与天国的中介，被赋予了牧养世人并引领世人升入天国的使命。上帝在圣礼中通过教士为人们降下恩典，引导他地上的子民。上帝为不同的教士赋予了不同的使命，相应地，他们主持的圣礼重要程度也不同，因此等级相异。教士主持圣礼的能力和德行也将影响其在天国的地位。因此，这种等级观念是面向俗世的。两种秩序观念没有孰高孰低之分。[2] 在特伦巴赫看来，克吕尼运动与教会改革之间的差别，根本上是上述两种秩序观念之间的差别。

在这两种秩序观念之外，特伦巴赫又总结出了第三种秩序观念，即以"国王/皇帝神权"为核心的秩序观念。这种观念很大程度上源于历史上形成并逐渐发展的、不固定成文的传统观念。特伦巴赫认为，自加洛林时代以降，国王/皇帝在政治观念中逐渐摆脱了其俗人身份，成为上帝使命的执行者和上帝意志的实现者。在加冕礼和膏受礼之后，国王/皇帝不再是一个俗人，而是跻身教士行列。在"叙任权之争"前夕，国王/皇帝高于一切世俗受造之物、具有领导上帝子民的责任和使命，已经成了主流观念。在圣职体系中，国王的地位高于主教已成为"不争的事实"。[3] 与第三种秩序观念同时发展起来的，还有欧洲的专有教堂体系。专有教堂（包括专有修道院），指的是世俗领主在其领地自主建造的教堂，其目的通常是满足自己以及家人的精神乃至物质需求。世俗领主对其专有教堂拥有"专有权"，包括选任教堂教士和处置教堂及其所属土地财产的权利。

特伦巴赫将11世纪的"国王/皇帝神权"体系和专有教堂体系视作当时现实世界稳定运行的体系。但同时，他很难在理论层面论证这两种体系在当时的政治思想环境里是自洽的，因为它们显然与基督教原则不符。因此，他转而用"现实接受"说明这

---

[1] Gerd Tellenbach, *Church, State and Christian Society at the Time of the Investiture Contest*, pp. 42–47.
[2] *Ibid*., pp. 47–56.
[3] *Ibid*., pp. 57–60.

种体系的合法性。他强调，尽管第三种秩序观念和专有教堂体系与正统的基督教观念相违背，但是在 11 世纪之前，教会并没有鲜明地反对二者。恰恰相反，教会在不同时期对二者都普遍采取了默许乃至支持的态度。这不仅是因为教会的力量一直较为孱弱，也是因为"苦修主义"的秩序观念一直影响着教会，使教会对世俗事务的态度趋于消极。而在教会的默许下，专有教堂体系与国王 / 皇帝神权观念大大地提升了俗人对教会事务的参与度以及其在教会中的地位。同时，他认为当时的种种现实问题，如圣职买卖、教会整体的道德堕落、异端思想泛起和外部入侵频繁等，并没有想象的那么严重，更没有撼动基督教世界整体的稳定性。此外，9 至 10 世纪教会的苦痛也不全是俗人造成的，因为当时"教士的道德并不比俗人更高尚"[1]。

　　总而言之，当时的情况似乎不需要教会改革派发起一场彻底颠覆现实秩序的运动。此外，无论是皇帝还是教宗，其"统治的普世性"只是一个思想上的概念，在当时并未成为现实。教宗的影响力几乎仅仅局限于意大利北部，在欧洲的其他地区，他是一个或被神话化或即将被遗忘的角色。[2] 换言之，他认为当时欧洲没有一种统一的政体理念，只有极为松散的共同信仰基础。因此，对欧洲大部分地区而言，教会改革派的观念才是那个突然打破常理的"新奇理论"。但在教会改革派的强势推动下，上述"存在已久的实践突然变成了一种'古老而极度邪恶的习俗'并要被彻底废除"[3]。教会改革派恢复并强化了"圣礼主义"的秩序观念，并对第三种秩序观念和专有教堂体系发动了猛烈的攻击。这些思想和行动集中地体现在了格里高利七世身上：他坚信第二种秩序观念的正确性，致力于在尘世建立起这种"正确的秩序"，重新确立教权与世俗权力、教宗地位与主教地位之间的关系，将俗人清除出教会。因此，"叙任权之争"是分别以教权和王权为核心的两种不同的"世界秩序"的斗争。

　　在特伦巴赫看来，格里高利七世对既存秩序的颠覆和对教宗凌驾于一切权力之上的主张，是"叙任权之争"爆发的根本原因。"如果教宗提醒君主他们之上还有上

1　Gerd Tellenbach, *Church, State and Christian Society at the Time of the Investiture Contest*, p. 75.
2　*Ibid.*, p. 65–74.
3　*Ibid.*, p. 114.

帝……主动做上帝的仆人，那么没有人会反对他。只有他利用这种不言自明的道理让他人服从自己的命令、预设自己的命令等同于上帝的命令、试图宣称自己拥有此前无人拥有的权力时，冲突才会产生。"[1] 这似乎是特伦巴赫对他所处的那个时代的生动影射，因为当时"法西斯主义与共产主义激烈的意识形态斗争"正在如火如荼地进行。[2] 他笔下的三种秩序观念，似乎也是现实政治的三种模式：第三种秩序观念，代表既存秩序，这种秩序虽在理论上有某种缺陷，却是长期积淀形成的，不仅受到当下大部分人的认可，而且在不断发展；第一种秩序观念，代表相对温和的意识形态观，将信仰局限在个人范围之内，认为过度介入外界事务会腐蚀自身信仰追求，因此对社会的道德改造应该以间接的、与现有权力合作的方式进行；第二种秩序观念，代表相对激进的意识形态观，其秉持者将自己的信仰追求视为一种"本应实现的正确秩序"，并用自己"本能和非理性"的信仰对现实世界造成了毁灭性的冲击。特伦巴赫对教会改革派的分析也体现了他对"既存秩序"的支持和对"激进革命"的反感。他将改革派分为"温和"与"激进"两派，其标准则是与世俗权力的合作态度。其中，彼得·达米安尼（Peter Damiani）是"温和派"的代表人物，他的观念与克吕尼修会一致，都支持与世俗权力合作，也都反对"圣礼主义"的秩序观念。[3] 相应地，格里高利七世和亨伯特则是"激进派"的代表。毋宁说，在特伦巴赫眼中，彼得·达米安尼才是理想的教会改革者。而正如达米安尼评价的那样，格里高利七世是"神圣的撒旦"，是一个"恶魔一般的人物"。[4]

《自由》一书的译者、美国学者贝内特认为，"叙任权之争"早期研究的特征之一，是天主教作者极力维护格里高利七世，而新教作者极力攻击之；而特伦巴赫并不属于这一行列。[5] 但正是在《自由》一书的结尾，特伦巴赫不仅批判了格里高利七世，还从

---

1 Gerd Tellenbach, *Church, State and Christian Society at the Time of the Investiture Contest*, p. 161.
2 Sandy B. Hicks, "The Investiture Controversy of the Middle Ages, 1075–1122: Agreement and Disagreement Among Historians," p. 13.
3 Gerd Tellenbach, *Church, State and Christian Society at the Time of the Investiture Contest*, p. 49.
4 *Ibid.*, p. 163.
5 *Ibid.*, p. vii.

根本上批判了"天主教信仰的基本原则"。特伦巴赫认为，中世纪教会对世界秩序领导权的追求，以及由此必然导致的与世俗国家的冲突，皆源于教会对自身引导救赎的信念。这种信念直至当代也没有改变。罗马教会只是不再根据这种信念追求世俗政治的领导权，转为强调自己关怀灵魂和领导道德生活的责任罢了。相比之下，"新教则很快重新调整了其对国家的态度。新教不承认世界上有任何的有形组织有资格毫无谬误地代上帝立言。因此，对新教徒而言，任何权威都不能对主权国家发号施令，这是因为在他们眼中，世界上没有任何组织凌驾于主权国家之上"[1]。这种评判可能并不说明特伦巴赫支持新教的国家观，而是表明他在总体上反对任何思想对现实政治生活和社会生活的过度干预。

那么，思想干预现实的界限，或曰教会改革的界限在哪里呢？由特伦巴赫对第一种秩序观念及对彼得·达米安尼的肯定，以及他认为格里高利七世若只是"提醒"世俗君主便无可指摘，可以得知，他认为教会没有权力和能力独自在制度层面进行改革，教会也不应该凌驾于世俗国家之上推行思想道德改革。然而，在世俗国家的权力无可匹敌、对世俗国家的信仰无可超越的前提下，这种"提醒"式的道德改革能否有效地进行下去？特伦巴赫并没有给我们答案。实际上，特伦巴赫在很大程度上忽视了教会超越于国家之上的普世关怀的正面价值。英国学者科林·莫里斯便认为，特伦巴赫没有提供一种正确理解教会改革者对现实的关怀的思路。教会改革者们对圣职买卖和教士结婚的讨论，以及对令教士摆脱俗人控制、进入有组织的共同生活的思考，是前所未有的，但特伦巴赫忽略了这一点；教会改革者对教会法的需求和推行也没有得到足够的重视。[2]

另外一位著名的中世纪学者沃尔特·厄尔曼则在其 1955 年出版的专著中给出了更为系统的回应。与特伦巴赫类似的是，厄尔曼同样认为，教会改革的目的在于实现

---

1 Gerd Tellenbach, *Church, State and Christian Society at the Time of the Investiture Contest*, pp. 167–168.
2 Colin Morris, "Reviewed Work(s): The Church in Western Europe from the Tenth to the Early Twelfth Century. (Cambridge Medieval Textbooks) by Gerd Tellenbach and T. Reuter," in *The Journal of Theological Studies, New Series*, Vol. 45, No. 1 (April 1994), pp. 371–374.

一种教会的秩序理念。但是，在厄尔曼笔下，圣礼以及由圣礼引申出来的等级秩序只是一个更加庞大精深的理论体系的一部分。厄尔曼首先强调，中世纪欧洲社会是一个以基督教信仰为前提的社会。在教会改革派，尤其是亨伯特和格里高利七世看来，基督教世界是一个"教会"，一个以基督教信仰为根基的"基督教社会"，一个不可分割的有机政治实体。如同人有不同的身体部位那样，这个有机的政治实体也有功能各异的组成部分。决定各组成部分内容的，是"正义"，其本质是正确的生活规范。根据"正义"，圣职者是这个有机体的"灵魂"，教会是这个有机体的"头脑"，世俗权力和各个阶层的俗人组成这个有机体的"身体"。每个部分各安其位，履行自己的职能，是"基督教社会"正常运行、达到"基于多元的和谐一致"的基础。要将上述抽象的理论转化为实际的政府运行规则，就要将"正义"转化为"法"。[1] 在教会改革派的理论中，只有圣职者才有资格在"基督教社会"中界定每个人的位置，制定"法"。而以教宗为首的罗马教会则是制定"法"的最高权威，因为教宗的权力和义务继承自圣彼得；圣彼得的权柄又是由基督教世界的最高权威、真正的王——耶稣基督授予的。基督拯救的是全体人类，"牧养世人"是教宗义不容辞的责任。因此，教宗与罗马教会的重要特征是其普世性，二者是超越世俗国家的存在，其权力和义务不受世俗国家边界的限制。在教宗和罗马教会之下，世俗统治者充当着教会保护者这一辅助性和补充性角色，他们有义务在教会的监督下保护教会，对抗罪恶。对抗罪恶是世俗统治者存在的唯一意义，除此之外，世俗统治者既没有权力建立教会，也没有权力自封"保护者"，因为他们没有被授予相应的权柄。全力履行上述职责，是世俗统治者"服从"与"谦卑"的表现。反之则是"傲慢"与"不服从"。世俗统治者的存在虽然是功能性的，但同样是必要的，他们构成了教宗政府的执行部门。换言之，教宗政府实行有效统治依赖的不是军队、警察等世俗政府所依赖的暴力机构，而是世俗政府本身。二者虽有高低之分，却互相依赖，紧密联系。[2]

---

1 这里"正义"对应拉丁文"iustitia"，"法"对应拉丁文"ius"。参见 Walter Ullmann, *The Growth of Papal Government in the Middle Ages* (London: Methuen & Co. Ltd., 1955), pp. 267–270, 272–276。

2 *Ibid.*, pp. 270–272.

厄尔曼认为，在基督教作为共同信仰基础这一大前提下，教会改革派的上述思想体系是十分精妙的。这得益于他们手中最大的宝藏——教廷文献库中浩繁的文献。通过发掘和利用这些文献，教会改革派为自己的理论体系赋予了稳定的结构和崇高的使命，使得该理论体系实际上是"无懈可击的"。[1] 这一理论体系构成了格里高利七世的行动基础，使他可以理所应当地宣称对一切精神事务与服从于精神的世俗事务拥有最高治权。

随后，似乎是专门针对特伦巴赫的观点，厄尔曼痛陈"国王/皇帝神权"的理论缺陷以及反教会改革一方对教会改革派粗鲁的攻击。尽管国王/皇帝试图将自身建构为"基督的代表"，但是没有任何依据能够支持这种说法，也没有任何理论支持皇帝审判教宗和主教。"历史和传统可能都对皇帝有利，但这不能说明皇帝行使的职能是合法的，无论其在多大程度上基于历史和传统。"[2] 厄尔曼认为，面对教会改革派精妙的理论体系，国王/皇帝一方拿不出任何有力的论据与之对抗。他们的反应总是处于防守的态势，缺乏持续性和条理性，在总体上流于暴躁、粗俗和自相矛盾。亨利三世极力建构自己的"国王兼祭司"身份，试图用这种方法确立国王/皇帝在教会中的地位。但是，皇帝加冕礼的内容先天决定了皇帝不可能独立于教宗权威之外而自动获得权力合法性，也必然在与教宗的权力理论争夺中处于劣势。亨利四世试图强调王权来源于上帝，且国王对王国境内世俗事务的管辖权具有排他性。但在"基督教社会"作为统一整体、世俗事务与精神事务高度重合的前提下，这两种说法均无法成立。亨利四世也没有一以贯之地坚持上述说法。他甚至并不能被视为反对教会改革一派真正的精神领袖，因为在 1080 年前后，这一派的领导权掌握在拉文纳大主教韦伯特和枢机于格·勒布朗手中。二者同样没有提出能够从根本上威胁教宗统治原则的观点，只是不断强调教宗和罗马教会对最高管辖权和立法权的实践威胁到了地方教会的自由。在厄尔曼看来，与亨利四世站在同一阵线的日耳曼宗教显贵们没能理解教宗统治理念的真正意义，也没有认识到其能够带给他们的更大的自由。总而言之，厄尔曼将"叙

---

1 Walter Ullmann, *The Growth of Papal Government in the Middle Ages* (London: Methuen & Co. Ltd., 1955), p. 415.
2 *Ibid.*, pp. 263–264.

任权之争"理解为教宗和罗马教会在一个统一的基督教社会中实现其最高统治地位的过程。在这一过程中,并不存在一个强有力的、以国王/皇帝为核心的统治理论能与之抗衡。[1]

厄尔曼将教会改革视为一次将基督教教义转化为具体政府形式的宏大尝试。他显然相信这种尝试在中世纪确实获得过一定的成功。在这种意义上,特伦巴赫与厄尔曼有本质的差别。特伦巴赫不认为格里高利七世对自己信仰的坚持,与现代意识形态领袖对自己意识形态的坚持有什么不同。在他眼中,宗教理想与客观现实是分立的。无论格里高利七世与教会改革派认为自己与上帝有着多么紧密的联系,他们也只是地上的凡人,而地上的国度"只有人能理解,只有人的行为可以征服"[2]。而在厄尔曼看来,中世纪社会的特点之一就在于其感性的具体性,即人们用具体而有形的事物来解释、对照和类比抽象的思想;最为深刻的思想,也不是通过语言,而是通过客观象征事物表达出来的。[3]对中世纪的教宗们而言,基督授予圣彼得教会与天国大门的钥匙,不是某种抽象政治理念的象征,而是实在的权力赋予。因此,"认为中世纪的教宗们行使或试图行使君主权是他们贪恋权力的体现,这种想法是肤浅的"[4],因为权力总是会被某种政体行使。行使权力的目的或产生的结果才是值得讨论的问题。而继承圣彼得的权柄,关怀整个基督教世界,引导上帝的人民完成救赎,就是教宗们的责任,也是他们行使权力的目的。因为基督教共同体被实在地托付给了他们。厄尔曼反复强调,教宗和罗马教廷的统治思想是建立在以基督教为共同信仰的基础之上的。这也是中世纪社会与现代社会的根本区别。厄尔曼同样认为教宗与罗马教会凌驾于一切世俗与精神事物之上是一种必然。但与特伦巴赫不同的是,他认为天主教信仰和教宗政府面临的最终挑战不是新教思想,而是世俗化思想。后者发源于亚里士多德哲学,将满足人的此世需求而非彼世需求作为最终目的,认为人本身就可以形成一个赋予自身意义的政体。

---

1 Walter Ullmann, *The Growth of Papal Government in the Middle Ages*, pp. 344−358.
2 Gerd Tellenbach, *Church, State and Christian Society at the Time of the Investiture Contest*, p. 168.
3 Walter Ullmann, *The Growth of Papal Government in the Middle Ages*, p. 448.
4 *Ibid.*, pp. 449−450.

现代人不再必须是基督徒,是现代社会的基础和现代国家合法性的来源。[1]

厄尔曼对特伦巴赫在思想史层面的回应可谓有力。但他也有一些未能言及之处。他将不同教会改革者的思想总结成了一套复杂精密、逻辑自洽的政治理论,却似乎并未理会教会改革者在面对不同的世俗统治者时,对这套政治理论的取舍。更关键的是,他认为现代世俗化思想从根本上挑战了中世纪教会的政治思想,却在论述至此后戛然而止。教会的普世关怀是否只能适用中世纪,并且在现代社会来临前终止?在基督教失去共同信仰地位、世俗国家主导世界的今日,教会是否不再有能力、有必要对世俗国家进行精神训导?尽管这些并非厄尔曼的著作有义务解释的问题,却仍然值得思考。

特伦巴赫与厄尔曼的观点交锋,可谓战后围绕"叙任权之争"最重要的一次辩论。两位学者对后世做出的贡献无需赘述。二者的讨论主要是从政治史和政治思想史的层面展开的,但是也为后世学者在其他层面讨论相关问题开辟了空间。同时,二者的观点也带有传统的一面。无论肯定还是否定教会改革的积极意义,他们都倾向于"将改革视作某种从一个中心发出的统一的、不可逆的力量",使得教会改革看起来像是由一个人或几个人有意组织和施行的运动。[2] 现在看来,对"叙任权之争"这个极为复杂的历史事件,这种线性的理解模式未免有些简单了。同时,无论是特伦巴赫还是厄尔曼,都向人们展示了他们对宏大理论体系的驾驭能力,也都对一些游离于他们理论之外的历史问题缺乏关心。20世纪晚期的学者们从这两个角度,对二者以及之前学者的研究进行了不断的修正。

三、走出论战——教会改革价值的重新评价

正如上文所展现的,在某种程度上,"叙任权之争"的历史研究,长期以来是基于对教会的支持或反对展开的。20世纪观点针锋相对的历史学者们,似乎继承了那些

---

[1] Walter Ullmann, *The Growth of Papal Government in the Middle Ages*, pp. 454–457.
[2] Kathleen G. Cushing, *Reform and the Papacy in the Eleventh Century*, p. 30.

11世纪用文笔相互攻击的"叙任权之争"冲突双方的"遗志"。到20世纪晚期，一些英美学者显然已经对这种情况心生厌倦了。他们对"叙任权之争"的研究，不仅是希望进一步研究那些尚未得到解答的历史问题，更希望打破上述辩论语境。一方面，他们开始重新评估和定位"叙任权之争"中的关键人物，打破人们对其"非黑即白"的刻板印象；另一方面，他们放弃以"论战"作为叙述的核心问题，转而强调"叙任权之争"以及与之关联的其他历史事件对后世的影响。

约翰·吉尔克里斯特便是这些学者中的一位。他深感这场从11世纪延续至20世纪的"论战"在解释历史时的单调和乏力。"无论是支持格里高利七世还是反对格里高利七世……他们都持一种强调世界、强调统一的历史观，将历史视作从多数人到少数人、从混乱到组织、从地方主义到中心主义的发展过程。"[1] 破除这种历史观念，要从破除格里高利七世的"历史责任"开始。格里高利七世是否真的能够代表整个教会改革？吉尔克里斯特的提问更加直接："11世纪有过格里高利改革运动吗？"至少从格里高利七世对教会法的影响来看，很难回答"有"。在吉尔克里斯特分析的、源自欧洲各国的26种同时期的教会法集中，引用格里高利七世言论的法条屈指可数。人们甚至可以在"完全不提及"格里高利七世的情况下，对改革过程进行分析和总结。这与另外一位英国学者赫伯特·考德雷的观点不谋而合。后者认为："在格里高利七世死后，尤其是在12世纪，他迅速而且完全地从人们的记忆中消失了。基督教思想和精神的引导者们……很少提到他……他对教会法的发展罕有贡献……总体而言，12世纪的编年史家只是简要地提到了这位教宗，但在一些现代学者的观点中，他的名字却被用来为一场改革冠名。"[2]

英国学者凯瑟琳·库欣则论述了另一位重要人物——彼得·达米安尼的思想。在特伦巴赫笔下，达米安尼是"温和"、"改良"的代表，在观点上与格里高利七世和亨伯特尖锐对立。但在库欣看来，达米安尼对待圣职买卖和教士结婚的态度要比格

---

[1] John Gilchrist, "Was there a Gregorian Reform Movement in the Eleventh Century?" in *Canon Law in the Age of Reform 11th-12th Centuries* (Aldershot: Variorum, 1993), VIII, p. 5.

[2] H. E. J. Cowdrey, *Pope Gregory VII, 1073-1085* (Oxford: Clarendon Press, 1998), pp. 683-684.

里高利七世更加激进，其道德与信仰诉求也更难以变为现实。这也是格里高利七世回避了他的诉求的原因之一。[1] 库欣认为，教会改革派的大部分道德诉求都不可能完全实现。这些诉求仅仅代表了教会顶层精英的看法，他们认为他们的理想最符合现实世界的利益。但是，库欣同时指出，无论教会改革派的倡议在多大程度上被转化为具有约束力和禁止性的法律，它们实际上是一些规范性的措施，是在提倡一些实践标准。因此，像许多教会法条那样，这些倡议代表的是改革派希望在教会中实现的理想图景，而非立即实施的约束性法律。教会改革派虽然没有完全消除圣职买卖、教士结婚等状况，甚至总是不得不容忍这些状况继续存在，但是，他们扭转了社会对这些状况的评价，它们不再被认为是理所当然的了。同时，教士不得不遵守的一系列规定使他们的生活异于俗人，这强化了他们对教会的身份认同，进而强化了神圣与世俗之间的界限。格里高利七世与亨利四世之间的冲突，只是加速了这样的变化而已。因此，从结果来看，改革最终成功地重塑了欧洲社会。[2] 对"叙任权之争"核心人物的重新评价，有时也存在过于轻视上述核心人物影响的嫌疑。例如，美国学者托马斯·比森认为，达米安尼与亨伯特的思想交锋只是一次在意大利发生的"地方性的争论"，是"有学识的教士在教宗的圈子里交换意见的尝试"而已。相应地，他将"叙任权之争"视为12世纪欧洲各个层面普遍爆发的权力危机的一部分，认为"叙任权之争"是在教会改革触动了地方领主的权力之后，地方领主迫于压力进行反抗，继而引发的。他认为，特伦巴赫强调的意识形态之争"是危机造成的结果，而非造成危机的原因"；而厄尔曼阐述的理论体系在当时只是少部分教会精英的共识，而更广大的地方世俗和宗教权贵群体对权力关系的变化更为敏锐，对思想的变化则相对迟钝。[3]

除重新评价核心人物之外，其他学者也致力于重新审视不同改革势力之间的关系和他们的改革目的。例如，考德雷曾专门回应过特伦巴赫对克吕尼派与教会改革

---

1 Kathleen G. Cushing, *Reform and the Papacy in the Eleventh Century*, pp. 118-124.

2 *Ibid.*, pp. 160-161.

3 Thomas N. Bisson, *The Crisis of the Twelfth Century: Power, Lordship, and the Origins of European Government* (Princeton: Princeton University Press, 2009), pp. 197-210.

派关系的看法。他认为，"特伦巴赫学派"对克吕尼修会和教会的观点区分过于鲜明，这无法解释格里高利七世时期两派之间的互动。特伦巴赫和他的学生们极力论证克吕尼派观点的保守性和修道性质，以及他们与地方主教和国王的友好关系，以突出他们与格里高利派的区别。但对格里高利派而言，克吕尼派提供了一种以教会自由和修道生活为基础的模式，而这种模式很有必要在其他地方复制。克吕尼修会的自由展现了一种"对教会及其领域的封建奴役的正面挑战"。同时，考德雷认为克吕尼派在格里高利改革中也没有想象的那样保守。在面对地方主教的压力时，他们把教宗视为自己唯一的支持。教宗为克吕尼派获得自由做出了巨大的贡献。随着克吕尼派在全欧洲的扩张，他们也将自己对教宗权威的依赖带到了欧洲各地。因此，特伦巴赫和他的学生们只展现了事实的一面。而事实的另一面是，克吕尼运动和教会改革这两个在 11 世纪并肩而行的改革运动，是紧密联系在一起的，也为了同样的目标而奋斗。[1]

科林·莫里斯也指出，要理解教会改革和"叙任权之争"产生的原因，首先应该注意到 11 世纪欧洲普遍存在的几种思想潮流，这些潮流着重批判了圣职买卖、教士结婚和世俗权力对教会的侵犯，它们本质上都是为了使教士恢复其应该践行的使徒式生活。[2] 同修道运动一致，教会改革也充满了反对世俗价值观的精神，这与"避世"的思想本质上是相合的。改变教士胡作非为、将自身置于世俗权力控制之下的局面，是利奥九世、格里高利七世和亨伯特等教会改革者一以贯之的目标，他们采取的方法便是使教会回到最初那个理想的状态。莫里斯认为，特伦巴赫将教会改革与修道运动区别并对立起来，是因为他以圣职者与修士在职能上的区别作为论证前提。但是，这并不能证明二者在对待时局的态度上有鲜明的不同。教会改革没有背离修道观念，改革者的基本目的之一便是令圣职者脱离世俗束缚。反对圣职买卖和教士结婚，都是希望把圣职者统一到理想的共同体中，按规章生活。[3] 反对世俗授职、建立罗马教会的元

---

1 H. E. J. Cowdrey, *The Cluniacs and the Gregorian Reform* (Oxford: Clarendon Press, 1970), pp. xiii–xxvii.
2 Colin Morris, *The Papal Monarchy: The Western Church From 1050 to 1250* (Oxford: Clarendon Press, 1989), pp. 80–81.
3 *Ibid.*, pp. 98–99, 105.

首地位,是上述思想和行动的结果。

总体而言,在上述几位学者眼中,11世纪政治纷争之下思想潮流的转变,是推动历史前进的重要因素。教会改革者在面对社会问题的恶化和现存秩序的压力时奋起改革的精神是值得肯定的,他们对社会问题和现存秩序的批判也有很多可取之处。这种观点的变化不意味着学者们试图掀起一场新的论战,而是表明他们希望突破此前研究对冲突与对抗的强调,摆脱从政治角度理解教会改革的旧有思维,重新思考教会改革的正面意义,阐释教会改革为解决当时的社会问题所采取的措施的合理性,以及教会制度发展轨迹的合理性。

一些历史学界之外的学者也为肯定教会改革的正面意义提供了自己的思路。例如,法国修士伊夫·孔加在他的书中对格里高利七世在制度层面的改革给予了肯定。他认为,纯粹精神的、不涉及制度变化的改革,无法真正地推动历史前进。因为"意图很重要,但有效性同样很重要",而"纯粹的道德改革是不足的,因为它无法影响到问题背后的结构性原因,因此不能使改变历史的动态手段付诸实践"。天主教不应仅仅满足于令自身精神富足,更应该关怀自身以外的世界。[1] 这在一定程度上回应了特伦巴赫对教会改革的消极评价。美国作家斯蒂芬·朗则认为,教会改革派对世俗国家的态度,对世俗国家占主导地位的现代社会提供了有效的批判和启示。他援引马克思的观点,认为现代世俗国家不能产生一个真正有效的普世道德观念体系。相反,由于现代世俗国家建立在具有"贪婪和野心"的人性之上,它更有可能拜倒在以利润为上的资本主义和全球市场之下。格里高利七世对教会与国家秩序的安排,恰恰表明世俗统治者"不能被允许成为他们自己处境的最后判决者"[2]。这些学者的观点和思想,也许能为后世历史学者审视"叙任权之争"带来新的启发。

---

1 Yves Congar, *True and False Reform in Church*, trans. Paul Philibert (Collegeville: Liturgical Press, 2010), pp. 129-130.
2 斯蒂芬·朗著:《上帝之善:神学、教会与社会秩序》,段素革、李晨旭译,上海人民出版社2017年,第350—355页。

结　语

纵观 20 世纪的"叙任权之争"学术史便不难发现，对"叙任权之争"和教会改革的研究，长久以来都是以围绕核心人物和核心事件、"同情"国家和"同情"教会两派学者针锋相对的形态呈现的。20 世纪早期的学者将自己的主观情绪直白地体现在其学术研究当中，或猛烈地抨击教会对世俗权力的贪婪，或激烈地斥责世俗权力对教会的侵害。20 世纪中期，特伦巴赫和厄尔曼为学术界带来了一场经典的思想辩论，为后世学者留下了诸多宝贵的学术遗产，但二者的眼光仍聚焦在少数几个核心人物之上，也没有脱离维护一方、贬低另一方的传统论述模式。直到 20 世纪晚期，相关学术研究才艰难地从核心人物与核心事件中抽身出来，并在很大程度上修正了原先强调冲突与对抗的旧有研究，且开始尝试为"叙任权之争"或教会改革寻找一个对当下更有意义的新定位。尤其如上文所言，在许多 20 世纪晚期的学者们看来，教会改革者虽然怀有诸多与现实难以契合的理想化观念，但是，他们对世俗国家精神权力的限制，以及对世俗价值观的批判，具有其正面意义和值得肯定之处。

（本文作者为北京大学历史系博士研究生）

变化时刻与中世纪欧洲的演进*

克里斯·威克姆的新解读

李 腾

英国史学界长期以来就有很强的马克思主义传统。在中世纪史领域，约翰·汤普逊的《中世纪经济社会史》运用马克思主义理论对欧洲中世纪的经济社会发展进行了系统阐释，业已成为这一领域的经典之作。虽然当下英国的马克思主义史学有所式微，许多史学家们仍受益于马克思及西方马克思主义思想家的阐释，并将之与近二十年来兴起的经济社会史紧密结合。在这方面，牛津大学的克里斯·威克姆堪称当今学界翘楚。

威克姆1950年出生于英格兰的萨默塞特（Somerset），1975年以《8世纪北托斯卡尼的经济与社会》为题的论文获得牛津大学博士学位。此后，他常年任教于伯明翰大学，致力于中世纪早期社会经济社会史研究。自2005年起，威克姆被任命为牛津大学奇切利中世纪史教授（Chichele Professor of Medieval History），并长期担任英国著名学术刊物《过去与现在》（*Past and Present*）的主编。威克姆教授多年来专注于中世纪意大利研究，熟悉马克思主义的历史研究方法和分析理论，并积极、公开、充分地将之与自身学术探索结合。2007年，威克姆主编了《马克思主义与21世纪史学编纂》，该书系统回顾了西方马克思主义史学的发展，并将眼光投向新世纪的历史研究。[1]

---

* 本文为国家社科基金青年项目"'12世纪文艺复兴'学术发展史研究（1840—2012）"（批准号：19CSS009）的阶段性成果，并受到上海市浦江人才计划（2019PJC081）的资助。

1 Chris Wickham, ed., *Marxist History-Writing for the Twenty-first Century* (Published for the British Academy by Oxford University Press, 2007). 中译本为克里斯·威克姆著：《马克思主义与21世纪史学编纂》，段愿译，中国人民大学2019年。

2016年,他在耶鲁大学出版社出版了《中世纪欧洲》一书,一付梓即受到学界热议。这部作品的思考构架清晰地展现了过去数十年间英国经济-社会史研究范式的典型风格,尤其突出了宏大视野和长时段这两大特点。[1] 这些特点也与美国学者大卫·阿米蒂奇等人近年来倡导的"历史学革命"以及"宏大叙事和回归长时段"相互呼应。

此书虽以"中世纪欧洲"为题,却非简单的教材。威克姆借助全书结构的划分,力图呈现他本人对千年欧洲发展大势的思考,因此本书可以视为他一生治学的总结。威克姆将从5至16世纪的欧洲划分为十个重要变化时刻(marked moments of changes),并分别将之作为解释的基本框架。这其中包括:5世纪罗马帝国在西部的覆灭、东部帝国在7世纪遭遇伊斯兰兴起时的危机、8世纪后期到9世纪加洛林政治实验中大规模道德化统治的强化、10世纪基督教在北欧和东欧的扩展、11世纪西方政治权力的急速去中心化、10至13世纪的人口和经济增长、12至13世纪西方政治和宗教势力的重组、拜占庭帝国的陷落与西欧替代选择的丧失、黑死病和14世纪国家结构的发展,以及14世纪后期到15世纪公共领域中的大规模参与。

在中世纪欧洲结构性发展图景的基础上,他又借用历史社会学分析模式,增添了四个考察变量,亦即公共权力概念的消泯与再造、政治资源在税收和土地占有之间的转换、书写对政治文化不断嬗变的影响,以及中世纪后期地方权力和认同界限化模式的出现。[2] 通过这种方式,本书的核心议题就成了欧洲在宏大时间和地理视野中的政权运作、经济嬗变和社会演进相互交织的过程。通过展现上述变量在历史进程中的互动关系,威克姆使欧洲中世纪历史的叙述呈现为更深层次的多样性模态。此外,威克姆在本书中引述、参考了涉及多种欧洲语言的大量研究,几乎涵盖了相关领域经典著述和最新的成果,也使其成为过去数十年中世纪史研究领域进展的总结。

---

1 侯建新、龙秀清:《近二十年英国中世纪经济-社会史研究的新动向》,《历史研究》2011年第5期。
2 Chris Wickham, *Medieval Europe* (New Heaven and London: Yale University Press, 2016), pp. 1-2.

一、政治演进：集会政治、公共空间与权力地方化

早在2010年出版的《罗马的遗产》中，威克姆就详尽阐述了罗马帝国与中世纪早期的关联。[1] 作为一部强调中世纪特征和变化的作品，《中世纪欧洲》则更关注后罗马时代的差异。从政治运作角度来说，他将后罗马时代的西欧诸国总结为"公共文化、集会政治、基督教和主教网络"的复合体，在看似倒退的情况下欧洲的政治模式实际上也有所创新。

首先，政治管理上的一大创新是引入日耳曼部落特有的集会政治。"蛮族入侵"之后，西欧各地政权在重建过程中将罗马国家的公共性（publicum）与部落军事集会传统结合，形成公共集会。这些集会不仅商讨具体行动，限制王室的权力，同时也为王室及其统治赋予合法性。这种集会政治运作在中世纪早期的法兰克地区最为高效，因此威克姆特别关注加洛林时代的政治演进。他认为，加洛林时代拉开了整个中世纪时期政治反思的帷幕，从而奠定了一切政治行为的道德和神学维度。[2] 在政治管理的基础方面，加洛林时代不同于罗马，也不同于此后的中世纪时期，这一点就可以视为贯穿整个中世纪以进行对比的焦点。

其次，威克姆整体阐释中的核心要素是集会政治和公共空间的互动关系，以及不同历史时期各社会阶层对公共事务的参与。随着土地政治的建立，拥有土地的军队不再受文官贵族的控制，逐渐形成了高度军事化的贵族价值观，也就催生了集会政治。这种集会为中世纪早期的政治参与提供了公共空间。国王的权威主导着这些机构，大贵族和教会中的高层教士则对王权形成制约乃至挑战。[3] 威克姆在评述833年路易国王被迫进行公开忏悔一事时说：

> 关键在于，在加洛林王朝高层政治中发生的所有事，都必须因神明的批准而

---

1 Chris Wickham, *The Inheritance of Rome: A History of Europe from 400 to 1000* (London: Allen Lane, 2009).
2 Chris Wickham, *Medieval Europe*, pp. 33-42, 61.
3 国内的最新研究参见刘寅:《"训诫"话语与加洛林时代的政治文化》，《历史研究》2017年第2期。

有效。因此，通过忏悔或其他教会礼仪的途径来解决政治问题，在各方看来都是一个完全适宜的程序。[1]

再次，随着原先相对统一的局面越发碎片化和区域化，10世纪之后的政治权力也发生了根本性变化。威克姆此处事实上回到了"封建革命"（Feudal Revolution）这个经典主题，强调权力的细碎化、地方化和法国独特的强制领主权（seigneurie banale），也与乔治·杜比的理路一脉相承。[2] 国王权威与集会政治的衰落同地方领主权力的崛起是中世纪中后期历史发展的一体两面。这意味着，国王层面的公共空间不再是政治行为唯一的落脚点，而马克·布洛赫所描述的权力碎片化事实上创造了未来微型的、地方化的权力结构。威克姆指出，正是这种对地方的关注和创造性的权力重构促成了超国家（trans-national）事件的发生，其中最突出的就是11至13世纪绵延不绝的教会改革和十字军东征。国王等顶层世俗统治者虽然也投身其中，但整个运动的兴起、发展和运作绝大部分都是在地方层面完成的。[3]

最后，权力地方化促进更广泛社会阶层的政治参与，这在中世纪晚期体现得最为明显。英格兰和意大利政治小册子的传播、罗马法在西欧地区的重新运用、法国和波希米亚等地的宗教异议者以及席卷整个欧洲的底层民众反抗，体现了精英和非精英群体都投身于"如何才是一个好政府"的广泛辩论中。到这个阶段，衡量中世纪晚期各国发展的标准发生了变化。也就是说，这个标准不再单纯是军事力量的强弱，而变成了不同类型议会的运作方式、解决争端的方式和政治决策制定的理性化过程。[4] 从文化层面来说，这些变化源自12世纪以来的大学兴起、更专业化的教育以及书写能力的扩展。也正是在这个意义上，12世纪不仅见证了古代文化的复兴，更成为欧洲政治公共空间扩大和权力分散化之滥觞。

1　Chris Wickham, *Medieval Europe*, p. 74.

2　参见 G. Duby, *La société aux XIe et XIIe siècles dans la région mâconnaise* (Paris: S.E.V.P.E.N., 1971), pp. 173-190, 245-262, 并见黄艳红：《中世纪法国的空间与边界》，《世界历史》2016年第3期。

3　Chris Wickham, *Medieval Europe*, pp. 104-106, 110.

4　*Ibid.*, pp. 234-235.

二、经济发展：税收体系与贸易网络的发展

从经济角度解读历史变迁是马克思主义史学的重要进路。威克姆坦承，在今天的学界主流中，经济-社会史研究已经让位于新文化史、性别史等新领域，但他强调对历史发展大势的把握仍要从经济模式、政治运作和社会发展整合的角度加以整体性思考。[1]

20 世纪 90 年代，西方学界曾就西欧在 10 至 11 世纪是否发生过一场"封建革命"进行了大规模论战，威克姆不仅亲自上阵，还曾专门撰文回顾那场辩论。[2] 在他看来，"封建革命"引发了原先社会体系的崩溃，但随之而来的是基于地方性权力的网络重建。从这个方面来说，威克姆实际上认同了穆尔所倡导的"第一次欧洲革命"，都将 1000 年前后视为中世纪早期和中后期的分水岭。[3]

但是，与穆尔对社会治理模式的强调不同，威克姆的核心关注点是土地制度和税收体系的相互关系。不同时期土地-税收关系，及其对国家治理和政府运作的影响，成为威克姆解读中世纪欧洲的一把金钥匙。[4] 在 2005 年出版的巨著《构建早期中世纪》中，威克姆详尽阐述了他二十余年来所坚持的税收-土地划分模式。他认为，古代到中世纪的过渡改变了整个社会系统的经济基础。他将之划分为基于税收的和基于土地的两个系统，以分别对应古代纳贡制以及封建生产方式。[5] 因此，后罗马时代的根本

---

1 Chris Wickham, "Memories of Underdevelopment: What has Marxism Done for Medieval History and What Can it Still Do?" in *Marxist History-Writing for the Twenty-first Century*, ed. Chris Wickham, pp. 32–48.

2 Chris. Wickham, "Le forme del Feudalesimo," in *Settimane di studio del Centro italiano di studi sull'alto medioevo*, Vol. 47 (2000), pp. 15–51.

3 R. I. Moore, *The First European Revolution: 970–1215* (Oxford: Wiley Blackwell, 2000).

4 Chris Wickham, *Medieval Europe*, p. 34; W.M. Ormrod and J. Barta, "The Feudal Structure and the Beginnings of State Finance," in *Economic Systems and State Finance*, ed. R. Bonney (Oxford: Oxford University Press, 1995), pp. 76–79.

5 Chris Wickham, *Framing the Middle Ages: Europe and the Mediterranean 400–800* (Oxford: Oxford University Press, 2005), p. 60; Chris Wickham, *Land and Power: Studies in Italian and European Social History, 400–1200* (London: British School at Rome, 1994), pp. 9–12, 45–50, 84–89.

性变化就在于税收系统的消失和土地政治的开始。威克姆也由此回应了著名的皮朗命题，指出中世纪占支配地位的封建生产方式本质上是个体贵族的剥削，因此欧洲交换经济的大倒退是西欧（尤其是北欧）地区自身发展造成的，而并非由于伊斯兰世界的封锁。尤其是10至11世纪的封建革命之后，贵族对农民的人身控制得以确立，欧洲地区的贸易重新蓬勃，城市也得以迅速复兴。[1]在这个框架下，威克姆提出了对中世纪经济模式的新解读。

首先，威克姆不仅在中世纪西欧与罗马帝国之间进行比较，也纳入了拜占庭帝国和伊斯兰国家。他特别强调将拜占庭作为拉丁世界的对照，认为前者更多地继承了罗马帝国的国家治理系统，其中最重要的就是税收制度。这就使拜占庭在国家执行力等方面强于任何西欧国家。就税收方面来说，中世纪西欧不仅与罗马帝国出现了断裂，而且也呈现为欧洲北部和地中海世界的断裂。[2]他强调，更稳定的税收能为国家带来更强的执行力，而这种执行力主要就体现在军队的供养和战斗能力上。然而，西欧的系统税收模式直到中世纪后期才被重新"发明出来"，且整体运行效率很低。更重要的是，威克姆在"1204年：替代选择的失败"一章中提出了极具原创性的观点，认为第四次十字军东征使西方不再有向拜占庭学习的动力。奥斯曼土耳其人继承了拜占庭的国家治理方式，但由于宗教等各种方面的原因，西方不可能去效法穆斯林的模式，从而彻底丧失了替代性选择的可能。[3]

其次，基于对税收体系的考察，威克姆对黑死病之后的西欧经济发展也展现了更

---

[1] 在威克姆的框架中，封建革命之前的网络主要在欧洲的南部和北部之间，西北欧和东欧地区在很大程度上依赖于地中海地区的奢侈货物交换以服务贵族需要。随着11世纪以来的封建革命和欧洲经济繁荣，交换和商贸的需要逐渐下移，西北欧还形成了以佛兰德斯为代表的区域性商贸中心。但他也指出，从整体上来看国际商业系统远没有初级产品的小规模、地方化交换重要。国内学者的相关讨论，参见向荣：《西方学者对"皮朗命题"的验证与再讨论》，《光明日报》2016年12月11日11版；王晋新：《皮朗与"皮朗命题"——对西方文明形成时代的重新审视》，《世界历史》2008年第3期。

[2] Chris Wickham, *Medieval Europe*, p. 27.

[3] *Ibid.*, pp. 170–171.

为乐观的图景。[1] 在黑死病之前，欧洲的经济发展势头迅猛。随着人口的大量增加，似乎经济也已经走向了拐点，文献中开始越来越多地出现饥荒的记载。[2] 黑死病掠走了欧洲几乎半数人口，但同时也催生了毛细血管权力的扩张。威克姆认为这场瘟疫只对那些高度依赖密集劳动力的地区带来了毁灭性打击，而其他地方（尤其是英格兰和意大利）的经济总体仍呈上升趋势。从另一个角度来看，人口的减少缓解了对粮食的大量需求，增加了人均土地占有的数量，甚至提高了城镇中工人们对薪水的议价能力。经济发展带来了更为多元的社会，使更多的人参与到了"细胞化又集体性的"世界中。不同的政治模式越发难以实现对人们整齐划一的控制，进而形成了不同模式的公共空间。[3] 这一论断也得到了詹姆斯·贝利施实证研究的支持。贝利施指出，黑死病使欧洲原先过于拥挤的人口骤然下降，不仅从14世纪中期开始提升了欧洲的人均生活水平和贸易额，同时也刺激了重大的技术进展。[4]

最后，西欧中世纪晚期所形成的多样性税收体系对整个欧洲乃至世界的发展都产生了深远影响。威克姆提出了进一步的研究进路：

> 中世纪晚期欧洲政体在财政上大不相同，他们有不同的税收形式（直接税或间接税），不同的税收时间（有的税是每年的和定期的，但是许多税都只在战争期间征收），不同的税收负担和领地产业与税收收入之间不同的比例。所有这些都意味着不同的王室税收形式对臣民有不同的影响，这个问题迄今尚未被系统地研究过。但是，他们也有一种全球性的影响。无论通过何种形式，统治者所能获得的资源越多，他们所能做的就越多。这些资源的水平对不同欧洲力量的内在基础

---

1 关于黑死病之后欧洲各国不同的发展轨迹也曾经引发马克思主义史学家与其他学派史学家的争议，参见 T.H. Aston and C. H. E. Philpin, eds., *The Brenner debate: Agrarian Class Structure and Economic Development in Pre-Industrial Europe* (Cambridge: Cambridge University Press, 1985)。

2 Chris Wickham, *Medieval Europe*, pp. 138-139.

3 *Ibid.*, pp. 209-214.

4 James Belich, "The Black Death and the Spread of Europe," in *The Prospect of the Global History*, ed. James Belich (Oxford: Oxford University Press, 2016), pp. 94-107.

结构和政治凝聚力都有着直接影响。[1]

他不仅强调税收对国家的支撑作用，更强调从土地政治重新转向新的税收政治对国家治理的影响。税收体系在中世纪后期的恢复为更广泛的政治参与提供了基础。当统治者希望向其他精英和非精英阶层征税时，不能简单地依赖武力胁迫，而是需要协商。这扩大了整个社会的政治参与度，也使一个新型的官僚管理体系成为可能。用美国历史社会学家菲利普·高尔斯基的话来说，这是一种国家攫取资源的能力，也正是这种能力的发展，最终使荷兰和普鲁士在17至18世纪成为欧洲的领头羊。[2] 威克姆强调，中古晚期到近代早期转变的关键点就在税收制度的演变，以及随着这些演变所引发的经济复杂化和政治多样性。但是，他拒绝一种后设视角的价值判断，亦即不认为富裕的专制国王比那些受贵族限制的弱势国王"更好"或"更加现代"。[3]

威克姆反复强调，中世纪本身的价值不需要以"走向现代"的目的论为之正名。他认为，中世纪欧洲社会的特点就在于各个地区、各个社会阶层在政治与经济生活的深度参与，而这种交流网络的建立对近代欧洲的发展和真正的全球化至关重要。

三、进入社会史的新视野：底层、妇女与全球化

上层精英人物一直是中世纪研究的重点。从20世纪60年代以来，"从底层看历史"的呼声催生了一批相当有影响力的研究。这些著述为理解中世纪人们的社会、思想、生活与喜怒哀乐等等提供了更为广阔的图景。作为具有浓厚马克思主义倾向的史

---

1 Chris Wickham, *Medieval Europe*, p. 231.
2 Philip Gorski, *The Disciplinary Revolution: Calvinism and the Rise of the State in Early Modern Europe* (Chicago: University of Chicago Press, 2003), pp. 5-16, 32-37.
3 Chris Wickham, *Medieval Europe*, p. 233.

学家，威克姆持续关注底层民众。他在《中世纪欧洲》的开篇就明确指出：

> 我们需要牢记，本书中一个最基本事实就是，这些财富和政治权力都是基于对大多数农民的剥削。中世纪社会系统的整个经济动力，包括我们倾向于称为经济"发展"的每一次变革——无论是市场数量的增加和规模的扩大，还是城镇和手工匠人的增长（购买者多数是贵族）——都基于领主和农民的不平等关系。前者总是试图去剥夺后者产出的盈余。当然，农民也不会总出现在本书的每一页上；但几乎所有我们要讨论的事务都是由他们劳作而获得的盈余（佃租）为代价，即使他们或多或少都不太情愿。忘记这一点是错误的。[1]

在叙述上层政治、经济政策的演变和发展过程中，威克姆一直关注着底层。比如在讨论商贸网络构建问题上，他认为只要大城镇中对食物、燃料、羊毛等物资有所需要，就应当将在人口中占大多数的农民纳入国际化网络中。成本更低的手工业产品进入大众市场后，为后来数个世纪的类似工业化提供了更为稳固的基础。[2]

首先，威克姆认为，中世纪后期一般民众读写能力的发展成为14世纪以来欧洲演进的重要促进因素。1381年英格兰起义期间，伦敦市民烧毁公共法庭记录和东英格兰乡村民众烧毁采邑记录等行为，都表明了民众对书写力量的刻意运用，虽然他们采取的是一种破坏性方式。鉴于非精英阶层领导者在当时欧洲的大部分国家中都没有合法出路，他们所领导的运动最终演变为暴力行动也就不足为奇了。威克姆强调这些起义绝非过去所描绘的"可耻的失败"和"暴乱"，而是代表着农民和城市贫民等底层民众在中世纪后期对公共政治的积极参与。[3] 不过，威克姆对这些行动是否可称为"革命"持保留意见。在他看来，这些行动只有非常具体的事务性目标，缺乏整体性的

---

1 Chris Wickham, *Medieval Europe*, p. 16.
2 *Ibid.*, p. 137.
3 *Ibid.*, p. 251. 关于书写能力与英格兰1381年起义的经典研究可参见 S. Justice, *Writing and Rebellion: England in 1381* (Berkeley: University of California Press, 1994)。

指导思想。但无论如何，曾处于底层、被剥夺了权利的人们开始具备思考他们在这个世界上所处地位的能力，也通过行动表明了自己的态度。读写能力的扩展和便捷的交通不仅使政治辩论成为可能，也使有组织的暴力反抗成为可能。

其次，威克姆也关注到了中世纪欧洲另一类型的"底层群体"——妇女。威克姆没有细致探究个体女性所扮演的社会角色，而更多将女性在历史舞台上的出现与西欧中世纪后期的社会发展相结合。过去对妇女的研究主要聚焦于贵族和献身宗教生活者，因为她们在社会中扮演着"类似男性的"角色。[1] 随着城镇手工业中的雇佣妇女劳动，女性在整体社会生活中扮演了更为重要和且更具多样性的角色。这一切都源于欧洲经济模式的持续复杂化，促使社会分工和社会结构变得多样。与此同时，世俗文学的兴起、宗教虔诚精神的复兴以及城镇手工业对妇女的雇佣都使女性在整体社会生活中扮演了更为重要的角色。[2]

最后，威克姆在论述中力图勾勒全球化和地方化的双重视角。威克姆特别强调突出地理和时间维度上的宏大视野，并认为只有这样才能更为全面地把握中古欧洲的复杂性、差异性和多样性。[3] 虽然威克姆的作品仍聚焦于欧洲，但已经呈现出主动采用跨地域、跨文化视角的倾向，也与近年来英美中世纪史学界所提倡的"全球中世纪史"（Global Middle Ages）路径相辅相成。[4] 初看之下，这种全球化、区域化、整体化的趋势主要体现在国际商贸当中，尤其是13世纪以来以米兰、比萨、佛兰德斯等大都市为中心的商贸交易网络的建立。但在思想和意识形态领域，这种底层抗争和异议表达的传播也体现出了极强的传播能力。尤其是胡斯之死所引发的波及整个波希米亚的反

---

1 国内的研究主要集中在妇女的财产权利上，主要参见俞金尧：《中世纪欧洲寡妇产的起源和演变》，《世界历史》2001年第5期；谢经虎：《伦敦家庭财产继承及其反映的家庭与性别关系——以霍斯汀法庭遗嘱（1258—1688年）为案例》，《历史教学》（下半月刊）2017年第2期。

2 Chris Wickham, *Medieval Europe*, pp. 192-194.

3 James Belich, John Darwin and Chris Wickham, "Introduction: The Prospect of Global History," in *The Prospect of Global History*, eds. James Belich, John Darwin, Margret Frenz and Chris Wickham (Oxford: Oxford University Press, 2016), pp. 3-21.

4 Catherine Holmes, Naomi Standen, "Defining the Global Middle Ages (AHRC Research Network AH/K001914/1, 2013-2015)," in *Medieval Worlds*, Vol. 1 (2015), pp. 106-117.

抗运动,就展现了思想能够在欧洲以多么快的速度传播。[1]

与全球化并存的,还有地方化趋势。威克姆指出,虽然历史发展具有整体趋势和共同主题,但由于地方传统、地理位置以及与周边地区关系的差异,各个地方都呈现出高度地方化的特征。威克姆提请读者们注意到一个基本事实,那就是中世纪欧洲从未出现过一个真正的统一体,甚至在宗教上和文化上也没有。单就宗教方面,除天主教徒以外,欧洲还有分布广泛的犹太人、穆斯林、东方教会成员以及大量异端群体。甚至在所谓正统的基督教世界内部,不同区域都有着相异的传统和特色。特别是法国南部和地中海世界面临着更多的多元文化挑战,所采取的应对方式和自身运作模式也就更为多样。而在认同方面,"国家"(nation/state)这个概念直到中世纪后期才被视为理所当然的存在。苏格兰和斯堪的纳维亚地区甚至到13世纪中后期仍在强力抵制这种观念。所有人首先认同的都是自己日常生活中经历的世界,由此再向外扩展形成网络。这就是这个时期欧洲历史上的国家和地方之间的张力与碎片化倾向。

总体而言,威克姆对于关键时刻的划分和解读,体现了复兴中的长时段研究的特点。如乔·古尔迪和大卫·阿米蒂奇在《历史学宣言》中所说,随着我们对时间的认知在改变,传统上一个时代接续另一个时代的横向历史年代正在被"多重现代性"所取代,在这种框架之中有着相互重叠、相互交织的结构,并呈现出不同的因果顺序。[2] 宏大的研究视野为我们理解中世纪欧洲提供了更广袤的图景,但也存在分析粗陋和论证简略的缺憾。比如,威克姆并未阐明北欧地区原始集会政治和加洛林政治实验之间的关系,而这直接关涉到中世纪中后期北欧地区抗拒接受"国家"体制的大问题。最为重要的是,威克姆对中世纪时期的文化讨论太少,这与其前代英国学者理查德·威廉·萨瑟恩和同代学人罗伯特·巴特利特对西欧文化浓墨重彩之渲染大相径庭。[3] 即

---

[1] Chris Wickham, *Medieval Europe*, p. 248.

[2] 乔·古尔迪、大卫·阿米蒂奇著:《历史学宣言》,孙岳译,格致出版社2017年,第38页。

[3] 参见 R. W. Southern, *The Making of the Middle Ages* (New Haven: Yale University Press, 1953); Robert Bartlett, *The Making of Europe: Conquest, Colonization and Cultural Change, 950-1350* (London: Penguin Books, 1993).

使威克姆一直强调城镇繁荣与文化发展的关系，其中深层互动与外在表现关联的解读仍不免单薄。事实上，这也是西方马克思主义学者屡受诟病之处，亦即对文化发展的解释只简单归结于经济原因，却未能呈现思想世界变动的复杂动态和社会经济发展的紧密关系。这些也是后续研究中应当特别关注的问题。

（本文作者为上海师范大学人文学院世界史系副研究员）

拉丁文在法理学教学中的运用

杨天江

引 言

"语言是人的本质存在,人之成其为人,就因为他有语言。"[1] 正是通过语言,人类才从动物世界脱颖而出,并最终步入文明社会,形成自己独特的规范体系和制度设计。对于法律文明和法律制度而言,有一种语言尤其重要,那就是拉丁文。西方哲学肇端于古希腊人,现代物理学始于伽利略和牛顿,而法学则要追溯到公元前2世纪的罗马共和国晚期,因为那时在罗马人中正孕育着职业的法学家群体。这个群体既写作法学作品,也以法律为业。到罗马帝国前期,已有专门指代这个群体及其职业的普遍使用的词汇,它们分别是"iūrisconsultus"(法学家、律师)和"iūrisprūdentia"(法学、判例)。迨至东罗马帝国时期,优士丁尼皇帝下诏编纂法典,成就了举世闻名的法律文本《国法大全》(*Corpus iuris civilis*)。虽然这部法典在帝国境内并未发挥理想中的作用,但其通过中世纪的罗马法复兴对欧洲各民族国家立法和法学研究均产生了不同程度的影响。罗马皇帝偏爱法律之治的精神也垂范后世。"皇帝的威严光荣不但依靠兵器,而且须用法律来巩固,这样,无论在战时或平时,总是可以将国家治理得很好;皇帝不但能在战场上取得胜利,而且能采取法律手段排除违法分子的非法行径,皇帝既是虔诚的法纪伸张者,又是征服敌人的胜利者。"[2] 罗马法学家贡献了一系列的概念和规则,可

---

[1] J. G. 赫尔德著:《论语言的起源》,姚小平译,商务印书馆2014年,第26页。
[2] 查士丁尼著:《法学总论——法学阶梯》,张企泰译,商务印书馆1989年,序言,第1页。

以解释庞大而又多变的经验领域。这些概念和规则在帝国皇帝手中形成了一个伟大的法律体系,通过继受或移植,对世界各国法律制度和法学教育均有直接或间接的影响。

虽然随着罗马帝国的衰落,拉丁文逐渐失势,退出了日常语言的领地,不再是任何人的母语,但这最终反倒增进了它作为正式学术语言的地位。它曾是欧洲所有学者的共同语言,是欧洲的符号。启蒙的时代,17 世纪,一大批至今仍影响广泛的法学家,诸如格劳秀斯(Hugo Grotius,1583—1645 年)、霍布斯(Thomas Hobbes,1588—1679 年)、普芬道夫(Samuel von Pufendorf,1632—1694 年),均使用拉丁文创作了不朽的法学作品。18、19 世纪拉丁文仍然重要。"诚如一项以意大利法学作品为出发点的统计结果显示,1700 至 1800 年间出版的 3700 部作品中,拉丁文占 81%,意大利文占 19%。19 世纪下半叶,通俗语言出版物的比例大幅度增长(由 7% 上升至 31%),而且用在法律和章程上(52%),多于法学和法理(12%);相反地,拉丁文依旧是条约、民法原始资料及注释文和最高法院判决书的语言。"[1]

今天我们重提拉丁文之于法理学教学的重要性,并非仅仅为了缅怀历史,亦非仅仅为了译介曾经辉煌的法典,更是旨在读懂一个注重法权构造的民族。作为若干世纪里融合政治、宗教和知识三大权势的语言,拉丁文是我们通往欧洲法律文明的阶梯,也是我们破解诸多法理谜题的钥匙。

一、"iūrisprūdentia" 与 "jurisprudence"

按照目前的法学课程体系和培养方案,《法理学》作为我国法学专业主干课程通常为本科低年级学生开设,而且往往是一年级新生。对于这些学生来说,学习法理学无异于学习一门新的语言。任课教师在强调法理学这门课程的重要性以督促学生认真学习之外,还应以循序渐进的方式帮助学生尽快掌握法理学的基础概念和思维方

---

[1] 弗朗索瓦·瓦克著:《拉丁文帝国》,陈绮文译,生活·读书·新知三联书店 2016 年,第 102 页。

法。这就要求教师不仅要把纸面上具体的知识要点搬进学生的头脑之中，还要以合乎理性的方式说明其来龙去脉以期学生牢固掌握。

目前本科阶段的学生通常奉教材为圭臬，法理学的教与学在很大程度上是以教材为核心的。而且，在一些规模较大的法学院校，为了贯彻标准化考试的需要，任课教师往往被要求以教材为中心组织课堂教学。学生愿意并且能够通过阅读其他文献提升自身理论水准的实属凤毛麟角，即使任课教师适当补充相关文献材料也只是作为开阔学生眼界之用。因此，梳理教材知识点，讲解核心术语和基本范畴，便成为法理学教学的鹄的。

无论是从当下教材体例来看，还是从知识的系统接受来看，横亘在学生面前的第一道梯坎当属"法理"这个术语的理解问题，其中又包含着"法理学"的来源及其历史问题。鉴于当下法理学教材在体例上基本摆脱了苏联的窠臼，内容日渐偏重英美传统，因此，英文"jurisprudence"（法理学）就成为解释"法理"和"法理学"的重要参照。语源上的考察是引导学生思考相关术语核心含义的重要手段，而且也确实能够起到删繁就简、由浅入深的作用。况且，在英语世界围绕着"jurisprudence"已然形成了一门系统的学科。"据考证，第一次在学科意义上使用'jurisprudence'的是英国思想家边沁。他在 1782 年写就《法理学限定的界限》（*The Limits of Jurisprudence Defined*），第一次从法律理论的意义上来理解和使用 jurisprudence。"[1]

语源探究可以反映这个术语在英语世界的使用，还可以进一步揭示它是何时以及如何传入我国学界，并替代我们传统上的理解方式的。但是，止步于此显然不够。以英文作为中介理解"法理学"这一术语，方向正确，但仍需前行。因为"jurisprudence"本身有诸多义项：①法学，法理学，法哲学，法律学（指研究法律原理和现象的科学）；②法学的一个部门（如民法、刑法、诉讼法等），一种法律制度；③法律的一个分支；④（法院的）审判规程，判决录，判例法；⑤法院的裁定（尤指复审裁定）。[2] 列举它们只能呈现一个概观，还须继续追溯。法理学教材基本都会把"jurisprudence"追

---

[1] 张文显：《法理：法理学的中心主题和法学的共同关注》，《清华法学》2017 年第 4 期。
[2] 《英汉法律词典》，第 2 版（修订版），法律出版社 1999 年。

溯到拉丁词"iūrisprūdentia"。例如："最早出现的'法学'一词通常指古代拉丁语中的 jurisprudentia，其原意是'法律的知识'或'法律的技术'"；[1] "'法学'这一用语的拉丁文'Jurisprudentia'，至少在公元前3世纪末罗马共和国时代就已经出现，该词表示有系统、有组织的法律知识、法律学问"；[2] "最早出现的法学一词通常指古代拉丁语中的'jurisprudentia'，其原意是'法律的知识'和'法律的技术'。该词由词根'ius'（法）的形容词形式'juris'和另一个词根'providere'（实践知识、实践智慧）构成"；[3] "从词源上讲，法理学（Jurisprudence）是一个合成词，其中的'juris'，指法律或权利，'prudence'则译为智慧。所以，连接起来可以被界定为关于法律的智慧，或寻求对法律加以明智地解读或理解的学问。"[4]

这些观点均体现了当前法理学教材的自觉和期望：对"法理学"含义的发掘须参照其在语言文字上的发端，通过对词汇构造的分析既可明了其基本含义，亦可窥见其思想脉络。他们均坚持一个未曾言明的预设，当然这个预设也是一个事实：英语与拉丁文同源。既然同源，那么某些词汇在构造和含义上必然有相同或近似之处。弄清"jurisprudence"与"iūrisprūdentia"之间的联系，或者说探讨从"iūrisprūdentia"到"jurisprudence"的演变，既涉及语言学的内容，也触及思想史的维度。英语与拉丁文同属印欧语系，而且英语受到法语影响很大，而法语又属于由"俗拉丁语"演变而成的若干独立语言之一。"据学术界统计，在英语常用的20000词中，直接间接源于拉丁语的约有10400个，源于希腊语的约有2200个，而盎格鲁-撒克逊词只有5400个。"[5] 相应地补充印欧语系的语言学知识，既有助于学生理解法学术语的拉丁起源，也有益于说明为何"Jurisprudence"、"Jurisprudenz"等现代语言具有拼写和内涵上的相似性。

如此并非旨在要求学生掌握这些词汇的书写，而是让他们直观地感受到语言背后的观念。接着可以通过拆解"iūrisprūdentia"探究其内在观念组合的机制。

---

1 张文显：《法理学》，高等教育出版社2018年，第4页。
2 付子堂：《法理学初阶》，法律出版社2015年，第1页。
3 沈宗灵：《法理学》，北京大学出版社2014年，第4页。
4 李龙主：《法理学》，武汉大学出版社2011年，第2页。
5 信德麟：《拉丁语和希腊语》，外语教学与研究出版社2007年，第10页。

"iūrisprūdentia"是一个合成词,由两个部分构成。一个部分以"iūs"为核心,另一个部分是"prūdentia"。那么,对"iūrisprūdentia"字面含义的理解就可以从对这两个部分的理解入手。"iūris"来自"iūs",是后者的变格。格是拉丁名词的屈折变化之一,它共有六种格的变化,分别是主格(Nominative Case)、属格(Genitive Case)、与格(Dative Case)、宾格(Accusative Case)、夺格(Ablative Case)和呼格(Vocative Case)。"iūris"是"iūs"的属格形式,属格通常表示属有关系,可以翻译为"……的"。由此来看,只要把"iūs"这个概念讲清楚,"iūris"这个部分就没有什么问题了。那么,"iūs"究竟是什么意思呢?此处就遇到了难以通过英语理解拉丁文的难点:严格来说,无任何英语单词可以对译"iūs"。可以模糊地认为它具有两重含义:"法"(law)和"权利"(right)。因此,"iūris"的直接含义就是"法的"或"权利的"。"prūdentia"又是什么意思呢?它也有着丰富的含义,诸如实践知识(practical understanding)、智慧(wisdom)和准确的预判(foreknowledge),等等。另外,在学术史上,"prūdentia"指称一种非常重要的理智德性,与节制、勇敢和正义并列;同时它还代表着一种宇宙的或者神性的力量(cosmic or divine force)。因此,"iūrisprūdentia"是法权所属的知识和智慧,它既具有理论理性的维度,也具有实践理性的维度。《学说汇纂》(*Corpus Iuris Civilis Digesta*)曾有一个关于"iūrisprūdentia"简洁描述:"Iurisprudentia est divinarum atque humanarum rerum notitia, iusti atque ingiusti scientia." 即,"法学是关于神和人的事物的知识,是正义和非正义的科学。"[1] 可见,法学(法理学)是一门古老的科学,一个知识体系,而非纯粹以熟巧为要的实践技能。

二、"iūs"与"right"

对"iūrisprūdentia"的理解依赖对"iūs"的理解。通常的做法是把"iūs"理解为"法"和"权利"。目前国内各大教材均持此观点。按照通行的体例,法理学教材有四

---

[1] D.1.1.10.2.

大知识板块：法的本体论、法的价值论、法律方法论和法律社会论（或者运行论）。本体论涉及"法是什么"，价值论探讨"法追求什么"，方法论处理"法之操作"，社会论囊括"法与其他社会现象"。本体论是法理学当中最具哲学性，也最为难懂的部分。法的本体论必然会涉及"法"的定义，或者"法是什么"的问题。在西文当中表示"法"的词汇往往各有一对，如拉丁文的"iūs"和"lex"，德文的"Recht"和"Gesetz"，法文的"droit"和"loi"，意大利文的"diritto"和"legge"，西班牙文的"derecho"和"ley"。学界通常认为每对中的前者对应于英文"right"，后者对应于"law"。问题在于，在英文当中"法"与"权利"的区分是较为明显的，或者说当使用"right"的时候一般不用来指"法"。但在其他语言当中这种区分就不那么明显。

这个问题是目前法理学教材当中处理得不那么顺畅的地方。"jus、droit、Recht 等词语不仅有'法'的意思，而且都兼有权利、公平、正义等含义。西方学者为了区别起见，不得不在这些词语前面加上'客观的'或'主观的'作为定语，于是有'客观法'和'主观法'的称谓。"[1] 有些教材试图通过引入自然法的维度来解决这一难题："前者除有'法'的含义外，还兼有'权利'、'公平'、'正当'、'规律'、'法则'之意，因此它常被人们理解为'客观法'，或'理想法'、'应然法'；后者则主要被理解为人们依主观意志和认识制定的法律，即'主观法'，或'现实法'、'实然法'。"[2] 这两种观点都注意到了"iūs"这一组词的多义性，并且试图在"iūs"与"lex"之间建立单一对应的关系。还有部分教材认为"iūs"和"lex"各有不同含义，并无直接的对应关系："与汉字'法'相对应的拉丁文'Jus'……有'平'、'直'、'正'的含义……在不同的场合有着不同的含义，它可以泛指人人都必须遵守的行为规则，可以泛指一种'道理'，也可以指主体的正当行为、权利等……与'律'相对应的拉丁文为'Lex'……指人人都必须遵守的东西，有时指事物本身的规律即客观规律，有时又指国家规定的人人必须遵守的规则、文件即法律。"[3]

---

[1] 张文显：《法理学》，第66—67页。
[2] 付子堂：《法理学初阶》，第92页。
[3] 孙国华：《法理学》，中国人民大学出版社2015年，第18页。

各部教材都已经注意到了"iūs"理解上的困难，尤其是还有一个与之相近但用法颇为不同的"lex"。最为简单的处理方法是把"iūs"视为抽象的正当，而把"lex"当作具体的律条。这种处理方法的优势在于，既可以契合西方法律思想当中自然法与实在法区分的传统，也可以体现客观权利与主观权利划分的缘由。但是，它试图把"lex"和"iūs"分开进行理解的缺点也是十分明显的。实际上，"iūs"和"lex"概念互为因果，相互关联。在它们之间的关系上有一个经典的表述："lex non est ipsum jus, sed aliqualis ratio juris."[1]（法律并非权利，却是权利之理。）

而且，当我们讲"iūs"（权利）时，实际上是在讲"应得"（dēbitum），它与一项义务对应，而无论是权利还是义务都是由法表达出来的。托马斯·阿奎那（Thomas Aquinas）曾有一个比喻：艺术家要通过艺术的手法把一个东西呈现出来，那么在他的头脑中就必须存有这个事物的理（ratio），这个理即是他创作的规则，那么在立法者的头脑中也存有一个公正事物的理，它是实践智慧的规则，这个规则表达出来就是法。

虽然在我们的眼中"iūs"和"lex"剪不断理还乱，但在拉丁文献中不同时代的作者在使用它们二者时具有高度的自觉性和精确性。一般情况下，当"iūs"明确地被归诸一个主体，或者当它等值于"公正"（iūstum）、"正确之事"（the right thing）时，它与我们通常所理解的"权利"等同。当它指代具体的文本、条文、诫命时，与我们所理解的"法律"的含义相同。还有极少的情况，它的含义处于"公正"（iūstum）与"法律"（lex）之间，具有"正确的调整"（right ordering）或者"正确的安置"（right ordination）这样的含义。

问题出在，我们理解"iūs"时往往只愿采纳它的一种含义，也就说认为它要么是"法"，要么是"权利"，而不太愿意承认它可以同时兼具多重含义。在我们的认识当中，"法"是主观性的东西，可以随着立法者意志的改变而改变，甚至不需要一个正当化的基础。这恰恰是近代以来霍布斯传统所带来的产物，他认为法律（law）与权利

---

[1] Thomas Aquinas, *Sum. Theol.*, IIa, Iiae, Q. 57, a.1.

（right）之间存在巨大差别，前者是束缚，后者是自由。而且，在我们的前辈把"right"翻译为"权利"时，也把这个概念主观化了，"权利"似乎更多的是一个利益诉求，从而失去了它在西方法律思想当中的那种正当、甚至正确的含义。

三、"iustitia"与"justice"

当我们讨论权利时，会自然而然地触及另外一个概念"正义"。权利是正义的客体，是正义指向的东西，以及正义处理的东西。英文"justice"对应的拉丁文是"iustitia"。它是一个与"iūs"联系紧密的词汇。"iustitia"可以译为"正义"或"公正"。它是法理学的核心范畴之一，往往是法的价值论着重探讨的主题之一，因为正义是法的最为基本的追求。"正义有时被视为法的同义词，或者直接等同于法，有时又被看作异于法，并且高于法。就其某个方面而言，正义被认为在于与法一致，但同时也有人断定法必须符合正义。"[1] 在罗马法中，"正义"也有一个非常经典的表述："Iustitia est constans et perpetua voluntas ius suum cuique tribuendi."[2]（正义是给每个人属于他自己权利的永恒不变的意志。）据此，正义也须根据"iūs"才能得到理解。

迄今"正义"已经在罗马法这一表述的基础上发展出了丰富的理论和学说。暂且不论这些复杂的演变，法理学教材在讨论正义主题时往往会以引入"正义女神"（司法女神）的神话叙事开始。"西方语言中的正义与希腊文'dike'、'themis'和拉丁文'justitia'有关"[3]，"拉丁语中'正义'（Justice）一词得名于古罗马正义女神禹斯提提亚（Justitia）。禹斯提提亚是同希腊正义女神狄刻和忒弥斯等同的神"[4]。

1　Giorgio Del Vecchio, *Justice: An Historical and Philosophical Essay*, ed. A.H. Campbell (Edinburgh: Edinburgh University Press, 1956), p. 1; *Die Gerechtigkeit*, trans. F. Darmstaedter (Basel: Verlag für Recht und Gesellschaft, 1950), p. 1.
2　D.1.1.10pr. 和 I.1.1pr。
3　石茂生：《法理学》，郑州大学出版社2010年，第69页。
4　付子堂：《法理学进阶》，法律出版社2016年，第76页。

具体来说,"Justitia"接替了古希腊的正义女神忒弥斯(θέμις)和狄刻(δίκη)的位置,成为"正义"的人格化的形象,并且后来演变为西方法律文化中法官肖像的固定模板,甚至在世界范围内都广为流传。与忒弥斯和狄刻相比,"Justitia"的肖像更像是现代人心目中的法官形象。她蒙上眼睛代表着与某些信息、知识保持适当的距离,甚至直接拒之于头脑之外;她的天平和利剑是校正正义的象征;法典所载的成文法是一切审断活动的依据,其他因素不得凌驾于法典之上;更为重要的她要求取代只有君王才能配享的王冠。这一切都是为了保证她的审断的中立性和至上性。对此,程序是最好的保证,因此,"Justitia"肖像中的元素都带着程序的色彩,她会排斥一切视觉的东西,她会排斥一切情感的东西,她会排斥一切不可称量的东西。当把这些都剔除了之后得出的结果还是正义吗?当然是正义,但往往是形式的正义。而这种形式正义正是后来的西方法治文化所追求的对象。

"正义"的这种形象定型于文艺复兴时期,此后便在人们的心目中留下了难以撼动的印象。这在某种程度上得益于古罗马法学的昌盛,以及意大利法学研究的繁荣。正如英国著名的法哲学家哈特所言:"自中世纪以降,法哲学就成了意大利人的主要研究领域,尽管许多英语世界的哲学家熟悉那些与阿奎那、维科、贝卡利亚、龙勃罗梭、帕累托等人相连的学说,但他们很少有人真正清楚这一领域的意大利文献的丰富性,也很少有人真正清楚意大利大学赋予它的重要性,以及致力于它的哲学流派(实证主义、托马斯主义和观念论)的多样性。"[1] 正是在这种厚重的法学氛围中,"正义"落在了法官的肩上。法官与正义共用一个词语,彼此成就。

恰恰因为法与正义的这种微妙联系,才使得它拒绝沦为纯粹权力的工具,由此一种不同于政治共同体的法律共同体才变得可能。政治共同体以政治权力为边界,而法律共同体则立基于正义的观念之上。法律共同体的使命在于限制恣意的权力,把正义的观念落到现实。作为法律共同体核心和喉舌的法官肩负着推动这一实现过程的重任,因为只有受到委任的法官才具备以法律共同体之名公正行为的权威。"正义"、"法

---

[1] H.L.A. Hart, "Justice", in *Philosophy*, Vol. 28, No. 107 (Oct., 1953), pp. 348–352.

律"和"法官"这些概念不可避免地交织在一起,这不仅是因为它们在词源上具有同根性,而且更为重要的它们有着共同的观念起源。

综上所述,"iūs"、"iustitia"和"iūrisprūdentia"是法理学教学过程中必须澄清的三个基本术语,它们也构成了法理学研究的三个紧密相连的重要范畴,对它们的理解关乎我们对法理学,乃至整个西方法律传统的认识。除了这些基本术语,还有一些法律规则和法律格言,也需要回到拉丁原文才能在理解上更上层楼。因此,如何通过调用语言知识讲清它们的本有之义,是我们在法理学教学中必须面对的难题。对于某些法理学的知识而言,操持拉丁文并非增色的伎俩,而是避免错误的良方,借助这种语言不仅可以阅读更多优秀的作品,更重要的是要更正某些司空见惯的误读。

(本文作者为西南政法大学行政法学院副教授,西南政法大学外国语言文学学科法律语言方向团队成员)

"自然"教学法在北京外国语大学拉丁语专业本科教学中的应用[*]

李 慧

语法翻译法（Grammar-Translation Method）是国外最主流的古典语言教学法，也是国内绝大多数拉丁语课程所采用的方法。语法翻译法通常指拉丁语–母语之间的翻译，但由于拉丁语与汉语之间几乎没有对应的语法形式，教师们常常采用"拉-英语法翻译法"，这对教师和学生的英语又提出了很高的要求，教学目标和效果都难以把握。北京外国语大学拉丁语专业则采取了一种完全不同的古典语言教学方法——"自然"教学法（[拉]Ratio naturae 或 Ratio Oerbergiana、[英]Nature method、[意]Metodo natura）。该方法在北外拉丁语专业本科培养方案中贯穿始终，不仅用于古典语言课程，也应用于文学、文化、历史类课程中，经过一年半的实践，取得了令人满意的效果。国内拉丁语学习者的动机越发多元化，对教学质量的要求也越来越高，单一的语法翻译法不再能满足广大学习者的需求，而北外拉丁语专业的方法和经验，值得被研究、介绍和推广。

本文将首先介绍"自然"教学法的产生和发展，通过与语法翻译法对比总结其特点。然后介绍北外拉丁语专业培养方案，阐述"自然"教学法与培养目标的关系。之后以两堂课的教案为例，还原"自然"教学法课堂教学流程，并通过与美国和意大利国标考试题做对比，说明"自然"教学法的成效。最后讨论"自然"教学法在中国推广中遇到的问题和解决方案。

---

[*] 本研究受中央高校基本科研业务费专项资金资助，项目名称"青年教师科研启动经费——西塞罗著作与欧洲拉丁语文教育"，项目号：2016QD005。

一、"自然"教学法

"自然"教学法的拉丁文原文为 Ratio naturae,即"自然的方法",又称"奥尔博格方法"(Ratio Oerbergiana),源自丹麦古典语文学家汉斯·亨宁·奥尔博格(Hans Henning Ørberg,1920—2010 年)所编纂的教材《根据自然的方法讲解的拉丁语》(*Lingua Latina secundum naturae rationem explicate*, 1955)。"自然"教学法与现代语言教学法——自然法(Natural Method or Approach)不同。首先,二者名称有别,拉丁文原文名称中的 naturae([英]of the nature)是名词属格,英文名称中的 natural 是形容词。其次,二者理念不同,奥尔博格"自然"教学法虽要求摒弃其他语言的中介,但也十分重视综合性的语法学习;而现代语言自然教学法允许在初级阶段借助母语,通过阅读或翻译来领悟和总结语法,避免系统的语法学习。[1]第三,二者使用范围不同,"自然"教学法用于古典语言教学,而自然法主要用于现代语言教学。为避免二者混淆,笔者将奥尔博格方法的汉译名称中的"自然"二字加上了引号。

语法翻译法被称为是"传统"方法,但是,它其实是从 19 世纪中叶才开始被广泛应用于古典语言教学的。[2]"自然"教学法则有着更为悠久的传统,它来源于文艺复兴伊拉斯谟、夸美纽斯等人文主义者所倡导的古典语言教学传统(via degli umanisti),而该传统又源于古罗马修辞学校的传统,并在对中世纪拉丁语教学方法的反思和批判中形成。[3]人文主义者摒弃中世纪繁冗的语法和词

---

[1] 关于两种教学法的区别,参见 Andrea Balbo, *Insegnare latino, sentieri di ricerca per una didattica regionevole* (Novara: UTET, 2007), pp. 69-71; D. W. Reck, *The Role of the Oral Method in the Teaching of Modern and Classical Languages*, in *The Classical Journal*, Vol. 57, No. 4 (Jan. 1962), p. 335。

[2] 持此观点的有 Louis G. Kelly, *25 Centuries of language Teaching, 500 BC-1969* (Rowley, Massachusetts: Newbury House Publishers, 1969), p. 53; Luigi Miraglia, *Nova Via Latine doceo* (Roma: Edizioni Accademia Vivarium novum, 2009), p. 9。语法翻译法的流行主要有以下几个原因:首先,启蒙运动和实证主义哲学影响了语言学观,认为语言知识来自对其规则的学习,即标准语法(Grammatica normativa)的学习,需要对词法、句法及其逻辑进行科学、理性、透彻的分析;其次,18 世纪以来,传统天主教国家的启蒙运动者对教会教育,尤其是耶稣会教育体系进行批判,其重视演讲、写作技能培养的古典语言学习方法也成了摒弃和改造的对象;第三,19 世纪以来,普通语言学在德国创立和发展,语言的规律和规则被当做科学研究的对象。拉丁语、古希腊语学习受到其他学科的挤压,课时大幅缩减,而用古典语言阅读、演说、写作的能力也不再是古典语言课程教学的目标,而是锻炼思维能力的一种手段。在以上因素的推动下,"普鲁士方法"(the Prussian method),即语法翻译法,在欧洲各国日渐流行。

[3] Luigi Miraglia, *Nova Via Latine doceo*, pp. 20-21; Eugenio Garin, *L'educazione in Europa (1400-1600)* (Bari: Laterza, 1976), p. 24。

典[1]，编写精简的语法、对话练习、仿写练习等，让学生用拉丁语交流、演说与写作。这种古典语言的教学传统在大多数天主教会学校、古典高中、文法学校中仍被保留到20世纪中叶，甚至今天仍有一些长者能够用拉丁语交流和写作。

奥尔博格还吸收了英国古典语文学家劳斯（William Henry Denham Rouse, 1863—1950年）将直接法（Direct Method）应用于古典语言教学的经验。该方法的基本理念是，语言学习最好的方式是主动输出，以归纳的方法，而不是用演绎的方法来学习语法。[2] 20世纪初，劳斯执教剑桥大学的附校珀斯学校（Perse School），采用直接法来教授拉丁语和古希腊语，成效卓然。[3]虽然珀斯学校的教育模式没能延续，但是一些教师开始效仿和改良这种方法，今天在北美和英国十分流行的阅读法（reading method）就是由该方法演变而来。[4]

1953至1961年，奥尔博格在"自然"教学法语言学院（Naturmetodens Sporginstitut）教授拉丁语，他结合自己的教学经验，于1955年出版了一部题为《根据自然的方法讲解的拉丁语》的教材。此后，他不断完善这部教材，1990年，他以《自释拉丁语教程》（*Lingua Latina per se illustrata*）为题将它重新出版。这套教材所采用的方法被称为"自然"教学法。

拉丁语虽然已不再作为日常沟通交流的工具，但是它一直是重要的学术研究工具。从古罗马到文艺复兴，拉丁语是很多知识唯一的载体。西方民族语言发展后，拉丁语仍然是学术交流的通用语，如同今天的英语。两千多年积累的拉丁文文献数量巨大，学者必须能直接地、流畅地进行原典阅读，拉丁语才能算是有效的学术研究工具。

---

[1] 即使是最负盛名的亚历山大·德维拉德依（Alexander de Villa Dei, 1175—1240年）的《少儿语法》（*Doctrinales puerorum*）和多纳图斯（Donatus）的《语法术》（*Ars grammatica*），都无法避免过于繁冗、琐碎、过度描述、忽略应用等缺陷，学习全书需要十几年的时间。拉伯雷的《巨人传》就对这种教育进行了讽刺。

[2] 关于直接法的发展历史和教学理念，详见 Jack C. Richards, Theodore S. Rodgers, *Approches and Methods in Language Teaching*（北京：外语教学与研究出版社，2008），pp. 9-14。

[3] 关于珀斯学校直接法古典语言教学实践，劳斯及其同事出版了多部专著和教材，其中最主要的有：William Henry Denham Rouse; Reginald Bainbrideg Appleton, *Latin on the Direct Method* (London: University of London Press, 1925); *The teaching of Latin at the Perse School, Cambridge* (London: HM Stationery Office, 1910); Reginald B. Appleton, *Some practical suggestion on the direct method of teaching Latin* (Cambridge: W. Heffer & sons, 1913) 等。

[4] 较著名的阅读法拉丁语教材有《剑桥拉丁语教程》（*Cambridge Latin Course*）、《阅读拉丁语》（*Reading Latin*）等。

而事实证明，语法翻译法需要很长时间才能达到流畅阅读的水平。[1] 在与语法翻译法的对比中，"自然"教学法的特色和优势能更为清晰地凸显。

表 1

	语法翻译法	"自然"教学法
理论及方法来源	① 实证主义哲学 ② 《普遍唯理语法》 ③ "普鲁士方法"	① 古典修辞学校传统 ② 文艺复兴人文主义教学传统 ③ 吸收了直接法、全身反应法、口语法、情景法等现代语言教学法
	有的学者认为该方法并无科学根据[2]	融合了古典传统和现代方法
目标	① 思维训练（Mental gymnastic） ② 原典阅读 ③ 拉丁语和母语互译（50年前） ④ 拉丁语译母语（近50年以来）	不借助词典和语法工具，流畅阅读原典
	目标并不明确	目标清晰明确
典型教材与内容	《韦洛克拉丁语教程》（*Wheelock's Latin*） ① 以母语所著的规范语法作为核心教材。内容通常按语音、名词词法、动词词法、句法的顺序安排 ② 辅以若干本练习册，习题以词汇变形、句子翻译、篇章翻译形式为主 ③ 现代教材通常会搭配古代文化知识补充	《自释拉丁语教程》[3] ① 第一册《罗马家庭》（*Familia Romana*）讲述 1 世纪尤里乌斯一家人的故事，内容包含古罗马地理、家庭、奴隶、教育、航海、军事、农业、文学、神话、戏剧、诗歌等[4] ② 第二册《永恒的罗马》（*Roma Aeterna*）以罗马史为主线，以维吉尔、李维、奥维德、奈波斯、革利乌斯、西塞罗、萨路斯提乌斯等人的原典为课文 ③ 配有课后练习、阅读材料和教师用书，如初阶教程的学生用书《我学拉丁语》（*Latine Disco*）中包括人物对话、课后练习、逐章语法讲解、语音、词法、句法、词汇表等[5] ④ 十几种与课本相关的原典选编[6]

---

1 Andrea Balbo, *Insegnare latino, sentieri di ricerca per una didattica regionevole*, p. 58; Luciana Preti, *Metodi e strumenti per l'insegnamento e l'apprendimento del latino* (Napoli: Edises, 2014), pp. 192–199.

2 Jack C. Richards, Theodore S. Rodgers, *Approaches and Methods in Language Teaching*, pp. 5–7.

3 该套教材课本第一册已经引进出版：奥尔博格、李慧编：《拉丁语综合教程 1 课本》，外语教学与研究出版社 2019 年。引进版中增加了教材使用说明、课后习题答案和课文录音。

4 第一册书 28 单元起已有原典选段，包括《新约圣经》、卡图卢斯、奥维德、马尔提阿利斯的若干诗歌。

5 《我学拉丁语》也将由外研社在 2020 年出版，书名为《拉丁语综合教程 1 学生用书》。

6 第一册书学完后可阅读用"自然"教学法注解的《高卢战记》。还可阅读《罗马人的话语》（*Sermones Romani*），其中包含普劳图斯、加图、费德鲁斯、塔西佗、西塞罗、贺拉斯、小普林尼等作家的原典。

(续表一)

	语法翻译法	"自然"教学法
典型教材与内容	① 教材为母语。当教师和教材不是汉语时，对学生的第二外语水平要求很高 ② 课文为互相独立的句子和文段，无连贯情节 ③ 生词以拉丁语-母语单词表呈现，须在学习课文之前学习 ④ 词汇不按词频安排，常出自相互无关联的文段和句子中 ⑤ 对词汇及其变形的熟练度要求不高 ⑥ 先学习语法，基本语法规则少，花费大量时间学习例外 ⑦ 语法知识系统	① 教材为拉丁语。对学生和教师的母语和第二外语没有要求 ② 课文为长篇故事或对话，全书情节连贯 ③ 生词在课文边栏中通过图片、符号、旧词、同义词、反义词、迂回说法、引申义等来注解。可边读课文边学习 ④ 词汇按照词频来安排，第一册课本所包含的2000多个常用拉丁语词汇占拉丁原典的80%，有连贯的故事为语境 ⑤ 词汇及其变形必须牢记，否则无法进行课堂活动和课下练习 ⑥ 后总结语法规则，只学习基本语法规则，不强调例外 ⑦ 语法知识较为零散
学习者角色	① 不要求能熟练、正确地发音 ② 不用拉丁语交流 ③ 学习拉丁语与母语词汇的对应 ④ 将拉丁语句子和文段译为母语	① 必须能熟练、正确地发音 ② 能用拉丁语交流 ③ 能用同义词、反义词、迂回说法等解释词汇 ④ 用不同的句式来释义句子和文段（Paraphrase） ⑤ 主动归纳语法
	① 母语课堂，起步较为容易 ② 中、高级学习效率较低	① 拉丁语课堂，起步较难 ② 中、高级学习效率高
教师角色	① 母语教学 ② 讲解词义、语法规则 ③ 分析例句的语法成分 ④ 指导翻译练习，最常用的句子："如何翻译？"	① 绝大部分时间用拉丁语教学 ② 引导学生自己领悟词汇意义，归纳语法规则 ③ 指导学生在语境中理解长篇课文 ④ 最常用的句子："Dic aliter!（用另一种说法表达！）"
	母语教学，对教师语言水平要求不高	拉丁语教学，对教师语言水平要求较高

(续表二)

	语法翻译法	"自然"教学法
教学流程	① 复习 ② 讲语法 ③ 讲新词（往往不要求背，会查词典即可） ④ 翻译句子 ⑤ 翻译文段	① 以对话、问答、复述等方式复习 ② 快速阅读课文，有时边读边表演 ③ 用问答的方式检验对课文的理解 ④ 用同义词、近义词、肢体语言、图片等方式解释生词，用简单的拉丁语解释语法 ⑤ 填空，造句，表演，仿写，游戏，唱歌等多种方式练习
	课堂活动单一，教师主讲 用演绎法：先学习语法，再用于阅读和翻译	课堂活动丰富，教师与学生互动 用归纳法：先阅读文本，再归纳语法规则
测试	① 试卷语言为母语 ② 通常只有笔试 ③ 题型有词形变化，句子成分分析，阅读理解，拉丁语译母语 ④ 阅读或翻译文段较短，母语提问和回答 ⑤ 常允许带词典	① 试卷语言为拉丁语 ② 应有笔试和口试 ③ 题型有填空、造句、编对话、仿写、阅读理解、作文等 ④ 不考察翻译，阅读长篇或多篇文段，拉丁语提问和回答 ⑤ 不允许带词典
	① 考试形式较为单一 ② 对阅读速度要求低	① 考试形式丰富 ② 对阅读速度要求高

综上，"自然"教学法最突出的优点有以下几点：

1. 学习目标明确，即培养流畅阅读拉丁语原著的能力；

2. 课本和练习全部为拉丁文，避免其他语言的中介，提高学习效率；

3. 课文篇幅较长，全书故事内容连贯，从一开始就培养流畅阅读的习惯；

4. 词汇按照词频来安排，常用词以各种形式在课文中滚动复现，课文内容连贯、有趣，词汇和语法可在语境中记忆，避免枯燥的背诵；

5. 练习形式丰富，多为"输出"类型；

6. 语法规则简单,先在学习课文的过程中自己归纳,再在单元结束时总结学习。
7. 使用对话、短剧表演、诗歌朗诵、游戏、多媒体音频视频等多种教学手段,课堂生动活跃。

奥尔博格方法在意大利、美国、西班牙、英国、荷兰、法国、比利时、俄罗斯、捷克、巴西、墨西哥、阿根廷、智利等多个国家和地区日渐流行。世界知名的古典学学校维真古典学院(Accademia Vivarium Novum)一直致力于"自然"教学法的研究和推广,学院内日常生活和教学全部用拉丁语、古希腊语。意大利、美国多所高中采用奥尔博格教材。肯塔基大学每年七月举办"拉丁语和古希腊语聚会"(Conventiculum Latinum et Graecum),为教师们提供使用古典语言交流的机会。多位知名学者一致认为,这种方法在其他非语法翻译法的方法中是最成熟、最完备的一种方法,如果教师使用得好,这种方法可带来非常好的效果。[1]

当然,任何教学法都有一定的局限性。首先,初阶课文和练习是现代人所编写,而非古典拉丁文原典,因此有人怀疑"编造"课文的"正确性"或"古典性"。但是该方法的支持者认为,在语言学习初级阶段,学生的语法和词汇极其有限,改编是必须采取的策略。[2] 其次,教师和学生所用的拉丁语在多大程度上能复原古代原典中的语言,对教师水平要求很高。其实,通过专门训练和精心备课,教师获得拉丁语教学能力并非难事。[3] 第三,初阶课程安排须密集,否则容易让学生觉得进度太慢,难以坚持。以北外拉丁语专业为例,在每周八课时的节奏下,需要216个课时才学完第一册课本。任何教学法发挥效果都须要课时的保证,课时不足不仅是拉丁语课的问题,也是其他专用外语课程面临的问题。

---

[1] Andrea Balbo, *Insegnare latino, sentieri di ricerca per una didattica regionevole*, p. 59.
[2] Luigi Miraglia, *Nova Via Latine doceo*, pp. 223-234.
[3] 关于教师如何应用"自然"教学法以及如何提高拉丁语表达能力,参见 Luigi Miraglia, *Nova Via Latine doceo*, pp. 89-99。

二、"自然"教学法在拉丁语专业教学中的应用

2018年9月,北京外国语大学首批拉丁语专业本科生入学,由此拉开了中国专业拉丁语人才培养的序幕,这也标志着中国的拉丁语教学研究专业化的开始。

拉丁语专业的人才培养目标如下:

> 本专业培养的人才应具有扎实的拉丁语语言基础、一定的古希腊语语言基础和西方古典历史、文学、文化知识储备,具有良好的综合素质、人文素养、跨学科视野、思辨能力,具有较强的运用拉丁语进行阅读、翻译、学术研究和文化交流的能力,具有国际视野、人文情怀和社会责任感。能在教育、科研、文化等机构从事教学研究工作的复合型、复语型人才,填补我国在西方古典语言文学专业教学和研究方面的空白。[1]

依据该目标和《北京外国语大学2016年本科培养方案》总体要求[2],拉丁语教研室制定了拉丁语专业本科培养方案。专业课总学分为100学分,其中必修课86学分,选修课2学分,学科方向课12学分。年度培养目标与相应的课程设置如下:

表2

年度培养目标	学年/学期	课程(周学时/学分)
知识目标:打下扎实的拉丁语基础,学完全部语法,掌握80%常用词汇,搭建古典历史文化知识框架,熟悉古典拉丁语文学史,学习书评写作方法	2018—2019秋季学期	拉丁语1(8)、拉丁文明基础(2)、拉丁诗歌(2)
能力目标:自学的能力,思辨能力,建立正确的语言学习观念	2018—2019春季学期	拉丁语2(8)、罗马史(4)、古典拉丁语文学史(2)

---

[1] 摘自内部资料《北京外国语大学2016本科培养方案》。
[2] 外语类专业课程分为通识教育课程、主修专业课程和学科方向课程;其中通识课占三分之一,主修专业课学分占二分之一,分为必修课和选修课;学科方向课或任意选修课程学分占六分之一。主修专业课程分为必修课与选修课,必修课为核心课,选修课为非核心课。

(续表)

年度培养目标	学年/学期	课程(周学时/学分)
知识目标：拉丁语水平进一步提高，掌握90%—95%常用词汇，能流畅地阅读原典，学习翻译基本方法和写作方法，能够阅读简单的古希腊语文献，对古希腊文化有一定的了解；学习文献综述写作方法；意大利语入门 能力目标：主动学习的能力，写作能力和表达能力进一步得到锻炼	2019—2020 秋季学期	拉丁语3(4)、古希腊语1(4)、拉丁语翻译与写作1(2)、古典拉丁语文学阅读1(4)
	2019—2020 春季学期	古希腊语2(4)、拉丁语翻译与写作2(2)、古希腊历史与文化(2)、古典拉丁文学阅读2(4)
知识目标：意大利语达到B1水平，古典语言水平得到进一步提高，学习艺术、考古、哲学、基督教历史等其他与古典语言密切相关的学科知识，继续学习古希腊文学，学习语文学分析古典文献的方法 能力目标：适应环境的能力，跨文化交际能力，学业和生活规划的能力 情感目标：体会中西文化的异同，拓宽胸怀和视野	2020—2021 秋季学期	西方古代艺术与考古(4)、古希腊、罗马哲学史(4)、古代基督教会与古代晚期史(4)
	2020—2021 春季学期	古希腊文学史(4)、古希腊文学阅读1(4)、拉丁、古希腊文本精析(4)
知识目标：以文学史和原典赏析为轴，将知识面扩大到早期基督教、中世纪、文艺复兴时期、中西文化交流时期。了解历史比较语言学科基本知识。结合毕业论文写作实践，学习学术研究和论文写作方法。了解古典语文学、校勘学、铭文学、古文书学、钱币学等知识，意大利语达到B2水平 能力目标：用拉丁文撰写合格的学士论文，跨文化能力进一步提高 情感目标：拥有跨文化、跨学科的胸怀和视野，有志用所学为国家、社会做出贡献	2021—2022 秋季学期	学术研究方法与论文写作(2)、中世纪拉丁语文学(2)、历史比较语言学【方向课】(2)、古希腊文学阅读2【方向课】(2)
	2021—2022 春季学期	古典语文学导论(2)、文艺复兴拉丁语文学(2)、汉学拉丁语文献阅读(2)、西方古代语言与文明【方向课】(2)、早期基督教文学【方向课】

在以上培养方案中，无论何种课型，语言能力的培养始终被放在首位。毕业生将来无论成为哪个领域的学者，都应承担拉丁语、古希腊语以及现代外语的教学工作，因此他们必须掌握准确的知识，拥有扎实的技能，尤其是能够传播正确的语言学习观念，这也是他们与其他非古典语言专业学生相比最大的特长所在。"自然"教学法能够训练扎实的语言基本功，专业课程体系充足的课时能够保证教学效果，教学法中蕴含的语言习得原理也有助于培养科学的语言观。总之，无论从何种角度考虑，"自然"教

学法都是本专业的不二之选。

具体如何运用"自然"教学法？以下以精读课"拉丁语1"为例来说明。

"拉丁语1"课程目标为，完成初阶课本《罗马家庭》第1至25单元内容的学习，熟练掌握1500个常用词汇和上百个短语，掌握所有初阶语法，初步了解古希腊、罗马文化知识。能正确地用拉丁语进行口头和书面交流，理解拉丁语语言逻辑思维，掌握自学方法，培养思辨能力。其中，"能正确地用拉丁语进行口头和书面交流"是"自然"教学法特有的目标。

每单元通常需四课时来完成：前三课时围绕课文学习新知识点，最后一课时总结、复习和检测。学生课下须自学《我学拉丁语》中的阅读、语法、习题等内容，每课时需四到六小时课下自学时间。

以第15单元《老师与学生》(*Magister et discipulus*)中的第二课时前20分钟教案为例来说明典型"自然"教学法课堂流程：

表3

学生情况：	
学生已经过了八周的拉丁语学习，了解基本的语法，掌握了近500个单词，五种变格法，直陈式现在时第三人称动词主动态和被动态变位，esse、habēre等常用动词第一、第二人称变位等。	
教学媒体应用：	
课堂展示：视频播放、PPT演示、板书、词汇卡片。 道具：白布（罗马托加）、假胡子、木教鞭、椅子。	
教学目标：	
知识目标	① 掌握动词变位第一、第二人称词尾 ② 掌握新词汇 verum、virga、tergum ③ 初识古罗马教育文化
能力目标	① 拉丁语听说能力 ② 快速阅读能力 ③ 新旧知识融会贯通、举一反三的能力 ④ 通过讨论，培养思辨能力
情感目标	① 喜爱用拉丁语表达和交流 ② 通过观看外国学生表演的短剧视频，感受到拉丁语今天仍然具有沟通文化的作用 ③ 通过讨论古罗马体罚教育，思考教育的概念和方式 ④ 培养阅读原典的习惯和从事学术研究的兴趣和热情

（续表）

教学重点和难点：		
重点：动词变位第一、第二人称词尾		
难点：posterior 是介词 post 的比较级形式		

教学方法：

"自然"教学法，融合了：
1. 交际法：拉丁语问答
2. 全身反应法：观看视频，带道具表演课文对话，以肢体语言加深理解和记忆
3. 探究学习法：引导学生将新旧知识联系在一起，自己发现和寻找重点并进行总结
4. 文化教学法：讨论古罗马教育文化

教学环节	具体设计	教学目的
导入、复习环节（6'）	① 问好 ② 请学生观看由课文内容改编的短剧视频 ③ 针对视频内容回答问题，复习第三人称词尾，学习新词	① 锻炼听力和通过语境理解的能力 ② 锻炼拉丁语交流能力 ③ 复习旧知识，学习新词
展示环节（3'）	请学生上讲台运用道具分角色表演课文	增加学生的互动，活跃课堂气氛，锻炼学生边读边理解的能力，使用肢体语言，记忆深刻
讲解环节（3'）	① 以拉丁语问答的形式，在已经掌握的第三人称词尾知识的基础上，讲解本课重点第一、第二人称词尾 ② 讲解新词 tergum 和 posterior	将新旧知识结合学习，建构完整的动词变位表格
总结、练习环节（3'）	① 简单总结第一、第二人称词尾 ② 填空练习 ③ 复习之前所学歌曲 *Marcus Noster*，回顾新词 tergum	① 简单总结，让学生检验自己的归纳和理解 ② 练习巩固新知识 ③ 复习歌曲，活跃气氛，复习新词
文化讲解环节（5'）	① 讨论：对古罗马教师体罚学生这件事如何看待？ 用拉丁语回答 ② 介绍"教育"（education）这一概念来自拉丁语动词 educare【（由内）引出】 ③ 介绍昆体良及其《雄辩术原理》，引用其反对体罚的句子。特别提出该经典仍没有完整译本，邀请学生关注这部作品的翻译和研究	① 引发学生对教育方式的思考，锻炼拉丁语表达 ② 以 educare 一词为例，解释拉丁语与现代语言的词源学关系 ③ 引起学生对古典文化和对学术研究的兴趣

虽然学生只学习了 65 课时，但是所学的 500 多生词皆为最常用的词汇，再加上教师日常课堂上的补充，目前 90% 的内容可以用拉丁语来讲授。教师可背会一些固

定的课堂用语，实现拉丁语授课并非难事。

例如，在"导入、复习环节"中，我们可以和学生进行如下的对话：

1. 问好环节：

    Magistra（教师）："Salvēte omnēs!"

    Discipulus（学生）："Salvē, Masgistra!"

    M: "Quomodo vōs habētis?"

    D: "Bene nōs habēmus. Grātiās tibi agimus. Ut valēs?"

    M: "Optimē me valeō. Grātiās vobis agō."

2. 请学生观看由课文内容改编的短剧视频：

    M: "Tempus est nōvum textum discere. Mārcus tandem ad lūdum advenit. Quid agit? Quid dīcit? Pelliculam spectāmus."（暂未学将来时和虚拟式，用直陈式 spectāmus 来代替）

3. 看过视频后，教师针对视频内容回答问题，复习第三人称词尾，学习新词：

    M: "Iamne omnia bene intellegitis? Mārcus postrēmus in lūdum intrat. Magister laetus nōn est. Cūr?"

    D: "Quia Mārcus iānuam nōn **pulsat** antequam intrat, neque magistrum salūtat, cum eum videt. Dīcit neque Sextum neque Tītum id facere."（粗体是生词）

    M: "Estne **verum** id quod putat?"

    D: "Minimē! **Verum** nōn est. Sextus et Tītus iānuam **pulsant** et magistrum salūtant."

    M: "Quid agit Magister Diodōrus?"

D: "Magister Mārcum verbērat **virgā**."

M: "Quam partem corporis magister verbērat?"

D: "**Tergum** verberat."

M: "Optimē respondētis！"

在"总结、练习"环节，教师用幻灯片播放填空题，学生要根据语境立刻判断出动词的人称和数并快速说出词尾：

Iūlius："Quid fac_____, puerī?"

Puerī："Nīdōs in hortō quaer_____, pater".

Iūlius："Tū pilā lūd_____, Mārce?"

Mārcus："Ego pilā nōn lūd_____, quia id mē nōn dēlect_____".

而在动词学习方面，语法翻译法的典型练习是动词分析（parse the verbe），如：

教师：请分析动词 facitis。

学生：facitis 是 facere 的第二人称，复数，直陈式，主动态，现在时。

在同样的单位时间内，"自然"教学法的阅读量、练习量都较高，因此练习的效率较高。

除了精读课以外，"自然"教学法也可灵活用于历史、文化类课型。以"文学史"课为例，课程的目标是掌握古典拉丁语文学史脉络，熟悉主要作家、作品、风格、思想等，同时拉丁语语言水平须得到进一步的锻炼和提高。一堂关于恺撒的 50 分钟的课，我们进行了如下的设计：

表4

教学环节	具体设计	教学目的
导入环节（5'）	① 问好 ② 评讲作业	① 复习上一课内容
展示环节（15'）	① 请选择恺撒为主题的学生结合幻灯片用拉丁语介绍恺撒的生平和著作	① 综合锻炼拉丁语写作和演说能力 ② 锻炼做学术报告的能力
讨论环节（10'）	① 学生现场点评 ② 教师点评和补充（可穿插汉语解释）	① 锻炼学生听力 ② 锻炼学生的思辨能力 ③ 考查学生对参考书目的研读情况
分析示例（10'）	① 教师针对《高卢战记》文段1（要求预习）词汇、语法、修辞提问 ② 讲解新词、新短语、新句型 ③ 分析恺撒词法、句法、修辞方面的特点（可穿插汉语解释）	① 检查预习情况 ② 学习新的语言知识 ③ 通过原典精读学习恺撒的文学风格
总结、练习	① 填空、连线题来练习生词和短语 ② 展示主题和语言内容近似的文段 ③ 请学生指出其中的词法、句法、修辞方面的特点（可穿插汉语解释）	① 练习新学知识 ② 将刚才学习的分析方法用于分析其他文段

这堂课结束时，学生们进一步巩固了恺撒生平、著作知识，加深了所预习文段的词汇、语法知识的学习，学习了恺撒文学风格和分析风格的方法，而通过做报告、讨论、练习等活动，拉丁语综合能力得到了锻炼和提高。

值得一提的是，这门课与"罗马史"都是在大一下学期开设的，在文学史课学到恺撒部分时，罗马史课也学到了共和国末年历史。两门课相互呼应，加深了学生对这一段历史和文化的理解，所学知识能够滚动复现。

经过一年半的学习，"自然"教学法取得了令人满意的效果。可以从试卷的难度来说明。我们选取考试标准十分清晰的美国国家拉丁语考试（National Latin Exam）[1]和意大利国家高中毕业考试古典高中卷（Esame di Stato conclusivo del corso di studio

---

[1] 考试信息来自网站：https://www.nle.org/。

di istruzione secondaria superiore—liceo classico)[1] 与 2019—2020 秋季学期 "古典拉丁文学阅读 1" 的考试形式和内容进行对比，考察三种考试的难度。

表 5

考试名称	2019 美国国家拉丁语考试第三级	2019 年意大利国家高中毕业考试古典高中卷	2019—2020 秋季学期 "古典拉丁文学阅读 1"
参试者	学完拉丁语 3（Latin 3）的中学生，或学完中级拉丁语 1（Intermediate latin 1）的大学生	学习了五年拉丁语、古希腊语的古典高中毕业生	北京外国语大学拉丁语专业大二第一学期学生
时长	45 分钟	6 小时	2 小时
试卷形式	① 28 个有关语法的选择题 ② 经过大量改编和简化的 78 词文段（Plinius, *Epistulae*, VI.7），12 道选择题	① 123 词原典文段翻译（Tac., *Historiae* I, 27） ② 250 词古希腊文原典意大利语翻译 ③ 三道问答题，每题回答 10—12 行	① 四段拉丁文原典，分别为 118 词散文（Liv., I, 54），136 词散文（Liv., I, 13），118 词（17 行）诗歌（Ovid., *Fasti*, I, 195-212），110 词散文（Cic., *De Off.*, I, 16, 22）。每段后有 10 个问答题 ② 使用规定的 12 个短语作文（100 词左右）
题干和回答用语	英文	意大利文	拉丁文
是否可带词典	不允许带词典，给出了 13 个词的英译	允许带词典	不允许带词典，只有奥维德诗歌文段给出了 2 个词的汉译
考查内容	① 中级语法 ② 拉-英词汇翻译 ③ 古罗马历史、文学、文化知识	① 高级语法 ② 拉-意原典翻译 ③ 古罗马历史、文学、文化知识 ④ 修辞学知识 ⑤ 古希腊历史、文学、文化知识	① 高级语法 ② 原典快速阅读 ③ 古罗马历史、文学、文化知识 ④ 拉丁语转述及写作

通过对比可以看出，北外拉丁语专业的考试难度和要求高于同等学习时间下的美

---

1 考试信息来自网站：https://www.istruzione.it/esame_di_stato/index.shtml。

国国家等级考试第三级。对于意大利高中毕业考试卷，北外拉丁语专业考试虽少了古希腊语部分，但是对原典阅读的速度，对词汇的熟练程度的要求，也明显更高。只有北外的试卷考查用拉丁语进行有意义的输出的能力。在这场考试中，北外 12 名学生平均分达到 90 分。

结　语

"自然"教学法传统悠久，它倡导回归自然的语言学习状态，融合了现代语言教学方法，有成熟、系统的教材体系，避免把语言学习变为抽象规则的学习，以听、说、读、写为训练手段，达到流畅阅读原典的目标。经实践证明，该方法在中国的拉丁语专业教学中取得了令人满意的效果。

然而，无论在国外还是国内，"自然"教学法推广的难度都不小。首先，语法翻译法已经流行了一个多世纪之久，拥有拉丁语演说和写作能力且熟悉"自然"教学法的教师不多，语法翻译法教师学习新教学方法的时间成本很大，训练拉丁语听、说和写作能力的机会极少，在国外师资尚是匮乏，在国内目前只有几个人能够使用。其次，"自然"教学法课程的知识结构、顺序、考试方式等与语法翻译法差别很大，两种方法的课程很难互相衔接，一些院校和教师为了适应主流学制和考试，只能放弃使用"自然"教学法。再次，在国内目前只有北外拉丁语专业能做到用充足的课时和完整的培养方案来充分发挥"自然"教学法的优势，而对于非专业拉丁语课程，没有充足的课时保证和语言学习环境，"自然"教学法不容易发挥其优势。虽然笔者在北外本科公共拉丁语选修课中用"自然"教学法也取得了不错的效果，但是对于其他院校非外语专业学生来说效果如何，仍需更多的实践和研究。最后，整套教材多达几十本，全部引进出版仍需较长的时间，若要做出科学的、适应中国学生的改编，更需更多研究的支撑。

虽然面临这些问题，但是专业的建立和专门人才的培养，将会为中国的古典语文教学与研究带来新的面貌。比起在欧美进行拉丁语教学改革需要将百年传统"推倒重来"的局面，从零开始中国拉丁语专业教学将有更多的机遇去吸收和创新，走出中国特色的道路，在全球文明交融的今天，两千年西方古典文教的奏鸣更需要来自东方的交响。

（本文作者为北京外国语大学欧洲语言文化学院拉丁语专业讲师）

德国中学拉丁语教学计划内容与毕业会考要点分析

宁 宇

前 言

德国的拉丁语教学历史可以追溯到 8 世纪早期,从那时开始直到今天,从未中断。[1] 目前德国的拉丁语教学类似中国的古汉语教学,从五年级开始,与中国不同的一点是欧洲语言众多,所以有第一外语,第二外语,第三外语的选择,拉丁语如果是作为第二、第三外语,学生学习的时间还要晚一些,但是不会晚于九年级[2],学习的时间有些到中学毕业,通过毕业会考,拿到"大拉丁"(Großes Latinum)证书,或者仅学习 1 至 2 年,拿到"小拉丁"(Kleines Latinum)证书。两种证书,都是进入大学一些特定专业的基础性条件,比如语言学、日耳曼语言文学、历史、哲学、信息学、英语、西班牙语、医学、生物学等学科,不在少数,这里语言对思维的训练也是学科所看重的,也是拉丁语教学活动一直坚持到今天的重要原因之一。历史悠久的拉丁语教学活动,积累了丰富的教学与考核方面的实践经验。德国各个联邦州的教育部都可以制订自己的教育计划和与之对应的中学毕业会考内容,本文以德国人文教学水平较强的巴伐利亚,巴登-符腾堡两个联邦州教育部制定的高级文理中学拉丁语教学计划内容(Lehrplan Latein)和毕业会考(Abitur)要点为中心,同时参考黑森州与

---

1 Latein—Das älteste Fach an der deutschen Schule, https://www.altphilologenverband.de/index.php/latein-34/39-latein-aeltestes-fach,读取时间 2019 年 12 月 12 日。
2 这里的五年级相当于我国小学五年级,九年级相当于我国初三。德国学制,6 岁入学,小学学业为 4 年;然后即升入中学。中学阶段一般为 8 年,也有 9 年的,各个州各个时期的中学教学方案略有不同。

汉堡州的相关部分内容，以及德国费舍尔出版社的《毕业会考备考指南——拉丁语》（*Fischer Kolleg Abiturwissen: Latein/Französisch*）[1] 展开分析，挖掘对提升我国目前高校拉丁语教学，以及未来拉丁语教学向中学甚至小学阶段推进具有重要借鉴意义的部分。

一、拉丁语教学计划内容与分析

在德国的中学教学体系中，人文高级文理中学（Humanistisches Gymnasium）将拉丁语作为第一外语学习，并在其后开始古希腊语的学习。[2] 高级文理中学将拉丁语作为第二或者第三外语学习，学习的时间比人文高级文理中学短一些。其他如实科中学（Realschule）等没有拉丁语课程，不在本文探讨的范围内。

按照巴伐利亚、巴登-符腾堡与黑森州等联邦州教育部制订的拉丁语教学计划（Lehrplan Latein, Gymnasialer Bildungsgang）[3]，从五年级到高中毕业，拉丁语教学主要包括三个方面的内容：拉丁语语言知识，罗马历史与文化、宗教与哲学，拉丁文学。其中每个部分细分如下：

1. 拉丁语语言知识

    1.1 拉丁语历史与演变

    1.2 拉丁语词汇（包括发音与词汇学知识）

---

1 Werner Buselmaier, *Fischer Kolleg Abiturwissen: Latein / Französisch* (Berlin: Fischer Verlag), 2002.

2 德国目前有高级文理中学 3123 所，约占德国全部 32577 所学校的 9.6%，资料来源：https://de.statista.com/statistik/daten/studie/235846/umfrage/gymnasien-in-deutschland/，读取时间 2019 年 12 月 12 日。

3 巴伐利亚州拉丁语教学计划：http://www.isb-gym8-lehrplan.de/contentserv/3.1.neu/g8.de/index.php?StoryID=26212，巴登-符腾堡州拉丁语教学计划：http://www.schule-bw.de/faecher-und-schularten/sprachen-und-literatur/latein/informationen-zum-fach/bildungsplaene-bildungsstandards，黑森州拉丁语教学计划：https://kultusministerium.hessen.de/sites/default/files/media/g9-latein.pdf，汉堡州拉丁语教学计划：https://www.hamburg.de/contentblob/2512292/a92a26739eaa6693fc7392852725902f/data/alte-sprachen-gy8-sek-i.pdf;jsessionid=999B43D797721609CD1D3EB55F42BA43.liveWorker2，以上读取时间 2019 年 12 月 12 日。

1.3 语法（句法）

1.4 拉丁语修辞与诗韵学知识（长短音节、韵律、元音重复）

2. 罗马历史与文化、宗教与哲学

2.1 罗马人的由来

2.2 罗马社会生活（包括罗马的社会结构、法律与国家权力机构）

2.3 宗教

2.4 哲学（包括学院派、亚里士多德学派、斯多亚学派、伊壁鸠鲁学派、罗马的希腊哲学等）

3. 拉丁文学

3.1 拉丁文学预备知识（包括公元前240年之前的拉丁语、荷马史诗、希腊戏剧等）

3.2 罗马文学分期（包括共和国时期、奥古斯都时期、罗马皇帝时期、中世纪时期、人文主义时期与巴洛克时代、近代等）

其中第一年开始学习拉丁语的五年级学生就有掌握500拉丁单词的要求，这个词汇量已经达到目前国内流行的教材《韦洛克拉丁语》（*Wheelock's Latin*）[1]的一半左右。综合比较几个联邦州发布的拉丁语教学计划，可以看出有以下几个特点。

第一，拉丁语语法知识体系完备，词法与句法内容丰富，选取的古典作品涵盖的作家众多。从五年级到十二年级（或者十三年级），学习时间充裕，所以语法现象可以分析阐述得非常细致，比如修辞，就囊括了连接词省略、连词叠用、重复、同义重叠、交错法、语序倒装、头韵法、对偶、省略句、首语重复法、替代法、渐进表达、逆喻等13种之多；再比如句法的连词部分，就需要掌握28个单意连词和20个多意连词；古典作家则涵盖了西塞罗、恺撒、提图斯、维吉尔、贺拉斯、奥维德、李维、塞涅卡、普林尼等，甚至还有部分早期基督教时期的作家及其作品。到毕业会考前，学生词汇量的掌握在3000左右，可以覆盖大部分文献的90%左右内容。[2]

---

1 Frederic M. Wheelock, Richard A. LaFleur, *Wheelock's Latin*, 7th Edition (New York: Collins Reference), 2011.

2 Karl Dickopf, *Das Abitur-Wissen, Latein / Französisch* (Berlin: Fischer Verlag 2002), p. 17.

德国中学生拉丁语学习的内容与掌握的词汇量与我国目前较多采用的《韦洛克拉丁语》[1]相比无疑是丰富的，词汇量甚至还有超出。

第二，不仅注重知识性的学习，还有拉丁语美感的培养，诗韵学的知识相当丰富。除了国内流行的拉丁语教材《韦洛克拉丁语》已经介绍的长元音、短元音、重音等知识，还有诗歌韵律知识，比如抑扬格、长短格、长短短格、抑抑扬格、元音重复等，此类知识与德语有相通之处，可以通过类比进行学习，加深理解，对中国学生颇为陌生，只能借用汉语诗歌平仄知识进行类比。这也是国内西方语言教学的欠缺之处，不仅仅是拉丁语教学方面的问题，包括英法德等大语种诗歌韵律的课程也不多，这种美感的培养对青少年人文素养的形成无疑具有比语言学知识本身更为深远的意义。我国历来为人所诟病的"哑巴英语"现象在拉丁语教学和学习中也存在，实际上影响了学生对拉丁语的深刻理解和掌握。

第三，非常注重与古典拉丁语相关的古罗马历史与文化、宗教与哲学知识的学习，教材通过拉丁语以及相关背景知识介绍，帮助学生建立系统的以拉丁语语言为核心的古典知识体系。虽然罗马历史在德国中学的历史学课程中也有介绍，但是拉丁语课程中的罗马历史内容在丰富细致的同时，都标注对应的拉丁语词汇，比如介绍罗马社会不同法律地位的人，分别有罗马人（civis romanus）、被释放的自由人（libertus）、被保护人（clientes，还有馈赠 sportulae），以及奴隶（servi）等，其中奴隶还包括购入的奴隶（mancipia）、家生奴（vernae）、奴隶群体（servi publici）等。再比如宗教与哲学概念，如灵魂（animus）、原因（causa）、概念（natio）、理性（ratio）、智慧和哲学（sapiens）等，这些从语言层面的介绍补充和丰富了历史教学的内容，将由拉丁语承载的罗马历史和文化呈现出来，增强了学生的感性认识，也为未来在高等教育和其他领域中进一步学习古典文明打下了坚实的基础。

---

[1] 按照 *Vocabulary Cards and Grammatical Forms Summary for Wheelock's Latin* 编号的单词卡共 877 张，也就是编撰者认为这 877 个词汇是学习 Wheelock's Latin 必须掌握的。参见 Richard A. Lafleur, Brad Tillery, *Vocabulary Cards and Grammatical Forms Summary for Wheelock's Latin*, 2nd Edition (Bolchazy-Carducci Publishers, 2011)。

第四，非常注重学习者能力的培养，包括：学生的语言理解与运用能力，不仅仅是语音、词法、句法层面，还有了解拉丁语作为欧洲现代语言的基础，独立对文献中出现的语法现象进行分析和判断，对拉丁作家文献的翻译和解释，以及提升对母语德语的理解和运用等能力；对于文化和文化之间关系的理解能力，通过古典文献的学习，对于古典文化所塑造的今日欧洲思想与文化有深入的了解；古代世界与今天的世界是如此不同，通过学习拉丁语可以增强理解不同的价值观与世界观的能力；学生的社会能力，包括不同想法交汇在一起以交流为目的的协作，还有不同文化交流与碰撞的经验，尤其是在另外一种文化背景前折射出的；学生的自我认知能力，比如通过阅读古典文献，探寻古人的价值观，对今日的社会政治与文化关系进行批判性思考，提升自我批判和自我发现的能力。培养学生的语言能力，精确与缜密的思维能力，为将来学习自然科学、医学、哲学等需要进一步学习拉丁语知识的学科打下基础，也为学习其他语言打下基础。[1] 可见德国中学拉丁教学内容设计的视野非常宽广，而且具有前瞻性，包括学术与职业生涯的前瞻性，关注的内容不仅有语言知识，还有思维能力和习惯的培养，更多着眼于学生综合能力。

第五，注重与今日欧洲文化和艺术的联系。拉丁语和拉丁语承载的古典文明对今日欧洲文明的形成和发展有着巨大的影响，今天依然是欧洲文明思想与艺术的取之不尽的源泉。德国的拉丁语教学内容反复突出并强化拉丁语对今日欧洲文明的塑造，比如对各个时期，包括近代拉丁语作家和文献以及在各个学科应用的介绍，向学生呈现千年不绝的拉丁语传承，帮助学生建立对欧洲现代文明的整体认识，启发引导学生通过阅读古典作家的文献建立对社会现象和问题的批判性思考能力，这些在我国的拉丁语教学和欧洲历史文化的教学中都相对薄弱，有很大的提升空间。

---

[1] Lehrplanlatein — Hessisches Kultusministerium: https://kultusministerium.hessen.de/sites/default/files/media/g9-latein.pdf，读取时间 2019 年 12 月 12。

二、中学毕业会考考核要点

德国没有类似我国的高考,高级文理中学毕业会考(Abitur)[1]成绩对中学生要进入自己理想的大学有着举足轻重的影响,所以其考核要点是拉丁语教学和学生备考关注的焦点,对拉丁语知识的学习具有指导性意义。

德国拉丁语中学毕业会考指导方针和考核要点,即《拉丁语与希腊语考核协定》(Vereinbarung über das Latinum und das Graecum)由各个联邦州文化部长组成的德国文化部长常任联席会议(Kultusministerkonferenz,缩写 KMK)制定,各联邦州在此文件基础上设计考试内容,内容会根据社会对教育的要求,教育教学本身的发展进行调整,目前的版本为 2005 年 9 月 22 日颁布。[2] 其内容涉及高级课程(Leistungskurs)和基础课程(Grundkurs),本文重点围绕高级课程考核要求,同时参考 1979 年版《协定》进行分析。

按照 2005 年的《协定》,拉丁语毕业会考要点包括以下三个方面。

1. 拉丁语语言学知识

    1.1 掌握约 2400 个词汇

    1.2 词法与句法

    1.3 掌握诗韵学知识(节奏、韵律)

2. 语言与文献的思考能力

    2.1 构词法原则

    2.2 文献阅读与翻译(重点:西塞罗、塔西佗、塞涅卡、维吉尔等)

    2.3 同一文献基于不同时期的译文进行比较分析

    2.4 能够辨认出修辞学现象,说明是哪种修辞手段,并能解释其目的

---

[1] Abitur 本身就是拉丁语词汇,为 abire 的主动式将来时分词形式,意为"即将离去",属于古典拉丁语在欧洲现代语言中的直接应用,也从一个侧面反映了古典拉丁语在欧洲文化中绵延不绝的传承。

[2] Vereinbarung über das Latinum und das Graecum (Beschluss der Kultusministerkonferenz vom 22.09.2005): https://www.kmk.org/fileadmin/Dateien/pdf/PresseUndAktuelles/Beschluesse_Veroeffentlichungen/allg_Schulwesen/Latinum_Graecum.pdf,读取时间 2019 年 12 月 12 日。

2.5 阐述文本的形式和内容

3. 拉丁文学与文化

3.1 了解有代表性的拉丁文献及其风格

3.2 罗马时代政治、哲学、历史、社会和文化知识（重要概念、价值观等）

3.3 哲学问题及概念

3.4 相关主题的文本进行比较分析

3.5 古代文化与文学的形式、主旨、题材、问题的提出及它们的欧洲传统

3.6 古代文学与文化作品中对于人存在意义的问题的提出与回答，同时能够判断出对今天的影响

以上为高级课程的毕业会考考试要点，基础课程毕业会考内容相对简单，只要求学生掌握最重要的语法知识和古代文献即可，细节不再赘述。

毕业会考包括笔试和口试（口试为10分钟，有些联邦州只有笔试），其考试内容都按照《协定》设计，包括上面提到的三个方面的多个内容。其中笔试又分为翻译和解释两个部分，需要翻译字数为240个词左右的古典文献段落，内容要求没有在教材中出现过。重点包括理解与德语语法不同的部分，比如拉丁语没有冠词，德语没有夺格，与德语不同的其他各种格的用法，虚拟式的多种用法，动词性形容词（分词）等等，从中可以看出，德国的教育工作者非常注重拉丁语与德语存在差异的部分，这一部分也是德国学生学习拉丁语的主要挑战，思路非常明确清晰。

解释部分的问题也从翻译的古典文献段落中选取，内容更加丰富和系统，涵盖了罗马文学、历史、哲学和社会等多个方面，同时还有一些问题需要结合欧洲近现代甚至当代历史和社会问题进行回答，对学生的知识面要求很高。在德国费舍尔出版社的《毕业会考备考指南——拉丁语》中，编者对各个联邦州拉丁语教学计划的要点进行了梳理并列举要点如下。[1]

· 居于中心的拉丁语概念和不同的内涵

---

1 Karl Dickopf, *Das Abitur-Wissen, Latein / Französisch.*, p. 100.

- 罗马与哲学
- 西塞罗的哲学思想
- 塞涅卡的哲学思想
- 罗马历史著作的特别角度
- 罗马帝国与罗马概念
- 罗马诗歌中的女性
- 罗马的表现艺术
- 罗马诗歌的个性与影响
- 罗马散文的种类
- 罗马危机（从罗马共和国到第一罗马帝国，从第一罗马帝国到养子继承制的罗马帝国）
- 罗马的国家理论与乌托邦式的国家设计
- 翻译比较
- 写作与段落改写
- 音韵学特点、词法特点与措辞的选择
- 外来语的影响
- 修辞格与韵律
- 语言发展阶段与文体等级、句子分析
- 文本比较
- 文献和作者的历史、社会与文化背景
- 中世纪与近代的拉丁诗歌

从编者梳理出的重点可以看出毕业会考解释部分覆盖的知识量非常大，涵盖文学、历史、社会等各个方面，甚至还有文学作品中的女性这样的主题，要求学生不仅需要牢固地掌握课堂知识，也要有一定的课外阅读量。

为了更加直观地说明毕业会考的考题设计，这里分别引用2005年版《协定》和《毕业会考备考指南——拉丁语》中的两个例子，它们分别代表了翻译和解释两个部分。

例 1. 翻译如下段落（约 125 词）Nos autem nec subito coepimus philosophari nec mediocrem a primo tempore aetatis in eo studio operam curamque consumpsimus et, cum minime videbamur, tum maxime philosophabamur. Quod et orationes declarant refertae philosophorum sententiis et doctissimorum hominum familiaritates, quibus semper domus nostra floruit, et principes illi Diodotus, Philo, Antiochus, Posidonius, a quibus instituti sumus. Et si omnia philosophiae praecepta referuntur ad vitam, arbitramur nos et publicis et privatis in rebus ea praestitisse, quae ratio et doctrina praescripserit. Sin autem quis requirit, quae causa nos inpulerit, ut haec tam sero litteris mandaremus, nihil est, quod expedire tam facile possimus. Nam cum otio langueremus et is esset rei publicae status, ut eam unius consilio atque cura gubernari necesse esset, primum ipsius rei publicae causa philosophiam nostris hominibus explicandam putavi. [Cic. nat.1, 6 f.][1]

例 2. 以下段落中使用了哪些修辞体？Omnes trahimur et ducimur ad cognitionis et sapientiae cupiditatem, in qua excellere pulchrum putamus, labi autem, errare, nescire, decipi et malum et turpe dicimus.

同义重叠：trahimur et ducimur；cognitioneis et scientiae

语序倒装：ad ... cupiditatem

头韵法：pulchrum putamus

连接词省略：labi，errare，nescire，decipi

层进法：labi，errare，nescire，decipi

排比：excellere pulchrum putamus，labi ... turpe dicimus[2]

---

1 Vereinbarung über das Latinum und das Graecum (Beschluss der Kultusministerkonferenz vom 22.09.2005): https://www.kmk.org/fileadmin/Dateien/pdf/PresseUndAktuelles/Beschluesse_Veroeffentlichungen/allg_Schulwesen/Latinum_Graecum.pdf，读取时间 2019 年 12 月 12 日。

2 Karl Dickopf, *Das Abitur-Wissen, Latein / Französisch.*, p. 101.

例 3. 根据下文回答问题 Bellum ea tempestate nullum nisi adversus Germanos supererat, abolendae magis infamiae ob amissum cum Quintilio Varo excercitum quam cupidine proferendi imperii aut dignum ob praemium. [Tacitus ann. I. 3, 6]

这段话里，罗马人发动战争的哪个动机是明确的？

请举出现代历史之中与这个动机类似的例子！[1]

通过三个例子可以直观地看出，德国文理中学学习拉丁语的深度和毕业会考的难度。当然这些是将拉丁语作为第一外语学习的高级文理中学的中学生要达到的水平，对其他将拉丁语作为第二和第三外语学习的中学生，会考难度相对低一些，当然拿到的证书也不一样。另外在德国还有不同难度的拉丁语竞赛，这些竞赛也在不同程度地促进拉丁语教学效果的提升还有中学生学习的兴趣，这些课外活动的效果不可低估。

三、提升我国拉丁语教学与考核的可借鉴之处

从教学计划内容与考核要点两个方面分析，我国目前的拉丁语教学可以改进和提升的空间很大，可以做的工作很多。

第一，编写适合我国目前拉丁语教学需要的教材。目前国内拉丁语教学基本上是使用美国柯林斯出版集团的《韦洛克拉丁语》，从 1983 年东北师范大学古典所聘请外教教授拉丁语开始，这部教材培养了几乎国内目前所有的一线拉丁语教学人员，对于提升我国的拉丁语教学功不可没。随着时代的进步，这部教材语法体系完整但是内容相对简单，内容不够紧凑，词汇量较小，罗马背景知识单薄等问题逐渐显现，当然这与教材本身定位是帮助成年人快速入门有关。《韦洛克拉丁语》的配套教材《韦洛克拉

---

[1] Karl Dickopf, *Das Abitur-Wissen, Latein / Französisch.*, p. 111.

丁语练习册》(*Workbook for Wheelock's Latin*)[1]练习很多，可以作为编写教材同步练习的重要参考。与欧洲的同龄人相比，国内的拉丁语学习者虽然没有欧洲的文化环境，但是也恰恰因为这一点，对语法概念和细节有着更高的敏感度，并不完全处于劣势，完全可以在《韦洛克拉丁语》语法体系的基础上，补充丰富来自文献的素材，让学生直接感受原汁原味的拉丁语。

教材的编写，可以同时参考耶鲁大学出版的《学习阅读拉丁语》(*Learn to Read Latin*)[2]，这部书内容细致全面，但也因为内容面面俱到，作为教材面对教学时间拉得太长等问题，国内绝大多数拉丁语学习者都是在硕士研究生阶段，时间紧张，所以这部优秀的教材还暂时无人采用，但是它紧凑的语法体系和丰富的内容，足以作为教材编写的重要参考。丹麦语言学家奥尔博格按照自然教学法理念编写的系列拉丁语教材，提供了与以往围绕语法分析展开的拉丁语教与学完全不同的方式，同样具有重要的借鉴意义。[3]

第二，丰富课堂教学内容，补充句法和诗韵学知识。目前国内拉丁语教学内容相当单一，基本上是在重复英语的教学方法，集中于语法，并且是语法当中的词法，这些固然是基础，但是面对丰富的拉丁语知识，难免只顾一点不顾其余。而且作为印欧语言的一种，词法变化源自音变，缺乏对语音的学习，对诗韵学的掌握，很难透彻理解拉丁语语法，对拉丁语的艺术性和美感也不会有所认识。此一"哑巴英语"教学留下的弊端在拉丁语教学中继续延续，让拉丁语变成了"哑巴拉丁语"，过去囿于条件限制，无法改进，今天网络资源极其丰富又容易获取，同时还有日渐增多的在国外学习过拉丁语的学者归国，摒弃"哑巴拉丁语"，改进教学方式，传授抑扬顿挫充满韵律美的拉丁语不再遥不可及。

第三，将以拉丁语为载体的罗马历史、哲学、宗教、文化知识与拉丁语语言知识同时传授。德国拉丁语中学教学计划着眼于培养学生的人文素养与批判思维能力，此

---

1 Paul T. Comeau, Richard A. LaFleur, *Workbook for Wheelock's Latin*, 3rd Edition, Revised (New York: Collins Reference), 2000.
2 Andrew Keller, Stephanie Russell, *Learn to Read Latin*, 2nd Edition (New Haven: Yale University Press, 2015).
3 Hans Henning Ørberg, *Lingua Latina-Familia Romana*, Focus Publishing/R Pullins & Co, 2011.

一过程实际上并非随着中学学业的结束而告一段落,而是向更高阶段迈进的起点。目前国内的拉丁语教学面对的通常是古典学、历史学的研究生,已经有了学术方向,未来拉丁语教学随着社会发展必然会逐步向本科,甚至高中阶段下沉,如果没有罗马时代历史、哲学、宗教、文化知识的跟进,拉丁语教与学的效果都会大打折扣,这也是目前从事拉丁语教学的学者必须以前瞻性目光进行探索的课题。

第四,制定全国性的通用拉丁语教学与考核要点标准。一个统一的通用标准,让拉丁语教学有章可循,方便衡量教学效果,也让学生的本科、硕士和博士学业在国内和国际不同的学校开始时,可以无缝衔接而无需磨合,这样也提高了教学资源的利用效率。目前北京大学西方古典学中心正在尝试制定国内拉丁语与古希腊语考核标准[1],限于目前国内的拉丁语教学情况,此一考核更多是激发学生学习拉丁语的兴趣,鼓励学生积极学习,内容只集中于基本的语法,诗韵学和罗马历史、哲学、宗教与文化等方面的内容尚待补充。

第五,编写与拉丁语教学相配合的辅助读物,组织拉丁语文献与诗歌阅读、拉丁语竞赛等活动。目前国内拉丁语学习者面对的除了原版教材就是文献,没有难度适中的辅助性读物,这样在完成《韦洛克拉丁语》的语法学习后,直接进入文献还需要一段时间的磨合期,去适应真正的原汁原味的拉丁语,如果有难度适中的辅助性读物,就可以事半功倍地帮助学生顺利进入原始文献的学习阶段。拉丁语的美感培养,单纯依靠课堂效果也十分有限,组织拉丁语诗歌吟诵小组和活动,进行跨地区的交流,可以极大地提高学习兴趣和对拉丁语的美感认识。欧美很多大学都有古典爱好者自己组织的读书会、兴趣小组等,结合网络资源,不仅提高了学习效率也让学习者有机会接触很多古典语言学者,这些都可以倍增拉丁语的学习效果,国内目前随着多个高校拉丁语教学活动的展开,完全可以以网络平台为依托,建立跨地区的拉丁语学习交流组织,加速拉丁语中国学派的形成和建设。

---

1 北京大学古希腊语、拉丁语标准考试: http://www.dean.pku.edu.cn/web/notice_details.php?id=15,读取时间 2019 年 12 月 12 日。

结　语

　　德国历史悠久的拉丁语教学活动留下了丰富的教学资源和实践经验，今天德国高级文理中学的拉丁语教学活动是此一传统的延续，其内容和毕业会考标准则代表了德国和西欧国家人文教育的素养和水平。联邦州文化部长常任联席会议制定的《协定》将拉丁语教学视作培养学生人文素养和批判思维能力的重要手段，传承悠久欧洲人文传统的载体，看作是语言、历史、哲学、文化、艺术等的综合体，而不仅仅是一门古代语言。同时还有对学生未来进一步从事学术活动和职业生涯的考量，具有相当的前瞻性和可操作性。德国人的实践对中国蓬勃兴起的拉丁语教学有着巨大的参考和借鉴价值，不仅仅是拉丁语教学内容的体系化与细节的深化，拉丁语美感的培养，还有多方面知识的积累。更重要的是，着眼于人的综合能力与思辨能力的培养，不同文化碰撞的反思能力，这些都需要逐步引入到中国的拉丁语人才培养方案中，引入到教材和辅助性读物的编写、课内外活动、跨地区合作，以及适合中国国情又兼顾国际交流的全国统一拉丁语考核标准的制定中，为拉丁语中国学派的形成和建设贡献力量。

（本文作者为辽宁师范大学历史文化旅游学院讲师）